ヴィゴツキーの「発達の最近接領域」と教育実践
－幼児から大学生までの発達－

監修・編著
西本有逸
吉國陽一

編著
村田純一（代表）
上野山小百合

著
鈴木寛子
笹田哲平
高瀬翔太
長尾拓実

三学出版

目　次

監修のことば　1

第1編　理論編（上）

第1章　発達の最近接領域の概要
第1節　はじめに　5
第2節　「発達の最近接領域」とは何か　6
第3節　幼児期（幼児前期と就学前期）における「発達の最近接領域」　12
第4節　学齢期における発達の最近接領域　18
第5節　思春期における「発達の最近接領域」　22
第6節　おわりに　25

第2章　ヴィゴツキーの研究史に学ぶ、教育における理論と実践の関係
第1節　はじめに　33
第2節　『教育心理学』における二つの区別　35
第3節　事実と規範　38
第4節　科学と技法　42
第5節　発達の最近接領域の理論は教育実践に何をもたらすか？　48

第2編　実践編（幼・小・中・高・大）

第1部　幼児期・就学前の実践

第1章　遊びの中で創造される発達の最近接領域と
　　　　それを支える子どもの関係性
　第1節　遊びにおける発達の最近接領域の創造とは　61
　第2節　事例①　ケーキ作り―意味的場の創造を支えるモノとのかかわり―　64
　第3節　事例②　バーベキューごっこ―協同遊びの展開―　68
　第4節　事例③　リレーのルール作り―顕在的なルールをもつ遊びの発達―　73
　第5節　おわりに　81

第2部　小学校の実践

第1章　小学校1年生の読み書き計算
　　　　―発達の最近接領域を広げる授業に―
　第1節　はじめに　87
　第2節　1年国語「ひらがな」で自主編成の第一歩　90
　第3節　ある日のひらがなの授業「す」　92
　第4節　ひらがなを生活と結びつけて学ぶ
　　　　　―ひらがな「は」で「歯」と「食べ物」を学ぶ授業―　95
　第5節　子どもの実態に合わせた算数を
　　　　　―紙のたまごパックでくり上がり・くり下がりを―　99
　第6節　くり上がりのたしざんの授業で
　　　　　算数の面白さを知ったちさちゃん（仮名）　99
　第7節　発達の最近接領域に働きかける学び　101

第2章　子どもが動き出す健康教育の授業づくり
　　　―子ども・親・教師が対話の授業でつながる！―

　第1節　はじめに　105
　第2節　「環境ホルモンと食生活」の実践　108
　第3節　「飢餓問題」の実践　120
　第4節　まとめ　126

第3章　子どもの願いと教師との信頼関係が創り出す
　　　新たな発達の回り道

　第1節　はじめに　129
　第2節　Sの特徴　130
　第3節　Sと私との関係構築までの道のり　131
　第4節　Sの変化　134
　第5節　Sの文化的発達　137
　第6節　対話による言語発達と概念形成の関係性　142
　第7節　跳び箱運動で感じたSの本当の願い　143
　第8節　Sの願いが生み出した発達の回り道　146
　第9節　おわりに　147

第3部　中学校の実践

第1章　生徒が主体的に学ぶ協同学習と
　　　『発達の最近接領域』を織り交ぜた中学校英語の工夫

　第1節　はじめに　153
　第2節　「発達の最近接領域」はどう発生するか　155
　第3節　発達の最近接領域の「協同学習」の英語実践　158
　第4節　「協同学習」と「平和・自己表現・ICT活用」の実践　166
　第5節　おわりに　174

第4部　高等学校の実践

第1章　高校英語授業における『発達の最近接領域』
　　　　―人格発達を志向する実践例―
　　第1節　はじめに　181
　　第2節　人格発達を志向する授業の実践例　183
　　第3節　おわりに　204

第2章　高校英語における協同学習と主権者教育の実践
　　第1節　思春期の二つの相　206
　　第2節　英語教育におけるハードル　206
　　第3節　主権者教育とヴィゴツキー　208
　　第4節　紹介する実践とその目的について　209
　　第5節　実践の内容（A）　210
　　第6節　実践の内容（B）　220
　　第7節　実践の内容（C）　227
　　第8節　おわりに　232

第5部　大学（教職課程）の実践

第1章　大学（教職課程）における理論と実践
　　第1節　はじめに―この章の年齢期と新形成物とZPD　239
　　第2節　ヴィゴツキー理論における「特別活動・総合的な学習論」の意義　239
　　第3節　大学の教職課程における「特別活動・総合的学習論」の意義　242
　　第4節　大学の教職課程における「特別活動論」の実践例　243
　　第5節　大学の教職課程における「総合的な学習論」実践例　251
　　第6節　ヴィゴツキーの視点による実践の意義の考察　258
　　資料　実践記録「タイコミュージカルは成功するか？」（抄）　262

第3編　理論編（下）

第1章　『発達の最近接領域』と年齢期と環について
　　第1節　はじめに　269
　　第2節　年齢期ごとの関係性について　269
　　第3節　年齢期の問題における「危機期」と「環」　282
　　第4節　「関係性」と教育実践に関して　287
　　第5節　まとめ　289

第2章　発達の最近接領域のとらえ方
　　　　　―認識論・存在論・行為論をもとに―
　　第1節　はじめに　292
　　第2節　発達の最近接領域の誕生　294
　　第3節　認識論からとらえる　296
　　第4節　存在論からとらえる　298
　　第5節　行為論からとらえる　303
　　第6節　おわりに　305

　あとがき　308
　著者紹介　312

監修のことば

　祖父の理論が、それぞれの国の歴史や文化のなかで解釈され、広がっていくことを願っております。

　　　　　　　　　　　　　　　　　　　エレーナ・クラフツォーヴァ

　ヴィゴツキーの孫娘であるエレーナ・クラフツォーヴァ（1950-2020　元ロシア人文大学教授）のことばである。2016年11月にモスクワにて開催されたヴィゴツキー生誕120周年記念国際研究集会での挨拶のなかで、女史は静かに力強く語ったのである。ヴィゴツキーの理論は具体的普遍性をもっているのだ。

　本書はヴィゴツキーの理論のなかで「発達の最近接領域」を取りあげ、さまざまな教育実践現場で活躍している現役選手たちによる考察をまとめたものである。発達の最近接領域そのものの理論的検討、自己の実践のなかに落とし込み位置づけをする作業、そして省察、そのあと理論と実践とを鍛えなおし次のより高次の段階を眺望する…。まさしく温故知新のごとき営みを結集している。読者におかれては、いずれの編・章から読み進めていただいても結構かと考える。

　教育にたずさわる者のコナトゥス（スピノザ哲学用語で自己保存の力、力能）を涵養するものは何であろうか。その最後となる日まで、何が教育者を奮い立たせるのであろうか。自由と創造ではないだろうか。もう少し具体性をもたせると、良心の自由と価値や意味の創造である。このことを実現するためには理論が必要である。強靭な理論が。理論と実践の往還ということば以上に、理論は実践を豊かにして、実践は理論を鍛えるのである。鍛えあげられた理論は人間へのまなざしとなる。愛と叡智に支えられた深いまなざし。ヴィゴツキーの理論を紐解くと十全かつ確かな応答があり、そのまなざしの彼岸にはひとすじ

の光が射しこむのである。人間の本性であると信じたいこの光に照らされた教育者は幸福である。

ようこそ！
ヴィゴツキーの発達の最近接領域と教育実践の世界へ。

2024 年 10 月
西本　有逸

第1編
理論編（上）

第1章　発達の最近接領域の概要

第1節　はじめに

　ヴィゴツキーは、「発達の最近接領域の」理論に至るまでに、いくつかの問題意識を持って研究・実験・実証を行なっている。

　第一に、ヴィゴツキーは、「教授・学習と発達」及び「科学的概念と生活的概念」のあいだの関係を重要な問題意識としている。第二に、ヴィゴツキーは、「発達のあらゆる段階」と「あいだの関係」の問題意識を、発達の最近接領域の理論に発展させている。本章は、そのことを構成上の基本に置いて論考を行なった。

　「あいだの関係」に関しては、『教育心理学講義』（教講）の次の引用がヴィゴツキーの問題意識の根底にあると考えられる。

　科学的概念と生活的概念の発達路線のあいだの関係の追跡を試みようと思います。（教講, p.331）[1]（下線は本論筆者）

　「発達のあらゆる段階」に関するヴィゴツキーの問題意識は、『思考と言語』（思言）の次の引用に集約することができる。

　教授・学習は子どもの発達のあらゆる段階行われる。（中絡）それぞれの年齢段階において教授・学習は特殊な形式をとるだけでなく、発達に対して独自な関係をもつ。（思言, p.306）

　上記二つの問題意識の発展から、ヴィゴツキーは、発達のあらゆる段階において、「現下の発達水準」（＝発達の現段階）と「現在生成しつつある過程、すなわち発達しはじめたばかりの過程」のあいだに差があることに注目した。そしてその差を「発達の最近接領域」とする定義に至る。

　例えば八歳の知能年齢の子どもが、十二歳までの発達水準の問題を解こうとする時、八歳と十二歳の間の過程が現在生成しつつある過程となる。ヴィゴツ

キーは、それを説明するために、下のＡとＢ間の差を発達の最近接領域とするようにも言い換えている。

A 「現下の発達水準」＝「すでに成熟した精神機能」＝「自主的な課題解決の水準」
B 「現在生成しつつある過程、発達しはじめたばかりの過程」＝「明日の発達水準」＝「大人の助けや友達との協力によって課題を解決する水準」

　本論では、そうした問題意識と定義との関係について、本章第１節では、「発達のあらゆる段階」に共通な「発達の最近接領域」の趣旨をまとめることを目的とした。また第２節～第４節では、各発達段階に特徴的な「発達の最近接領域」をまとめることを目的とし、発達段階の中でも重要な「幼児期」と「学齢期」と「思春期」について取り上げた。

　尚、「発達の最近接領域」は、ZPD[2] という略語もあるが、本論では、略語はできるだけ使用せずに記した。理論編の他の章や実践編と併せて参照されたい。

　また、本章では、『思考と言語』を（思言）と略など、重要な参考文献は、本論独自の略称で表していて、その一覧対照表を本章末に示している。

第２節　「発達の最近接領域」とは何か

　本節では、「発達のあらゆる段階」の各段階に共通な発達の最近接領域の意義・内容について述べて行きたい。共通点はいくつかあるが、中でも、１．協同学習、２．コミュニケーション、３．外言と内言と意味の作用、４．情動と動機の四つの点について項目ごとに詳しく述べて行きたい。

（１）「発達の最近接領域」における共同・協同学習

　発達の最近接領域に関するあらゆる段階に共通な意義・内容の一点目は、はじめにでも取り上げた協同学習がある。ヴィゴツキーは、本論冒頭で示した発達の最近接領域の基本的定義を、（思言）の第六章４［発達の最近接領域］の項で、次のよう詳しく言及している。

　　（知能年齢が八歳の子どもの比較で）一人は共同のなかで助けられ、指示

にしたがいながら十二歳までの問題を解くのに、他の子どもは九歳までの問題しか解けないことがある。この知能年齢、あるいは自主的に解答する問題によって決定される現下の発達水準と、子どもが非自主的に共同のなかで問題を解く場合に到達する水準とのあいだの相違が、子どもの発達の最近接領域を決定する。（思言, p.298）

つまり、例えば八歳の時点の水準と十二歳の教授・学習の内容のあいだに、領域（ゾーン）が存在する。現下の発達水準という言葉は、「発達の現段階」という意味でとらえることもできる。それに対して、学校において科学的概念の「教授・学習」が行なわれる。つまり、下からの発達と上からの教授に伴う学習が存在する。発達と科学的概念の教授・学習のあいだの領域において、協同や共同で学習することが意義を持ち、ヴィゴツキーはその領域を「発達の最近接領域」と呼んでいる。科学的概念の教授・学習と生活的概念の獲得（発達）の関係を図にすると次のようになる。

また、ヴィゴツキーは、発達の最近接領域の意義を、次のようにも表現している。

```
科学的概念の教授・学習
        ↓
発達の最近接領域の共同・協同学習
（発達と教授・学習のあいだに発達の最近接領域がある）
        ↑
生活的概念の獲得（発達）
```

教授 - 学習（обучение）において基本的なことは、まさに子どもが新しいことを学ぶということである。それ故、子どもに可能なこの移行を決定する発達の最近接領域は、教授と発達との関係においてももっとも決定的なモメントである。（思言, p.302）

ここでヴィゴツキーは、下からの幼児期までの生活的概念を基本とした発達と、学齢期において、新しいことを学ぶ上からの教授・学習の移行のあいだに、発達の最近接領域があり、その領域における協同の学びの重要性を指摘している。それは他のあらゆる発達段階でも同じく重要性を持つものである。ヴィゴツキーは、そうした発達の最近接領域の協同学習が、理論上も実践上にも意義のあることと捉えている。
　本書の実践編では、そうした発達の最近接領域における実践を発達段階ごとに集め、各章・節の著者がその実践内容を詳述する構成になっている。

（２）コミュニケーション
　発達の最近接領域の二つ目の意義は、ことばを媒介とした文化的発達である。ヴィゴツキーは、次のように指摘している。

> われわれの研究は、この時期に問題となるのは、協同と教授を自己の源泉とした子どもの文化的発達から発生する高次精神機能の発達過程の純粋に社会的本性であるということを示した（同, p.305）

　ヴィゴツキーにおいて、文化的発達という用語は、ことばを媒介とした発達を意味する。人間は、ことばを媒介としたコミュニケーションを通じて歴史的に発達してきた。それは二足歩行や労働と共に、他の動物との違いでもある。しかもコミュニケーションは、ことばという「記号」を媒介としたものである。
　また、ことばという記号を使うことは、身振り手振りも合わせて、連絡し合い、話し合い、農耕なども可能にし、それによって、他の文化の発達ももたらした。そうした人間のことばを使ったコミュニケーションによって協同や協力を行なってきたことは、社会的本性によるものである。
　発達の最近接領域の協同学習は、集団活動の意義も持つ。それは、人間がコミュニケーションという精神間機能を通じて、集団活動や協力・協同によって、猿とは異なる人間特有の模倣を行なってきたことによる。発達の最近接領域で

は、「協同というコミュニケーション」も、発達と教授・学習のあいだの媒介となる。

　コミュニケーションを介した活動は、あらゆる段階で行われる。最初は、子どもとまわりの人間とのコミュニケーションの手段として発生し、その後、内言に転化する段階もある。内言は、子どもの独り言という「自己中心的ことば」により、自己内対話[4]というコミュニケーションを行なうことで発達する。

　ピアジェは、こどもの独り言などの自己中心的ことばを「子どもの自己中心性」の現れと考えたが、ヴィゴツキーは、それが「内言」になると捉えた。後にピアジェもヴィゴツキーの考えを受け入れたことは、柴田（2006, pp.78-92）が詳しく述べている。

　個人の発達の各段階において、前の発達段階から、コミュニケーションが橋渡しとなり、次の発達段階の最近接領域ともなる。

　つまり、コミュニケーションは、①人類が言語を獲得する過程[5]②人間の個人の発達③他者との対話④内言の自己内対話のそれぞれの過程に共通する内容を含んでいる言葉なのである。

（3）外言と内言と意味の作用
　発達の最近接領域の三つ目の意義として、外言と内言と意味の作用がある。外言と内言との関係を、ヴィゴツキーは次のように指摘している。

　　内言は自分へのことばである。外言は、他人へのことばである。（同, p.379）
　　内言から外言への移行は、ある言語から他の言語への直接的翻訳ではなく、（中略）ことばの再構成であり、（中略）構文法的に分化され他人にもわかることばへの変化である。（同, p.422）

　まず人間は、生まれてから、親など自己の外からの言葉を聴く過程がる。こうした外の世界や社会からのことばを、ヴィゴツキーは、「外言」[6]と呼んでいる。それから周囲との対話によって、外言を吸収していく。そうした社会的こ

とばとしての外言は、幼児期に交流や共同活動などのコミュニケーションを通じ拡大する。

「意味の作用」は、ヴィゴツキーが、ポーラン[7]の功績として使っている用語である。単語を辞書的な「語義（言葉の意義）」と「言葉の意味」に分けたことによる違いが重要である。人間は、言葉の辞書的な「語義」よりも、言葉の「意味」を、コミュニケーションの中で操作する。例えば「時計」は、辞書的な語義では、「時間を表す道具」であるが、会話で「時計」という言葉を使うと、「今何時？」や「予定の時間に遅れる。急ごう。」という意味が生じる。コミュニケーションにおいては、辞書的語義ではなく、「意味」の方によって会話を行なっている。そのことを、ヴィゴツキーは「意味の作用」と呼んでいる。意味の作用は、幼児期からすべての発達過程を通して、言葉の中に存在する。

幼児は、社会的ことばとしての外言を、コミュニケーションを通じて吸収し、子どもの独り言のように「自己中心的ことば」へと発展させる。それは、内言とのあいだに生じる発達の最近接領域でもある。

その点に関してヴィゴツキーは、次のように述べている。

（内言は）自己中心的ことばのコミュニケーション的ことばからの分化の進歩（同 ,p.387）

他者の言葉という外言を含む社会的文脈のことばある、更にコミュニケーションを通じて、自己のものとする過程がある。コミュニケーション的ことば、その過程でも対話を通じて行われることばである。それらを通じて、自己中心的ことばという、過渡期[8]のことばが存在する。その時期を経て、他者の言葉としての外言と自己のことばとしての内言という内面的世界への二つのことばへの分化が生じる。

内言は、自己内対話を通じて、再構成された外言を創り出す。自主的に、他人にもわかることばへとしてのあらたな外言への動機となる。この過程で、ことばを発する内発的動機が紡がれ、再び他者とのコミュニケーションを通じて

新たな「再構成された社会にむけての外言」が発達する。

また、内言の自己内対話は、「自己の思想形成」でもある。ことばを発する動機のなかに、内言の情動を含む自己の思想形成と社会的文脈の両方が、存在するのである。

つまり、外言という社会性のあるコミュニケーション的ことばからの分化の進歩とは、自己中心的ことばから内言の過程へという進歩に加えて、再構成された社会に向けた外言へという進歩でもある。

内言を中心とする過程を図式化する次のようになる。

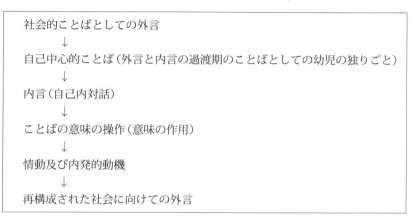

自己中心的ことばは、社会的ことばとしての外言と内言のあいだの過渡期に存在する。言い換えると、社会的ことばとしての外言は、自己中心的ことばへの発達の最近接領域であり、内言は、再構成された外言への発達の最近接領域ともなる。

外発的動機と内発的動機のどちらが主要かという点においては、「内言」の中で意味づけられた言葉を自己内対話することによって形成される内発的動機が主要な動機ということになる。その上で、語の意義と意味に関連した「外言の社会的文脈」も影響力のある動機である。影響力のある社会的文脈として、協同学習の意義が、そこに存在する。

人間は、その社会的本性としての協同性により、他者の思想も自己内対話を

通じ、内に取り込むことができる。(周囲からの)社会的ことばとしての「外言」に含まれる外発的動機も、発達の最近接領域の協同学習というコミュニケーションを通じて、自己内に取り込むことができる。それから自己内対話を通じて、外発的動機を内発的動機に組み替えることができる。そして更に、「再構成された外言」ができていくのである。発達の最近接領域の協同学習のもう一つの意義として、その組み替えを通じて、内発的動機を含む「再構成された外言」への発達があるのである。

発達の最近接領域は、概念形成のみならず、情動や動機とも関連する。協同学習は、情動や動機を育む意味もある。

第3節　幼児期（幼児前期と就学前期）における「発達の最近接領域」

本節から第四節までは、それぞれの発達段階に特徴的な「発達の最近接領域」をまとめることを目的としている。尚、発達段階論は、ピアジェやエリクソン等もあるが、ヴィゴツキーは「新形成物」[9]と危機期という視点での発達段階論を展開している。

まずは、「幼児期」の発達段階に特徴的な発達の最近接領域について述べる。

(1) 幼児期と遊び

幼児期の遊びと「発達の最近接領域」とは、密接な関係がある。「なぜ幼児は遊ぶのか」、それにはいくつかの理由がある。ヴィゴツキーは、まず、子どもの発達時期の概観という表を（人格, p.41）に掲載している。それによると幼児前期を、一歳～三歳とし、三歳の危機があり、その克服後を、就学前期を、三歳～七歳としている。（詳しくは、本章末の表1を参照されたい）

そして、遊びを「就学前における発達の主導路線」（人格, p.140）と位置づけて、想像との関連を、ヴィゴツキーは、次のように指摘している。

　遊びはたえず実現されえぬ願望の想像的幻想的実現として理解される
　べきです。想像とは、幼児前期の子どもの（中略）新形成物です。（同,

pp.142-143)

　幼児前期においては、欲求や願望という情動から遊びが行なわれる。遊びの本質は、願望の遂行にある。例えば幼児前期には、おもちゃの扱い方等、欲求や願望だけでなく、想像も働かせながら遊ぶことになる。それに沿う対応が幼児期には求められる。つまり、その過程で「想像」という新形成物も生まれるということでもある。
　幼児前期と就学前期のあいだに危機期があるとして、ヴィゴツキーは次のように書いている。

　（三歳の危機には）人格―「自我」の危機も生じます。すなわちその瞬間
　の欲求と結びついたものではなく、子どもの人格の発現と結びついた一連
　の行為、動機が生じます。（中略）危機は子どもの人格と周囲の人々との
　社会的相互関係を軸として経過するのです。（児童 ,p.133）

　ヴィゴツキーのこの指摘によると、三歳の危機は、自我の芽生え時期であり、動機も育まれ、親や周囲との関係性の変革の時期でもある。
　その次に就学前期が来るのであるが、幼児前期と就学後期とでは遊びの違いが生じる。
　就学前期においては、の特徴に「虚構場面」の創造がある。虚構場面の遊びは、「ルールを含む遊び」を含んでいる。ままごとは、（母）親の行動の模倣でもある。そのことは、幼児が（母）親の行動に内在するルールの意味を意識する時期でもある。そうした「虚構場面」と意味との関係について、ヴィゴツキーは、次の例を出している。

　杖を馬のごとく扱う現実的行為は、意味の操作への不可欠な過渡期です。
　つまり、子どもはまずモノを扱うかのように意味を扱い、しかるのちに、
　意味を意識して思考しはじめます。（人格 ,pp.158-159）

このように、ヴィゴツキーは、就学前期に子どもの交流の領域が拡大し、意味を意識することから、幼児前期とは違いのある時期と位置付けている。前節（３）の「意味の作用」が関係するのである。幼児前期の次の三歳の危機を乗り越え、次に来るのは、就学前期である。それは、学齢期というあたらしいサイクルとのあいだの関係にある。このあいだの時期である就学前期において、「一般的表象による思考」「情動的興味」「意味の作用」「交流の拡大」のすべてが学齢期につながるものである。それ故に、就学前期の「遊びの意義」の一つは、学齢期への「発達の最近接領域」となるということである。

（２）集団活動とコミュニケーションから内言へ
　ヴィゴツキーは、（思言）では協同（共同）[10]という言葉を発達の最近接領域の意義に関して使っている。これに対して、（発最）では協同（共同）だけでなく集団という言葉も下のように使っている。

　子どもの集団活動における模倣を「大人の指導のもと」により、集団活動において「理解をもって」自主的にすることのできることよりもはるかに多くのことをすることができる（発最 p.18）

　この指摘は集団活動の模倣が、「理解と自主性」をも促進するという点で、発達の最近接領域の意義をさらに深めた捉え方である。
　さらにヴィゴツキーは、集団的活動・社会的活動を、精神間機能として位置づけている。高次精神機能では、はじめはコミュニケーションという精神間機能として、二回目は個人的活動すなわち「子どもの思考内部の方法として」の内的精神機能としてあらわれるとして、集団的活動におけるコミュニケーションの意義を述べている。

　ことばは、はじめは子どもとまわりの人間とのコミュニケーションの手段として発生します。その後、内言に転化するようになってはじめて、それ

は子ども自身の思考の基本的方法となり、子どもの内的精神機能となります。(発最 ,p.22)
『集団のなかに口論が発生し、それとともに自分の考えを論証しようという欲求が発生します。(中略)コミュニケーションの過程でのみ、考えを検討し確認する必要性が生ずるのです。』とピアジェは語っています。(同上)

　ここで、ヴィゴツキーは、子どもの集団のなかに口論が発生し、それとともに自分の考えを論証しようという欲求(情動)が発生するとして、情動との関連を指摘し、更にコミュニケーションを通じて、内言へ転化すると説明している。口論から論証しようという欲求に関しては、ピアジェも研究しているが、内言への転化は、ヴィゴツキーの神髄とも言える。協同や集団と関係するコミュニケーションという社会的情動を通して内言が発生するという点も、発達の最近接領域ということになる。
　また、幼児期の「集団遊び」は、内言や思考や、協同を基礎とするまわりの人間との相互関係をさらに発展させるという意味でも発達の最近接領域の意義を持つ。

(3) 模倣について
　ヴィゴツキーは、動物の模倣と人間の模倣の違いについて、以下のように言及している。

　動物の模倣は、かれの可能性の狭い範囲にきびしく限られています。動物は、自分でできることだけを模倣するのです。(児童 ,p.35)
　子どもは動物と違って知的行為の模倣で、子どもが自力で合理的・合目的的な行為あるいは知的な操作をすることを多かれ少なかれ越えることができるというのが、一般法則です。(児童 ,p.35)

　これらを受けて、(土井 , 2009, p.52-55)では、模倣を二種類に整理されて

いる。

　第一種の模倣は、動物に固有な模倣で、その動物の可能性の範囲内の模倣である。

　第二種の模倣は、自力で合理的・合目的な行為あるいは知的な操作を超える模倣であり、人間に固有な模倣で、発達の最近接領域に合流する模倣である。それは、大人あるいは他の子どもと協同して行う一定のタイプのあらゆる活動であり、協同で遂行することのできることのすべてでもある。

　（土井，2009）で、「模倣の能力を課題解決にみるだけでなく、発達の視点からも捉えるのがヴィゴツキーの視点である。」との補足がなされている。

　ヴィゴツキーは初期には、遊びと第一種の模倣の関係を重視していた。それに加えて、人間は、社会的本性により、コミュニケーションという情動を含む欲求があり、協同を含む遊びは、第二種の模倣となる。それ故「幼児の遊び」は、動物の可能性の範囲の模倣だけでなく、「コミュニケーションを含む協同の模倣」であり、第二種の模倣として、学齢期という未来への発達の最近接領域に合流する意義をも持つのである。

（4）記憶と学齢期への発達の最近接領域

　子どもの一般化の段階は、彼の新しい交流の可能性における新しい段階をも意味します。（中略）記憶の支配がここに存在するという事実（中略）の結果となるものは、子どもの興味や欲求の性格が完全に再編成されはじめることにあります。（中略）問題は子どもの興味が意味によって規定されはじめることにあります。（発最, p.40）

　このヴィゴツキーの指摘は、就学前期の子どもの情動的興味が、意味や意義と結びつき、記憶という新形成物が生まれることを意味し、それは教授学習の新しいサイクルにつながることにもなる。

　例えば、クマのぬいぐるみを情動的にかわいがっていた子どもが、絵本でク

マの話に興味を持ち、幼稚園や親によるその絵本の読み聞かせなどの交流を通じて、その本に出てくる言葉の意味を理解する。

　それは内言でも行なわるが、コミュニケーションにおけることばの意味の作用を通じてもことばの一般化が行なわれる。一般化とは、個々のことばの意味が、一般的にも使うことができるように発展することでもある。

　まず、用例で示すと、例えば、机という単語（ことば）が、最初は子ども本人用の机を意味していたが、本人以外の人用の机（父用の机等）も意味するようになり、ひいては、机一般を意味するように発展する。こうした一般化の発達には、ことばの意味と関連した言語的思考の働きと、概念同士の関係性を理解することが必要である。それは、ある対象を他の対象との関連や関係の中で理解する作用も含まれる。

　それ故に、一般化は、概念形成と関連する。上述の例に加えて、ヴィゴツキーは、『思考と言語』の第五章「概念発達の実験的研究」（p.147-224）において、概念の発達について詳述している。

　それによると、概念の発達過程は、第一段階（混合主義的結合）から第二段階（複合的思考相1〜4）と第二段階の相5（擬概念的複合＝複合的思考と概念の連結環）各段階）を経て、思春期に真の概念や抽象的概念思考へと至るとしている。

　その概略は、本章末の表1ヴィゴツキーの発達段階論―年齢期と危機期と新形成物において示したので、それを参照いただきたい。

　その過程は、記憶の基礎となり、記憶は新形成物となり、学齢期の教授・学習の新しいサイ）クルへの発達の最近接領域となるのである。

　図にまとめると次のようになる。

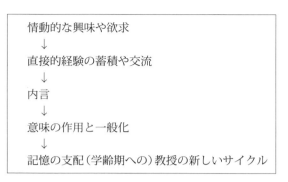

第4節 学齢期における発達の最近接領域

本節は、各発達段階の中でも、「学齢期」の段階に特徴的な「発達の最近接領域」をまとめることを目的としている。

(1) 思考について

ヴィゴツキーは、『思考と言語』の全体を通して、思考についての問題意識も含めて語っているが、『子どもの心はつくられる―ヴィゴツキーの心理学講義』(菅田監訳・広瀬訳, 2002)でまとまった言及がある。

> 子どもが言語の外面的な側面を獲得するときには、一つの単語から語句へ、単純な語句から語句の組み合わせへと進んでいき、意味の獲得のときには、語句の組み合わせから個々の語句の分離へ、個々の語句から単語の組み合わせの分離へ、そしてようやく最後になって個々の単語の分離へと進むのです。(同, p.86)
> 本質は(中略)思考なのです。(中略)個々の単語を言う子どもは、実際には単語の意味的に(大人のような)事物認識ではなく、まとまりのある、通常かなり複雑な文、あるいは文の連鎖を取り込んでいるのです。(同, p.85)

ここでヴィゴツキーは、子どもが言葉の外面的な側面を獲得する時と、意味を獲得する時は逆の方向を辿るということを、指摘している。

こどもの言葉の外面的獲得は、外言を取り込み、内言を通じて意味の作用を利用して思考を紡ぐという過程で行なわれる。一方、意味を獲得する時には、子どもは一語文の段階から、文の連鎖を取り込んでいる。つまり、単語の意味の習得に、一語文の段階から思考が含まれていることになる。これは言葉の外面的獲得の逆の過程を、最初から行なっているということである。

言語の外面的習得と内面的な意味の獲得は、段階的で相互作用し合いながら、思考を深めて、螺旋的に発達するものと考えられる。

また、ヴィゴツキーは、次のようにも述べている。

> 子どもの心理機能の基本的なすべてのシステムは、その子どもがことばの意味の発達においてどのような段階に達しているかによって左右されるのです。（中略）子どもの人格構成がたどる形式的な基本的な段階と同じく、これらの段階は子どもの思考の発達段階と直接的に関連しています。（同,p.94）

このことは、子どもの自己中心的思考に続き、内言における意味の作用を通じて、思考が紡がれ、学齢期の新形成物となることを意味している。しかも、それらの過程は、思考の発達段階と関連があり、言い換えれば、内言における意味の作用が、思考への発達の最近接領域になるということになる。

さらに学齢期の科学的概念の教授・学習の積み重ねにより、概念的思考が思春期の新形成物となる。また、関連して、ヴィゴツキーの次の言葉によって、『思考と言語』という著書の題意が、よく表されているということが理解できる。そして、ことばと知能と思考と言語に関して以下のようにまとめている。

> われわれは、新しい実験的研究に基づいて、子どもの発達において知能とことばの発生的根源と路線はちがっているということを確認することがで

きた。われわれは、ある時点までは子どもの前知能的成熟とそれとは無関係な前言語的知能の成熟とを追跡することができる。ある一定の時点でこれら二つの発達路線の交差がおこり、それらは出会う。ことばは知能的となり、思考は言語的となる。（思言, p.104）

（２）「話しことば」と「書きことば」の関係
　本論のはじめにで指摘したように「教授・学習は子どもの発達のあらゆる段階で行われる」。学齢期の発達の最近接領域も、その段階、学年、領域等に応じてあらゆる場面に生じる。この節では、その中でも「話しことば」と「書きことば」の関係に焦点を当てて述べていきたい。
　子どもは、幼児期では、話しことばを主に使ってきたが、学齢期になると書きことばを学ぶようになる。話しことばは、主に生活的概念として獲得し発達していくが、学齢期に、科学的概念の教授を目的とする教育が行われる。子どもはそれを主に学校で、学習していく。
　では、その話しことばと書きことばの違いとはどんなところにあるのだろう。話しことばは、幼児期の節でも出てきたように、ことばによるコミュニケーションの欲求という情動を基本としている。
　それに対して書きことばについては、ヴィゴツキーは、次のように述べている。

　書き方を学びはじめる生徒は、この新しい言語機能への欲求を感じない（中略）。すべての文句すべての会話に、言語活動の動機の発生が先行する。そのために私は話すのであり、そのような情動的意欲や欲求の源泉からこの活動は育つのである。」（思言, pp.287-288）

　つまり、書きことばは、学齢期の初めには話しことばのような、「欲求や情動的意欲や動機」が未成熟という特徴がある。それには二つの理由がある。
　一つは、ことばへの動機という情動の問題である。書きことばには、他の新しい種類の活動に対する欲求と同様、動機が必要である。すべての会話に、言

語活動の動機が先にあり、ことばが発生されるのも動機が必要である。つまり、「動機」という情動的意欲や欲求を源泉として、言語活動は育つ。話しことばへの動機や欲求は、言語的コミュニケーションの欲求という情動的意欲から、発生する。それに対して書きことばは、その動機が未熟であり、学齢期の初めに動機を高めるために、子どもの努力がより必要とされる。

　二つ目に、ヴィゴツキーは、内言の問題を挙げている。話しことばは「対話形式」であり、常に話し相手による事柄の要点の知識が前提とされる。書きことばと内言は、共に「独語形式」である。内言の特質として、多くの省略を可能とし、内言の過程で、言いたいことが述語のみに凝縮される。その点について、ヴィゴツキーは、次の指摘をしている。

　　内言では、われわれは、話の題目、すなわち主語を言う必要はまったくない。われわれは常にそのその主語について言われていることがら、つまり述語にのみ言葉を限定する。だから、このようなことも、内言における純粋な述語主義の支配をもたらすのである。（同 ,p.411）

　例えば、公園で母が「遊ぶの？帰るの？」と対話形式で問うた時、子どもは「遊ぶ」という述語のみを情動に基づき発し、遊び始める。そうした、述語主義は、内言の自己内対話として組み込まれる。「思想の絶対的凝縮」から「絶対的述語主義」が生じる。

　一方書きことばには、対話者のいない言語活動であるため、共通の主語が存在しない。書きことばは、最大限に達する話者の内なる世界や、内言に形成された世界が、主語も含め反映する。その結果、最大限に詳しいことばとなり、「言いたいこと」を書くことにするのに、はるかに多くの単語を使用して表現にする必要がある。

　その過程でも、内言の自己内対話が行われる。その中で、子どもは言葉の意味を操作するようになり、書きことばは話しことばより有意的となる。有意的とは、意味の作用を含むということである。その過程を経て書きことばを発す

る動機や情動が生じる。つまり、「対話形式のコミュニケーション」と「書きことば」とは、ことばの詳しさの点が異なる。

話しことばは、内言の自己内対話を通じて、書きことばへの発達の最近接領域と考えることができる。

（3）自覚と制御と形式陶冶

ヴィゴツキーは、形式陶冶の問題意識から、発達の最近接領域の研究を、行なっている。そして、その到達点として次の言及をしている。

「さまざまな教科の学習の心理学的基礎のいちじるしい共通性。（中略）あらゆる教科の形式陶冶の可能性を保証する。（中略）すべての高次精神機能に共通な基礎というのは、自覚と制御である。これらの発達が学齢期の新しい基本的産物なのである。」（思言 ,p.297）

形式陶冶は、教科の学習の共通性を理解することでもある。例えば、外国語を学ぶことで、自国語の認識も本当の意味で理解できる。他国語を学ぶことにより自国語を自覚できるのである。そこに至るために、随意的注意、論理的記憶、抽象的思考、科学的想像力の発達などを経て、高次の過程への形式陶冶の可能性が生じることになる。その基礎として、自覚と制御があるのである。

ヴィゴツキーは、自覚と制御を学齢期の発達の新しい基本的産物とし、それが高次精神機能に共通な基礎となるとしている。

第5節　思春期における「発達の最近接領域」

本節は、各発達段階の中でも、「思春期」の段階に特徴的な発達の最近接領域をまとめることを目的としている。

（1）思春期と自覚

思春期という年齢期において発達の最近接領域は、どのようなものか。ヴィ

ゴツキーは次のように指摘している。

> 自覚は科学的概念の門を通って現れるのである。(思言,p.266)
> 概念的思考への移行に基づいて、(中略)内言は、思春期に最終的に形成され社会化される。(『思春期の心理学』,p.256)

つまり、思春期の基礎が、幼児期の「内言の自己内対話」から始まり、学齢期の科学的概念の学びの中で、それを門として、発展していくことになる。その過程を経て、自覚が発生し、思春期に「概念的思考」を獲得することになる。学齢期の科学的概念の学びは、概念的思考への発達の最近接領域でもある。

ヴィゴツキーは、思春期を第一の相（危機期、主に中学時代）と第二の相（安定期、主に高校時代）に分けている。幼児期の第一反抗期（危機期）が自主性の芽生えと言われるが、思春期の第一の相は第二反抗期である。それは、自覚や自我への移行期でもあり、危機期でもある。小学校高学年から始まる概念的思考や抽象的概念の獲得に向けての、生みの苦しみの時期でもある。それは、九・十歳の壁[11]とも言われる。

そこを乗り越えて、高校時代に安定期に向かう。つまり、第一の相の危機期は、第二の相への発達の最近接領域であり、その危機期において抽象的概念思考を獲得するための実践的支援は重要である。また、教科内容の学習支援と共に、自覚と関連して他者の存在を学ぶことも大切である。HRなどでの協同の学びも、第二の相の安定期や人格の完成に向けた発達の最近接領域の意義がある。

（２）真の「概念」と「人格」の完成

> 単語の意味が、完全になることは決してない。結局それは、世界の理解および人格全体の内部構造に依存するのである。（思言,p.416）

意味の作用を通じて、「内言」からの「思想形成」が行なわれる。また、それは、

単語の一般化による概念形成と平行して、「心的体験」の単位の蓄積でもある。そして、その過程を通じて、「世界の理解の拡大」や人格への影響がある。こうした人格の内部構造に根差す内容は、情動や動機とも関連し、『思考と言語』の下の最後の言葉に至る。

意味づけられた言葉は、人間の意識の小宇宙である（同, p.434）

ここまでのことを図式化すると、

```
内言
　↓
学齢期の科学的概念の教授
　↓
自覚の基礎としての一般化と内言の蓄積による思想形成や心的体験
　↓
自覚、概念的思考への移行、思春期における人格や世界観の発達
```

内言思春期は第一の相と第二の相も合わせて移行期とされる。思春期は、真の概念（概念的思考）や世界観の発達による「人格の完成」のあいだにあり、人格の完成に至る発達の最近接領域でもある。

その上で、本論では、もう一つ加えることがある。それは、「ははあ体験」[12]である。ヴィゴツキーは、下のように述べている。

子どもは何かを完全に理解し、何かのもっとも本質的なものを習得し、その「ははあ体験」で、一般的原理が明らかにされる。（思言, p.294-295）

ヴィゴツキーが指摘している「ははあ体験」は、概念的なものの意味を一般化するとともに、内言の意味の作用や情動も含まれる。それが本質的なことの理解となる。「ははあ、なるほど」というふうに概念と体験が結びつくことは、あらゆる教科をも含む形式陶冶ともなる。

「科学的概念の教育」と、「(心的)体験や経験も重視する教育」の両方の実践に、ははあ体験の積み重ねが加わるのである。それは、真の概念や自覚や自己意識への発達の最近接領域ともなると考える。

また、本章第1節で「新しいことを学ぶこと」が発達の最近接領域に決定的であるというヴィゴツキーの指摘も紹介した。この新しいことを学ぶことのああ意義が、(思言)第六章の発達の最近接領域の項に位置づけられている。新しいことの学びは、科学的概念の学びと「発達の最近接領域の協同学習」による他者とのコミュニケーションの体験に、ははあ体験が加わり、本質的なものの理解ともなっていく。また、それは未来に向けた教育という意味でもある。

第6節　おわりに

ヴィゴツキーは、発達の最近接領域の問題意識から、コミュニケーションの重要性も説いている。コミュニケーションや対話による協同を通じて、人間は発展してきた。教育も対話が重要である。人格や世界観も対話や他者との協同を通じて、平和的に完成される。そうした世界観も、ヴィゴツキーの思想的動機に根差していると考えることができる。

また、ヴィゴツキーは「弁証法」[13]の視点も、加えている。

弁証法の理論は、「即自―対他―対自」という段階がある。「即自」は、教授・学習を通じて自らの学びとする段階である。「対他」は、対話や協同などの他者の学び経る段階である。それらを経て「対自」の段階として自覚というに至るという意味が、ヴィゴツキーの理論の中に組み込まれている。

また、ヴィゴツキーは、対他の意味も含めて、環境との関連も述べている。

> 環境は人間にとって高度に固有の性質や活動形式の発達に対して、発達の源泉として出現するということです。(人格 p.258)

こうした環境との関連は、『人格発達』の理論―子どもの具体心理学』の第十章「児童学における環境の問題」において詳述されている。その中では、家庭

環境なども含め、子どもの心的体験に及ぼす影響や、子どもが環境をどう意味づけるかについても述べられている。「人間は社会的存在」であることから、社会環境との相互作用の問題もある。これはヴィゴツキー理論が、弁証的であるのに加えて唯物論的であることも意味する。

また、そのことは、子どもと環境のあいだの関係が子どもの発達に重要な役割を果たすという意味でもある。そこでも、発達の最近接領域も関係する。そのあいだの関係を結ぶのは、「ことば」によるコミュニケーションである。

（村田純一）

注
1 ヴィゴツキーは、いくつかの書で「発達の最近接領域」に関する言及を行なっている。尚、本書では、その引用文は、引用ページの前にそれぞれの（思言）などの略称で示した。その一覧は、注の次に書名一覧として示した。
2 ZPD（зона ближайшего развития）は、「最近接発達領域」という訳語もあり、『ヴィゴーツキーの発達論：文化—歴史的理論の形成と展開』(中村 ,1998)等ではそれが使われいる。一方『思考と言語』(新訳版 , 柴田 , 2001) では、「発達の最近接領域」が使われ、その訳者注解の (p.459) において、前者は直訳で、後者が意訳という趣旨のことが述べられている。本書では、弁証法や発達段階論の文脈なども考え、意訳の柴田訳の方を採用した。
3 ロシア語の обучение は、辞書においても、教える「教わること」教育、教授、学習、訓練、(研究社露和辞典, 東郷・染谷・磯谷・石山・荒木編 , 2005.p.1269) とあり、「教えること」と「学ぶこと」の両方の意味を含んでいる。
4 ヴィゴツキーは、用語として「自己内対話」は使用していないが、「われわれの心の中の対話テーマは、常にわれわれに知られている。」(『思言』p.410) として、内言に自己内対話というコミュニケーションの趣旨が存在している。
5 人類の歴史に関して、ヴィゴツキーは、類人猿との比較や思考とことばの関係について次のように整理している。「一、思考とことばは、異なる発生的根源をもつ。二、思考とことばの発達は、異なる線に沿って進み、たがいに無関係である。三、思考とことばとの関係は、系統発生の全期間を通じて幾らかでも一定の大きさを持つものではない。四、類人猿は、ある点で人間に似た知能（道具の使用の萌芽）を表し、それとまったく別の点で人間と似たことば（ことばの音声面、情動的ことば、ことばの社会的機能の萌芽）を表す。五、類人猿は、人間に特徴的な関係—思考とことばとの間の緊密な関連—を表しはしない。これらはチンパンジーにおいては、少しも直接的には結びついていない。六、思考とことばの系統発生においては、われわれは明らかに、知能発達における前言語的段階、およびことばの発達における前知能的段階を確認することができる。」(思言, p.125)
6 外言がいつから人間に取り込まれるかについて、次の二つの引用が参考になる。
「赤ちゃんは母胎の羊水の中でも、母語にイントネーションとリズムを、聞いているとされる研究がある。（今井 2015）『ことばの発達の謎を解く』ちくまプリマー新書 ,p.17」「母

親の声以外に、外の世界の音もお腹の中で聞くことガできるのです。一九九八年、医学系雑誌の中では最も権威がある雑誌の一つ『ランセット（Lancet）誌に興味深い論文が掲載されました。この研究では、母親が妊娠中に（ほぼ毎日）視聴していたテレビドラマ（"Neighbors" というメロドラマ）のテーマソングを、誕生後の新生児（生後二日から四日の赤ちゃん）の聞かせると、じっと聞き入ったと報告しています。たとえば泣いていても、そのテーマソングが流れると泣き止んだそうです。（開一雄 , 2011,『赤ちゃんの不思議』岩波新書 , pp.9-10)』

7　『語の意味とは何か？』（フレデリック・ポラン ,1928）にフランス語の原文があり、『ヴィゴツキー、ポラン／言葉の内と外』(2019) 神谷栄司編・訳・著述、小川雅美・伊藤美和子訳にその日本語訳が掲載されている。

8　自己中心的ことばを、ヴィゴツキーは過渡期のことばと位置付けている。その点については、本論第3編第1章「『発達の最近接領域』と年齢期と環について」の表1の4を参照されたい。また、過渡期と危機期と環との関係も存在し、その点についても、同上表1の4を参照されたい。

9　新形成物について、ヴィゴツキーは弁証法と自己運動と関連させて、「ある段階で初めて出現し、子どもと環境との関係における子どもの意識、（中略）その段階におけるすべての発達過程をもっとも主要で基本的な点において規定するような人格とその行動を構成する新しいタイプ、身体的・社会的変化」（人格 , p.25）と規定している。。

10　ロシア語のсотрудничество は、訳者により「協同」と「共同」の２つの訳語が存する。また、коллективной が集団的で、коллективной деятельности で、集団活動となる。

11　九・十歳の壁について、柴田義松は、次の指摘をしている。「わが国（日本）の学校現場では、以前から『九歳の壁』（あるいは節）」ということが問題とされてきました。九歳から学びはじめる分数計算で多くの子どもがつまずくのです。（中略）概念的・論理的思考が要求されるのは、まさに思春期のはじまる小学校高学年のころからだと言えるでしょう。」(『ヴィゴツキー入門』柴田 (2006) p.117)

12　ははあ体験については、第2編第5部の全体とその文末注２も参照されたい。

13　ヘーゲルは、「即自―対自―即且つ対自」と「即自―対他―対自」の二種類のトリアーデ（三つで一組のもの）を示している。ヘーゲル用語辞典（岩佐・島崎・髙田編 ,1991）では、「ヘーゲルは、即自的存在を対他的存在と対比して使うこともある。対他的（中略）とは、人間や事物が他のものと関連し、交渉している状態であり、他者への事物の依存性、事物の非自立性を意味する。ヘーゲルの弁証法はこの点では、対他の側面を不可欠の条件とした、事物の真の統一性を主張するのである。（島崎隆執筆部分 p.74) と説明されている。

書名一覧（本章独自の略称を使用したもの）

（１）『教育心理学講義』(2005) ヴィゴツキー ,L.S.（著）柴田義松・宮坂琇子（訳）新読書社（教講と略）

（２）『思考と言語』(2001) ヴィゴツキー ,L.S.（著）柴田義松（訳）新読書社（思言と略）

（３）『人格発達』の理論―子どもの具体心理学』(2012) ヴィゴツキー ,L.S.（著）土井捷三・神谷栄司（監訳）土井捷三・神谷栄司・伊藤美和子・

西本有逸・竹岡志朗・堀村志をり（訳）三学出版（人格と略）
(4) 『発達の最近接領域の理論―教授学習過程における子どもの発達』（2003）ヴィゴツキー,L.S.（著）土井捷三・神谷栄司（訳）三学出版（発最と略）
(5) 『新児童心理学講義』（2002），ヴィゴツキー,L.S.（著）柴田義松（訳者代表）宮坂琇子・土井捷三・神谷栄司（共訳）新読書社（児童と略）

尚、(1)～(5)以外の引用文献は、その都度引用元を記載し、それが連続する場合は、（同～）と記載することを原則とし、それ以外の参考文献は章末を参照のこと。

参考文献
- 岩佐茂・嶋崎隆・高田純（編）（1991）『ヘーゲル用語辞典』未来社
- 内田健介（2017）『スタニスラフスキー・システムにおける２つの「ポドテクスト」』ロシア語ロシア文学研究, 49, pp.51-53, 日本ロシア文学会
- ヴィゴツキー,L.S.（2002）『子どもの心はつくられる―ヴィゴツキーの心理学講義』菅田洋一郎（監訳）広瀬信雄（訳）新読書社
- ヴィゴツキー,L.S.（2005）『文化的―歴史的精神発達の理論』柴田義松（監訳）学文社
- ヴィゴツキー,L.S.（2004）『思春期の心理学』柴田義松・森岡修一・中村和夫（訳）新読書社
- ヴィゴツキー,L.S.・ポラン.F.（2019）『ヴィゴツキー、ポラン／言葉の内と外』神谷栄司（編集,訳,著述）小川雅美・伊藤美和子（訳）三学出版
- 柴田義松（2006）『ヴィゴツキー入門』子どもの未来社
- 柴田義松（2010）「ヴィゴツキーから何を学ぶか」『新英語教育』１月号, 三友社出版
- 柴田義松（2009）「ことばの意味とその教育について―続・ヴィゴツキーから何を学ぶか」『新英語教育』新英語教育研究会
- スピノザ,B,D.（1951）『エチカ（倫理学）（上）（下）』畠中尚志（訳）岩波

書店
- 開一雄（2011）『赤ちゃんの不思議』pp.9-10, 岩波書店
- 田島充士（2021）「異質な意味を持つ他者とのコミュニケーションに向かうヴィゴツキーの発達論―ヘーゲルの自己意識論を視点として―」『ヴィゴツキー学増刊第1号』
- デューイ ,J.（2004）『経験と教育』市村尚久（訳）講談社
- 土井捷三（2013）「ヴィゴツキーの新形成物発達論、危機期を解明する」『人格発達』の理論―子どもの具体心理学』の翻訳出版記念ヴィゴツキー研究集会資料
- 土井捷三（2009）「ヴィゴツキー『教育心理学』をどう読むか―模倣と体験（ペレジバーニエ）に関連して―」『ヴィゴツキー学第10巻』
- 土井捷三（2016）『ヴィゴツキー［思考と言語］入門―ヴィゴツキーとの出会いへの道案内』三学出版
- 西本有逸（2008）「情動過程と知的過程の統一」『ヴィゴツキー学第9巻』
- 西本有逸（2010）「アブゥチェーニエにおける認識論と存在論の響き合い」『ヴィゴツキー学別巻第1号』
- 中村和夫（1998）『ヴィゴーツキーの発達論：文化―歴史的理論の形成と展開』東京大学出版会
- コール ,M.（2002）『文化心理学―発達・認知・活動への文化・歴史的アプローチ』天野清（訳）新曜社
- Cole, M. (1996). CULTURAL PSYCHOLOGY: *A once and future discipline.* Harvard University Press.
- 村田純一（2016）「学習者の誤った概念（誤概念）と「ヴィゴツキーにおける概念との関係に関する考察」『ヴィゴツキー学別巻第4号』

表1　ヴィゴツキーの発達段階論―年齢期と危機期と新形成物

年齢期	年齢	特徴
新生児の危機		新生児期は、胎内発達と胎外発達との連結環のようなもの
乳児期	二か月～1歳	情動的ことば（類人猿共通） 前言語的段階（記号化できてない）、外言の影響
一歳の危機		無言語期から言語期への移行
幼児前期	1歳～3歳	子どもは周囲の環境との関係を意識していない
三歳の危機		強情、片意地、反抗癖、聞き分けのなさ（непослушание） （гипобулика 意志減退） いやいや期―以前の関係から抜け出す（自分で）自発的に
就学前期	3歳～6歳 （3～7歳）	役と結びついた遊びが始まり、遊びの中心が、諸関係を伴う遊び（ごっこ遊び）となる
六（七）歳の危機		無邪気さ、率直さを失い落ち着きなさ、ふざけ等、本質的に環境と人格の統一体のあるタイプがすっかり別の統一体に 意味的な心的体験が初めて生まれ、心的諸体験の激しい闘争
学童期	6歳～12歳 （7～14歳）	内言 内言の発生と発達⇒思考の発達＝思考と言語の合流 読み書き言葉との関係
十二（十三）歳の危機 思春期	12歳～18歳 （14～18歳）	知的作業の生産性の低下、外言の発達＋心的体験の意識化 →内言の発達による内面の深まり 直観性から理解と演繹への転換 「関係性」の問題が学校と社会をつなぐ「環」として、思春期以降「社会」に入って行く前の「発達の最近接領域」と捉えることができる。
思春期後	成人以降	思春期全体を、過渡期と位置付けてその後の生涯発達。 「十八歳から二十五歳までは、成人期の鎖の最初の環であり、子どもの発達の鎖の最後の環ではありません」

注）この表は、「ヴィゴツキーの新形成物発達論、危機期を解明する」土井捷三 ,2013,（『人格発達」の理論―子どもの具体心理学』の翻訳出版記念ヴィゴツキー研究集会資料）の資料を元にして、「『学習者の誤った概念（誤概念)』と『ヴィゴツキーにお

各年齢期の新形成物	概念発達
出会うものすべて	
大人と一体化した意識 （始原われわれ意識）	前知能的段階（道具的思考）
足でたつこと、 移行期の「自律的言語（自律的ことば）」（「ウーア」）など	第一段階 混合主義的結合
知覚、ことば、ことばあそび、意識（ことばと関係）、想像	第1水準 試行錯誤とあてずっぽう
外言から内言への過渡的「環」として「自己中心的ことば」（～学童期） 周囲の人との関わりが複雑化、 心的体験による意識形成 親との関係性の変革	第2水準 知覚に基づく 第3水準 知覚で統合されたものをまとめる
記憶 他者と関係していることを発見 「発見した状況・環境・関係」を、新しい能動的な随意的自覚の対象にする	第2段階 複合的思考 相1－連合的複合 相2－コレクション的複合
心的体験の内面の二分化 心的体験（переживание）の発見・再編・一般化 意味づけられた言葉から内言へ 「子どもにとっての心的体験」としての「環境との関係性」が変化する	相3－連鎖的複合 相4－拡散的複合 第三段階 第一水準 分節化、分析、抽象の発達
思考 意味づけられた知覚と一般化が底辺にある ⇒内言との関係	第二水準 潜勢的概念 習慣のはたらき
「思春期の第一の相（危機期） 第二反抗期、分裂的傾向（схиник） 古い興味の死滅と情熱の成熟 「対他から対自への関係性」の変革	相5－擬概念的複合＝複合的思考と概念的思考の連結環
「思春期の第二の相」 新しい興味と興味の多様化 創造的想像 概念形成、自己意識 人格の完成	概念的思考（抽象的思考） 概念 自己意識
概念と世界観が人格の完成と社会生活と関連し、新しい時代となっていく。	

ける概念』との関係に関する考察」村田純一,2016,で作成した別表を,更に『人格発達」の理論─子どもの具体心理学』やその中の「子どもの発達時期の概観」（p.41）の表や『思考と言語』などを参照して、加筆修正したものである。

第2章　ヴィゴツキーの研究史に学ぶ、教育における理論と実践の関係

第1節　はじめに

　本書の目的は、ヴィゴツキーの発達の最近接領域の概念の意義を彼の年齢期の理論との関係で明らかにし、幼児期から大学生までの各段階の教育実践について発達の最近接領域の観点から得られる示唆を引き出すことである。

　本章ではヴィゴツキーの理論が教育実践に対してもつ意味を考えるための前提として、教育における理論と実践の関係について、ヴィゴツキー自身の研究史を紐解くことを通して考えてみたい。具体的には、ヴィゴツキーの研究史の中で心理学の理論と教育実践がどのように関係づけられていたのかを彼の考え方の変遷とともに明らかにしたい。その上で、発達の最近接領域という概念についてヴィゴツキー自身が教育実践とのかかわりの中でどのように着想を得たかを浮き彫りにする。そして、ヴィゴツキーの研究史を踏まえてこの概念を教育実践への示唆に結びつけるための方法や、さらに検討を必要とする理論的課題について指摘したい。

　教育における理論と実践の関係はそもそも論争的かつ複雑な主題である。ドナルド・ショーン（1983）による専門家についての「技術的合理性」モデルの批判以降、一般的な原理としての理論を具体的な問題解決としての実践へと応用するという単純な基礎と応用の関係性で両者を捉えることは困難になった。ショーンが提唱する省察的実践家としての専門家像において、理論は不確実で不安定で価値葛藤を含んだ状況の中で、問題を捉える枠組みとして機能し、実践の中で状況との対話を通して問い直され、再構成されるものとして捉えられている。

　佐藤学（1998）はショーンの省察的実践家における実践的認識論を教育における理論と実践の関係性の理解に応用した。佐藤は教育実践を科学的な原理や技術の適用として認識する「理論の実践化（theory into practice）」とも、すぐれた実践の一般化として理論を捉える「実践の典型化としての理論（theory through practice）」とも異なる「実践の中の理論（theory in practice）」の立場から両者の関係性を捉えることを提唱している。佐藤によれば「実践の中の理論」の立場において理論は実践の外でなく、内側で機能するものとして捉えられる。佐藤は「実践の中の理論」の立場から、理論は教育実践の中で修辞学的枠組み、活動の枠組み、状況的枠組みの三つの次元で機能していると述べる。言語や活動、机の配置や時間割といった物的、制度的要因にも枠組みとしての理論が内在していると佐藤は考える。

　理論と実践を統一的に理解するショーンや佐藤とは異なり、ジョセフ・シュワブ（1978a, 1978b）は教育において理論的なもの（the theoretical）と実践的なもの（the practical）がそもそも異なるモードの働きをもっていると考える。理論的なものは一般的な知識を生み出すことを目的としており、実践的なものは個別具体的な状況の中で個別具体的な子どもを相手に行為するための判断を下すことを目的としている。シュワブは理論的なものには実践的なものが参照することができる知見が含まれていると考える。しかし、理論においてはそれぞれが依拠する科学の主題や探究の原理によって視点が制約され、一面的になるということが避けられない。そのため、シュワブは理論を実践に適用するにあたっては、理論において捨象されてしまう実践の対象の個別具体性の理解によって理論を補完する実践の技法（practical arts）や、理論がもつ不完全さを自覚し、そうした不完全さを2つ以上の理論の視点を組み合わせることなどによって補いながら理論と実践を隔てる障壁を克服するための折衷の技法（eclectic arts）が必要になると述べている。

　教育における理論と実践の関係性をめぐる論点を網羅することは本書が目的とするところではない。本章では発達の最近接領域というヴィゴツキーの理論から教育実践への示唆を引き出すという本書の目的に照らして、ヴィゴツキー自身が自らの心理学の理論と教育実践とのかかわりをどのように捉えていたかということに焦点を絞って議論を展開したい。

　ヴィゴツキー自身は心理学者として知られているが、そのキャリアを通じて常に教育実践に携わってきた人物でもある。彼はキャリアの初期に故郷のゴメ

リにおいて文学と心理学の教師として活動していた。また、実験－欠陥学研究所において科学的指導者を務め、特別なニーズをもつ子どもの教育に携わっていた (Bein. et al., 1993)。こうした教育実践者としての経験は心理学者としてのヴィゴツキーに対して重要なアイディアを提供していた。

ヴィゴツキーが『心理学の危機の歴史的意味－方法論的探究－』において述べるところによれば、実践は心理学を真の科学へと変革するための動因となる可能性を秘めている。ヴィゴツキー（1982a // 1997a）は理論を適用するための植民地のようなものとして実践を捉えた同時代の心理学者たちを批判し、理論の方向性を定め、理論の正しさの基準となる法廷のような役割を果たすのが実践であると考えた。ヴィゴツキーは実践とのかかわりによって理論は自らの方法論を再構築することを求められると考えていた。方法論とはヴィゴツキーにとって研究の技術的手段に留まらず、研究を支える認識論的、哲学的基礎を含むものである。実践は常に目的を伴うものであり、心理学は実践とかかわることを通して、研究課題の立て方など、実践の目的に即した方法論の根本的な再編を求められるのである。

実践とのかかわりについての上記のヴィゴツキーのビジョンは学問としての心理学の発展にかんする文脈において語られたものである。筆者はヴィゴツキー自身の心理学研究の発展を理解する上でもこのビジョンが手がかりになると考える。以下、ヴィゴツキー自身の主要な関心の一つであった教育実践とのかかわりに焦点を当てて、彼が自らの心理学の理論をどのように発展させていったかを明らかにしていきたい。心理学と教育実践の関係についてのヴィゴツキーの考え方は彼の研究史を通して一貫していたわけではなく、彼の研究の深化とともに変化していた。この変化の中に、ヴィゴツキーの理論を教育実践に活かす際の手がかりがあると筆者は考える。

第2節　『教育心理学』における二つの区別

ヴィゴツキーの研究史の初期段階において彼が教育実践と心理学の理論の関係をどのように捉えていたかを示す手がかりとして、まずは1926年に出版さ

れた『教育心理学』に着目したい。この著作はヴィゴツキーのゴメリでの教師としての経験に基づいて書かれている。

　当時、教育が教育心理学の指導の下に工学のように精密にコントロールされるようになるという期待があったが、その期待は裏切られていた。ヴィゴツキー（1991 // 1997b）は心理学から教育方法や教育計画を直接導き出すことは元々無理なことであると指摘する。ヴィゴツキーはこの段階では、心理学と教育実践を質的に明確に区別される営みであると考えていた。ヴィゴツキーは両者を隔てる要因として、科学と技法（искусство＝art）、事実と規範という二つの区別を挙げている。

　まずは前者の区別から見ていこう。科学と技法の区別について論じるにあたり、ヴィゴツキーはウィリアム・ジェームズの『心理学についての教師への講話：人生の理想についての生徒への講話とともに』における以下の一節を参照している。

> 心理学は科学であり、教授（teaching）は技法（art）である。そして、科学は決して技法を直接生み出すことはない。・・（中略）・・論理の科学は人に正しく推論させることを教えたことはなく、倫理の科学（そんなものがあるとすればだが）は人に正しい信念を持たせたことはない。・・（中略）・・教育学と心理学は並んで発展するもので、前者が後者から導かれることはなかった。両者には調和があるが、どちらかが他方に従属することはなかった。従って、常に教授は心理学と一致する必要があるが、心理学と一致する唯一の教授があるとは必ずしも限らない。多様な教授方法が心理学的法則と同じように一致するということは十分にありえるからである。心理学を知ることはよい教師となることを保障するものでは全くない。
> （James, 1899, pp.7-9）

　後述のように、科学としての心理学と技法としての教育実践の区別は、一般的な法則とその一般的な法則を個別具体的な現実に適用するための方法の区別

と対応している。一般的な法則それ自体は直ちに具体的な状況の中でそれをどのように用いるかを教えてはくれない。科学としての心理学は子どもの発達の一般的な法則を打ち立てることを目的とし、技法としての教育実践は一つひとつ異なる教室において、一人ひとり異なる子どもの学びと発達を促すことにある。ヴィゴツキーはここで、教育実践が心理学の知見を参照することは有益であるとしつつも、両者を根本的には異なる営みとして理解している。

　二つ目の区別は事実と規範である。ヴィゴツキーによれば教育実践は目的によって導かれるものであり、理想や規範を含むものである。他方で心理学は科学であり、行動や発達の法則を研究する。これらはあくまで価値中立的な事実である。

> 科学の方法論は事実を研究する科学と規範を確立する科学の区別を確立する。教育学は疑いもなく、この両者の境界に位置する。しかしながら、事実はそれ自体では教育に関するいかなる正確な科学的結論に導くこともなく、規範は事実に導かれることなしには理想が真に実現可能であるという保障をもたらしてはくれない。(Выготский, 1991, c.37 // 1997c, p.1)

　ヴィゴツキーが教育実践とは異なる学問としての教育学の性質をどのように位置づけているか、『教育心理学』においては必ずしも明確ではない。しかし、事実と規範を区別し、心理学は常に前者の側に位置づけられているという点でヴィゴツキーの姿勢は一貫している。

　事実と規範、または事実と価値という区別は哲学においては古典的なものであり、本書でヴィゴツキーはこの区別を踏襲している。ヴィゴツキー（1991 // 1997b）はこの区別について論じるにあたり、園芸家は美的価値に基づいてチューリップを愛し、雑草を嫌うが、事実の説明と記述を行う植物学者はどちらを愛することも嫌うこともしないという趣旨のミュンスターバーグの言葉を引用している。

　ヴィゴツキー（1991 // 1997b）によれば教育目的は規範や価値から導かれ

るものであり、教育目的を決めるのは事実を研究する心理学の仕事ではない。教育実践が子どもの発達を促すことを目的とする以上、心理学の法則を参照する必要はある。しかし、心理学の役割はあくまで教育の目的を遂行するための手段に限定されるとヴィゴツキーは考える。このように、事実と規範の区別という点からも、本書においてヴィゴツキーは教育実践と心理学を質的に異なる性質のものと捉える。

『教育心理学』から分かることは、技法と科学、事実と規範の区別に基づいてヴィゴツキーが心理学と教育実践の間に質的に明確な違いを見ているということである。心理学と教育実践の知見は互いに参照し合うことができ、時に一致する必要があるが、両者は互いに独立した営みであって一方を他方から導くことはできない。

しかしながら、心理学と教育実践の関係についてのヴィゴツキーの捉え方には彼の研究の進展とともに変化があった。結核が原因となって1934年に37歳という早すぎる死を迎えたものの、1926年からの約8年の間に彼の心理学には理論的な発展が見られた。そして、その発展とともに科学と技法、事実と規範の区別についての理論的スタンスも変化していったのである。初めに事実と規範を、次に科学と技法を取り上げて、それぞれの区別についてのヴィゴツキーの捉え方の変化を追っていきたい。

第3節　事実と規範

事実と規範の区別についてのヴィゴツキーの理論的立場の変化は、心理学研究において因果関係をどのように捉えるかという問題と密接に結びついていた。ヴィゴツキーの理論的立場の変化をよく表した論稿として、障害学（дефектология）をテーマとした1931年の論文「困難を抱えた子どもの発達診断と児童学的臨床」に注目したい。

この論文の中でヴィゴツキーは同時代の児童学の方法論を批判している。ロシアにおける児童学は子どもの発達を研究する心理学の独立した部門として、実験心理学の誕生とともに形成されたものである（Minkova, 2012）。児童学

に対するヴィゴツキーの批判の趣旨は、困難を抱える子どもの教育にかかわる親や教師に対して児童学が実践的な示唆を与えていないということである。『教育心理学』において心理学から教育的示唆を直接引き出すことを期待することを戒めていたヴィゴツキーであるが、本論文においては心理学の一部門である児童学に対して実践的な示唆を期待しており、明確にスタンスが変化していることが分かる。ヴィゴツキーは児童学における理論と実践の解離を批判しているが、このことは彼が理想的には理論と実践が統合されていることが望ましいと考えていることを示している。

ヴィゴツキー（1983a // 1993）は児童学を批判するにあたり、彼自身がある臨床精神科医とともに困難を抱える8歳の子どもの児童学的相談を行った時のエピソードを紹介している。母親はこの子どもが理由のない強い怒りの発作、激情等を表わすことを話し、このままでは周囲の人々にとって危険を与えるかもしれないと訴えた。ヴィゴツキーを含む仲間との審議の結果、臨床精神科医は子どもが「てんかん」[1]であると母親に伝えた。母親が「てんかん」とは何であるか尋ねると精神科医はその子どもが興奮しやすく、短気で怒るわけがわからなくなり、周囲の人に危険を及ぼす可能性があると答える。失望した母親は、「それは、みんな私があなたに言ったことじゃないですか」と抗議する。

児童精神科医とともに相談にあたった自分自身の活動への反省を含むヴィゴツキーのこの回想において問題となっているのは科学としての心理学（この場合、児童学）における事実に対するアプローチの仕方である。臨床精神科医が行ったことは、当該の子どもに対して観察されるままの事実を指摘し、「てんかん」という学術用語で名付けているだけである。現象を観察、記述し、名付けるだけの研究から実践的な示唆を引き出すことは困難である。ヴィゴツキーが心理学の研究に期待するのは、観察される事実がどのように関連し合っているか、現象がどのような原因によって引き起こされているかという因果関係の知識である。そのためには表面的な発達の兆候を捉えるだけでなく、それらを引き起こす因果関係を明らかにする必要がある。知的発達や身体的発達の兆候を数量的に測定することも、それだけでは研究が科学的であることの保障とは

ならない。数量的測定は出発点にすぎず、測定された発達の兆候をもたらす因果関係が解明されて初めて科学的な説明になるとヴィゴツキーはいう。

　しかし、ここで一つ疑問が生まれる。因果関係は事実についての知識であるが、そこからいかにして教育についての実践的な示唆を得られるのだろうか。ヴィゴツキーは『教育心理学』において、事実についての知識から規範の領域に属する教育の目的を引き出すことはできないと述べていたはずであった。実は、1926 年の『教育心理学』から 1931 年の「困難を抱えた子どもの発達診断と児童学的臨床」までの間に、ヴィゴツキーの心理学研究における理論的発展があり、その中で因果関係についての捉え方、そして事実と規範との関係についての捉え方に大きな変化が生じていた。

　『教育心理学』におけるヴィゴツキーは独自の心理学理論を確立しておらず、理論的には条件反射を基礎とした生理学的心理学に依拠していた。生理学的心理学における因果関係はどのような刺激がどのような反射、反応と結びつくかという物理的、機械論的な因果関係である。他方、文化との関係において人間の心理発達を理解する文化 - 歴史的心理学という理論的枠組みを用いるようになって以降、ヴィゴツキーは心理学における因果関係を歴史的、発生的因果関係、つまり文化の中で心が形成される（発達する）際の因果関係として捉えるようになった[2]。『高次精神機能の発達史』におけるヴィゴツキーの以下の言葉は因果関係の歴史的、発生的な捉え方をよく表したものといえる。

> 何かを歴史的に研究するということは、それを運動のなかで研究することを意味する。それは、弁証法的方法の基本的要求でもある。研究においてなんらかの物の発達過程をそのあらゆる相と変化の中で－発生から死滅まで－理解することは、その物の本性を明らかにし、その本質を理解することを意味する。（Выготский, 1983b, c.62–63 // 1997b, p.43）

　因果関係を機械論的に理解した場合、研究は価値中立的な物理的、自然的事実の説明になる。しかし、因果関係を歴史的、発生的に捉えるようになると、

研究は価値中立的な事実の列挙ではなくなり、人間の活動を含む歴史の因果的説明となる。これは心理学の場合には、個人の心の発達史の因果的説明という形をとる。再び、「困難を抱えた子どもの発達診断と児童学的臨床」に戻り、ヴィゴツキーの記述を見てみよう。

> 通常、子どもの児童学的発達史は、互いの間に内的にまったく関連のない、たんにアンケートで得られたものと年代記的順序で並べられた個々の要素の列挙から成り立っている。ここで最も欠けているのは、発達史、すなわち関連のある、動きのある、統一のある全体である。このような記述の仕方は出来事やそれらの変化についての真の歴史的描写というよりも、むしろ年代記を思い出させる。(Выготский, 1983a, с.303–304 // 1993, p.278)

子どもの心の発達史には子どもにかかわる人々の活動が含まれる。人間の活動である以上、そこには必然的に人間がもつ規範や価値が含まれる。事実の研究の中に規範と価値が入り込むのである。子どもの心の発達を取り巻く人々の活動の中でもヴィゴツキーは特に教育の存在の重要性を指摘する。

> 言葉の最も広い意味で理解される教育はその周囲に子どもの人格のあらゆる発達が打ち立てられる基本的な核心である。特定の発達路線は特定の教育的路線の必然的、論理的な帰結として理解されなければならない。(Выготский, 1983a, с.309 // 1993, p.282)

以上のように、文化-歴史的心理学という理論的枠組みに基づいてヴィゴツキーは事実の因果的説明を教育に代表される規範的実践を含んだものとして捉え直した。こうしてヴィゴツキーの研究の中で事実と規範は一体となり、心理学の知見は教育実践に対して実践的示唆をもつものと考えられるようになったのである。

第4節　科学と技法

　続いて、『教育心理学』において提示された二つ目の区別である科学と技法の関係がヴィゴツキーの研究史の中でどのように捉え直されていったのかを見ていこう。ヴィゴツキーはこの著作において基本的にはジェームズの説明に依拠してこの区別について述べている。従ってまずはジェームズにおける両者の区別について検討し、『教育心理学』におけるヴィゴツキーの科学と技法の関係についての捉え方を明らかにする。そして、その後のヴィゴツキーの理論的発展において両者の関係についての解釈がどのように変化したかを追っていきたい。

　ジェームズにおける科学と技法の区別は、それぞれの営みが向けられる対象の違いから生じている。科学としての心理学は心の一般的法則の解明を目指すものであるが、技法としての教育は一人ひとりの子どもを教育することである。教育実践において、子どもを前にしたときに何を話し、何をなすべきかを決めるためには子どもの心についての一般的な法則としての心理学を知ることも必要であるが、それ以上に個々の子どもについての理解が必要となる。

　ジェームズ（1899）は心理学と教育実践の関係を戦争の科学と実際の戦争における戦術の関係に喩えて説明している。戦争の科学が教える戦争における一般原則も心理学が教える教育の一般原則も単純なものである。例えば、戦争であれば逃れられない場所に敵を追い込み、不意打ちする、教育であれば生徒の興味を高めて注意を導き、教えようとする事柄を印象深く授けて次の段階の知識を知りたいという気持ちにさせる、といった具合である。しかし、戦争も教育も一般原則を知るだけでは不十分であり、原則を適用する個別的な対象の理解が必要になる。ジェームズは心理学のような科学の一般法則の理解と、個別的な対象を理解するための知的作用を区別し、後者を「明察（divination）と知覚（perception）」（James, 1899, p.10）と呼んでいる。ジェームズは両者の区別を背景として、心理学者と教育実践者がそれぞれ子どもに対して質的に異なる態度で向き合うことになると述べる。

私は同僚のミュンスターベルグ教授が教師の子どもに対する態度が具体的で倫理的であるのとは正反対に、心理学における観察者の態度は科学的で分析的であると言う時、これ以上強く賛同することはできません。我々の中にはこの2つの態度を上手く併せ持つことのできる者もいますが、多くの場合、両者は衝突するのです。(Ibid., p.13)

　心理学者はここでジェームズが「科学的で分析的」であると述べる一般的なものの認識のモードで子どもと向き合い、教育実践者は「具体的で倫理的」な個別的なものの認識のモードで向き合うのである。ジェームズにおいて科学としての心理学と技法としての教育実践の区別はこれら二つの認識のモードの区別に由来するものであった。
　以上のような二つの認識のモードの区別を『教育心理学』におけるヴィゴツキーも踏襲している。この本の第17章「才能の問題」においてヴィゴツキーは教育方法の個別化について述べている。ヴィゴツキー(1991 // 1997b)は教育学の一般法則は科学の法則である以上、平均的な子どもにも、特別な能力のある子どもにも、障害のある子どもにも当てはまる。他方で、こうした一般法則を適用するにあたっては平均的な子どもも含む一人ひとりの子どもに合わせて個別化する必要があるとヴィゴツキーは述べる。個別化のためには一人ひとりの子どもの理解が必要になるとヴィゴツキーは考える。

　教育者は2つの問題に直面する。初めに個々の生徒の特性の個別化された研究である。次に、全ての教育方法と社会的環境が各生徒に与える全ての効果を個別の生徒に応じて調和させることである。(Выготский, 1991, c. 348 // 1997b, p.324)

　心理学の一般法則を教育実践に適用するために、個別の子どもに対する理解を間に挟む必要があるというヴィゴツキーの見方は前述のジェームズと響き合うものである。ここでも一般的なものの認識のモードと個別的なものの認識のモード

が質的に区別され、後者が教育実践者に必要なモードであるとされている。

では、ジェームズの理論的区別に倣った一般的なものの認識のモードと個別的なものの認識のモードの関係性はヴィゴツキーの研究史の中でどのように変遷していったのだろうか。まずは既に、1927年の論文『心理学の危機の歴史的意味－方法論的探求－』において、こうした二つの認識のモードを統合する展望が語られていることに注目したい。

> 我らがマルクス主義者はマルクス主義的方法論におけるヘーゲル的原理を説明して、それぞれの事物は小宇宙として、大宇宙がその中に全て反映されている普遍的尺度として見られうることを正しくも主張している。このことに基づいて彼らは、ある一つの事物、一つの対象、一つの現象を完全に研究し尽くすこと、これは世界をあらゆる連関の中で認識することを意味すると述べている。この意味で、それぞれの人間は多かれ少なかれ彼が所属する社会、あるいはむしろ階級の尺度であるということができる。というのも、彼には社会的諸関係の総体が反映されているからである。
> (Выготский, 1982a, c.402 // 1997a, p.317)

ヘーゲル、マルクスの弁証法的世界観を基礎とした哲学的レベルにおいてであるが、「一つの事物、一つの対象、一つの対象を世界のあらゆる連関の中で認識する」ことによって個別的なものが一般的なものとつながるというヴィゴツキーのビジョンが上記の言葉に示されている。ヴィゴツキーは後に一般化を他の対象との関係や連関の下で対象を認識することと理解するようになる（Выготский, 1984 // 1998）。このように捉えると個別的なものと一般的なものの認識は対立しない。

では、このように哲学的なレベルで捉えられた一般的なものの認識と個別的なものの認識は実際にヴィゴツキーの研究の中でどのように結びつけられていたのだろうか。ヴィゴツキーの文化‐歴史的心理学において、子どもの発達の現象を「あらゆる連関の中で認識する」ことには二つの側面がある。一つ目は、

子どもの発達を文化的発達として理解することである。つまり、子どもの発達を周囲の人々との社会的な関係とその中で獲得される文化的行動形式との関連において理解するということである。二つ目は発達の現象を前節で述べた歴史的、発生的因果関係の中で理解することである。つまり、一つの発達の現象を後に続くより高次な発達段階に至るプロセスとして理解するということである。

『高次精神機能の発達史』の第7章における書きことば[3]についてのヴィゴツキーの分析を例にこのことを考えたい。この章においてヴィゴツキーは発達の中で書き言葉に連なる書きことばの「前史」として子どもの最初の視覚的記号である身振りの存在を指摘する。ヴィゴツキーは通常書きことばとの関連が意識されることのない身振りの例として描画とシンボリックな遊びを挙げている。

描画について、ヴィゴツキー（1983b // 1997c）は子どもの初期の絵が対象を写実的に、見たままに描くのではなく、記憶によって対象の表象を伝えようとしていることに着目する。ヴィゴツキーは子どもの描画が対象の本質的、不変的特徴を伝える概念の萌芽であり、図解によることばとして理解することができると述べた。シンボリックな遊びについて、ヴィゴツキーは見立て遊びなどにおいて子どもが物に付与する意味がその物自体の客観的特徴ではなく、その物を用いて子どもが行う身振りに基づいていることに着目する。ヴィゴツキーは子どものシンボリックな遊びは身振りによって事物に意味を与え、指し示す複雑なことばのシステムであると考える。

このように、ヴィゴツキーの心理学的分析は子どもの姿（描画、遊び）を文化的発達の一環として、文化との関連の中で理解するのと同時に、発生的、発達的因果関係の中でより高次の発達段階（書きことば）との関連の中で理解することを可能にしている。このような心理学の知見は、教育実践者にとって個々の子どもの発達を理解し、適切な教育的働きかけを行うことを助けるものであるといえる。『教育心理学』における科学としての心理学と技法としての教育実践の区別の背景をなしていた一般的なものの認識のモードと個別的なものの認識のモードの断絶がここでは緩められている。一般的なものの認識のモードとしての心理学の視点が、教育実践者が個々の子どもについて理解するための

個別的なものの認識のモードの理解を助けているのである。ヴィゴツキーはこの書きことばの前史としての身振りの考察から、文字を書くための単なる運動技能として書きことばを教えることはできず、子どもの遊びの中で物だけでなく、ことばをも絵に描くことができるという発見に導かなければならないという教育的示唆を引き出している。

　しかし、それにもかかわらず、ここで得られた教育的示唆はまだ一般的な指針に留まるものであり、個々の子どもに対する具体的なアプローチを引き出すことができるものではない。『教育心理学』において示されたもう一つの区別である事実と規範とはことなり、科学としての心理学と技法としての教育実践の区別は後期のヴィゴツキーの研究においても完全に解消されることはなかった。両者の間には一定の相互作用が生まれたものの、相対的な独立性は保ったままである。

　後期のヴィゴツキーの研究においても子どもの心理学的発達の法則はあくまで一般的なものに留まり、個々の子どもの理解を直接生み出してくれるものではなかった。発達の一般的法則に基づいて個々の子どもを理解し、その発達を促すための教育方法を考案し、実行するのは教育実践者の仕事として残されていた。このことを1933年にエプシュテイン記念実験障害学研究所で行われた報告の速記録である「教育過程の児童学的分析について」でのヴィゴツキーの主張からうかがうことができる。この報告においてヴィゴツキーは心理学者の研究が目指すのは教育方法の分析ではなく、発達の分析であると明確に述べている。

> 概して、児童学的研究の対象であるのは、もちろん教育方法的分析ではなく、発達の分析です。・・(中略)・・明らかに、教育過程の児童学的分析の課題となるのは、教授・学習の働きを一歩毎に解明することではなく、学校での教授 - 学習（обучение）の進行によって生じさせられ、またそれによって学校での教授 - 学習過程が効果的か非効果的かが決まるような、内的発達の過程を分析することなのです。(Выготский, 1935a, c.132)

ここで「教授 - 学習」と訳されているのはロシア語のобучениеであり、「教師が教え＝子どもが学ぶ」（矢川，1972）ことを意味する言葉である。ヴィゴツキーの発達の最近接領域の理論は教授 - 学習と発達の関係を対象とするものであり、発達を先回りし、導くように実践されるのが優れた教授 - 学習であると考える。ヴィゴツキーは心理学者（この文脈では児童学者）の仕事は教授 - 学習の過程の分析ではなく、教授 - 学習によって引き起こされる発達過程の分析であると述べている。

　ヴィゴツキーが教授 - 学習と発達の間に相互関係があるとしながらも、両者を同一視していないことは重要である。例えば、教授 - 学習過程の中で十進法に基づく計算を子どもが行っていても十進法の概念は発達していないということがありえる。また、書きことばの獲得の過程で子どもは話しことばでは無意識に構成していることばを意識的に構成することができるようになる必要がある。ヴィゴツキーが随意性と呼ぶものの発達である。しかし、随意性そのものが教授 - 学習の過程で教師によって教えられ、子どもに学ばれることはない。教授 - 学習の過程における具体的な教師と子どものかかわりと、子どもの中で内的に発達するものは相互に関係するものの、一致することはないのである。

　発達の法則は一般的なものであり、科学としての心理学の対象であるとヴィゴツキーは考える。他方、発達を導く教授 - 学習は教師と子どもの間の具体的な文脈に依存する個別的なプロセスである。こちらは心理学者ではなく、教育実践者が携わる領域であるとヴィゴツキーは考える。ここでは教育実践者と子どもが生み出す教授 - 学習過程によって導かれる発達の内的過程を心理学者が研究で明らかにし、その知識が教育実践者に実践の指針として用いられるという循環が成立している。

　ヴィゴツキーの理論において教授 - 学習と発達は互いに異なる過程でありながら、相互に関係することで発達の最近接領域が生まれるという関係にあった。こうした両者の関係に対応する形で後期のヴィゴツキーの研究においては科学としての心理学と技法としての教育実践も相対的に独立した営みでありな

がら、相互作用することで互いに発展するような関係が形成されていた。ファン・デル・フェールとザヴェルシネヴァによって編集された『ヴィゴツキーのノート：選集』に収められた、ヴィゴツキーの個人アーカイブ内のメモ書きに、以下のような記述がある。障害のある子どもの児童学について述べた文脈における記述である。

> 基本的に研究と実践は二つの正反対の道筋を辿る。つまり、一般的な法則（または）診断。…（中略）…研究と実践は目的と方法において同一ではない。しかし、まさにその理由によってそれらはともに（なければならない）。単一の動的な全体における二つの極。(Выготский, 2017, c.334// 2018, p.284)」

心理学の研究と教育実践は後期のヴィゴツキーの研究においても完全に一体となることはなく、相対的な独立性を保っていた。しかし、それゆえにこそ、両者はそれぞれの発展のために互いを必要とするような関係にあった。相互作用を通した発展の過程で両者が弁証法的に統合されていく（対立物の統一）ビジョンをヴィゴツキーは描いていたのだと思われる。

第5節　発達の最近接領域の理論は教育実践に何をもたらすか？

以上、ヴィゴツキーの研究史における教育実践と心理学の理論の関係の変遷を見てきた。『教育心理学』においてヴィゴツキーが教育実践と心理学を質的に明確に区別され相互に独立した営みと考える根拠となっていた事実と規範、科学と技法の二つの区別の内、前者は後期の研究において統合へと向かった。しかし、後者については科学と技法の間に相互作用が生まれたものの、相対的な区別は残った。このため、ヴィゴツキーの後期の研究において、教育実践と心理学は相対的に独立した営みでありながら、相互作用の中で互いに発展するような関係へと変化していったのである。教育実践と心理学を隔てる境界は消えることはなく、両者は相互に異なる営みであり続けるからこそ相互作用の可

能性が生まれ、相互の発展の原動力となったのである。

　最後に本章での考察を踏まえ、本書の主題でもある発達の最近接領域の理論が今日の教育実践に対して何を示唆し得るのか、そして発達の最近接領域の理論を教育実践の現実に基づいてさらに発展させるための展望について考えてみたい。

　発達の最近接領域の概念がヴィゴツキーの研究の中でどのように着想されたか、必ずしも明確ではない部分も多い。発達の最近接領域の概念を作業仮説として、子どもの科学的概念の発達について広範な理論的考察が展開された『思考とことば』の第6章の最後において、ヴィゴツキーは研究の過程における作業仮説と実験的研究の関係性は彼がそれをこの著作において記述した方法とは異なるものであったことを記している。『思考とことば』の第6章は一見すると発達の最近接領域という作業仮説が予め存在し、それに基づいて実験的研究が実施されたかのように読めてしまうのだが、実際には両者はそのような関係にはなかったというのである（Выготский, 1982b // 1987）。

　こうしたヴィゴツキーの説明を踏まえれば、彼が行った様々な研究の文脈が多様に混ざり合い、試行錯誤の中で生まれたのが発達の最近接領域の理論であったと考えることができる。そうした中で、発達の最近接領域の概念の着想に至るヴィゴツキー自身の思考の軌跡を比較的明瞭な形で辿ることができるのが1933年のブーブノフ記念教育大学障害学講座の会議における報告の速記録である「教授-学習との関連における学齢時の知的発達のダイナミズム」である。

　この報告においてヴィゴツキーは子どものIQと学校における教授-学習を通した知的発達との関係性について考察している。そこでヴィゴツキーはIQの絶対的成績において高い数値を示す子どもが、学校における教授-学習を通して成績がどの程度上昇したかを示す相対的成績においては低い値を示すというアメリカやイギリス、ロシアの先行研究において明らかにされた事実に直面する。入学時のIQが高い子どもほど、学校での教授学習を通した成績の上昇率が悪く、逆に入学時にIQの低い子どもは成績の上昇率がよいのである。

　ヴィゴツキーが「理解しがたい謎」（Выготский, 1935b, c.38）と呼ぶこの事

実を説明するための仮説として用いられたのが発達の最近接領域であった。先行研究においては子どもが自分一人で達成することができる水準としてのIQが用いられており、学校における教授-学習の中で他人の助けを得て達成できる水準が考慮に入れられていなかったというのがヴィゴツキーの分析である。こうしたヴィゴツキーの着想をもたらしたものの一つは、教育実践において見られるシンプルな事実である。

> 科学的思想による長い努力を経てある法則が発見された時、まるで元々そのようなものとして理解することができたかのようであることがある。実際、学校においては子どもをテストする時とは異なることが行われている。私たちは生徒が学校に入学するにあたり、まずは生徒が自分自身でできることをすることを求めるが、次第に教師は子どもが常に自分自身でできることからできないことへと移行できるように働きかけていく。学校での教授-学習のこうした純粋に経験的な分析から明らかなのであるが、教授-学習は子どもが自分自身でできることよりも、指導の下でできることに規定されるべきなのである（Выготский, 1935b, c.45）

IQに基づく知能の診断という心理学の慣習的な思考の枠組みの中では理解できない謎となっていた問題を解くきっかけとなったのは、教師は子どもの現在の発達水準ではなく、将来の発達水準に向けて働きかけていくという教育実践の中で積み上げられてきた事実である。知能を数値化して比較可能なものにするという心理学の理論の構築過程で、心理学と教育実践との間に矛盾（IQと学校における成績上昇率が一致しない）が形成されていたのだが、その矛盾は教育実践の中からヒントを得る形で解決された。IQと発達の最近接領域の大きさを合わせて検討することで、協同の中で達成可能なことを含む個々人の知能の指標の形成への道を切り開いたのである。

発達の最近接領域の理論は知能の概念を拡張するだけでなく、子どもの科学的概念と生活的概念の発達の問題や、遊びにおける子どもの心理発達の問題と

いった事柄を説明するための理論的枠組みとしても用いられた。教育実践における事実から示唆を得る形で、心理学の理論におけるブレイクスルーが生まれたといえる。

　他方で、発達の最近接領域の理論は教育実践に対してもそれまで時に無自覚的に行っていた実践を自覚的に導くための指針になり、発展の原動力となりうるものである。つまり、教授 - 学習は現在の発達水準ではなく、発達の最近接領域に、成熟した機能よりも成熟しつつある機能に即して行われるべきであるということである。本書は各年齢期において成熟しつつある機能は異なり、年齢期毎に発達の最近接領域を踏まえた教授 - 学習の課題が異なるという考えの下に執筆されている。読者には各年齢期の発達の最近接領域の特徴を踏まえ、発達の最近接領域に働きかける教授 - 学習として、どのような教育実践が展開されているかを確かめてほしい。

　なお、発達の最近接領域の理論と現実の教育実践の間には引き続き説明を要する理論的課題が存在するということを指摘しておきたい。子どもが一人で解くことができる問題によって規定される現在の発達水準と、協同の中で解くことができる問題によって規定される水準との差として発達の最近接領域を定義するにあたり、ヴィゴツキーは主な協同の相手を教師か、その子どもよりも知的な仲間であると想定している節がある。一人で解くことができる問題よりも高い水準の問題を協同の中で解くという事態をイメージする際に、教示や誘導質問を行ったり、解答のヒントを与えたりすることができる相手として、自分よりも高い発達段階にある他者を仮定することは自然なことであったといえるかもしれない。しかし、佐藤（2021）は自らが提唱した「学びの共同体」の実践に取り組む学校の協同的学びにおいては知的に上位にある子どもだけでなく下位の子どもも学びの発展の役割を担っていることを指摘している。このような教育実践における事実に学びながら、それらの意味を説明できるように発達の最近接領域の理論を発展させるという課題を研究者は突き付けられているといえる。本書に収録された実践がそうした理論的発展の一助となることを願いたい。

（吉國陽一）

注
1) クレッチマーは彼の提唱する性格類型の一つである粘着気質がてんかん患者に明確に見られる特徴であることから、てんかん病質とも呼んでいた。粘着気質の特徴として粘着性の他に爆発性や易怒性などがある。しかし、その後の研究において粘着気質とてんかんが密接に関連する根拠は得られておらず、てんかん病質は既に歴史的用語となって現在は臨床的に用いられることはないという（加藤他, 2016, p.743）。ここでヴィゴツキーが言及している臨床精神科医の診断がクレッチマーの粘着気質の概念を踏まえたものであったかどうかは分からないが、てんかん患者にクレッチマーのいうような特徴が頻繁に見られることが当時から認識されていたことが背景にあると思われる。
2) 筆者は以前、情動の心理学についてのヴィゴツキーの論稿を検討対象に、彼の研究における因果的説明の捉え方が機械論的なものから歴史的、発生的なものへと変化していった経緯をスピノザ哲学との関係において論じたことがある（吉國, 2016）。詳しくはそちらを参照されたい。
3) ヴィゴツキーの著作の翻訳において、言語による活動を表わすロシア語 речь を言語一般としての язык と区別して訳語を分けることが一般的である。Речь には平仮名の「ことば」が訳語として用いられることが多く、本章でもそうした例に倣った。

【引用・参考文献】

- Bein, E.S. & Vlasova, T.A. & Levina, R.E. & Morozova, N.G. & Shif, Zh.I. (1993). Afterword. In Rieber, R.W. & Carton, A.S. (Eds.), *The collected works of L.S. Vygotsky, Vol. 2: The fundamentals of defectology.* Plenum Press, pp.302-314.
- James, W. (1899). *Talks to teachers on psychology: And to students on some life's ideal.* Henry holt and company.
- 加藤敏・神庭重信・中谷陽二・武田雅俊・鹿島晴雄・狩野力八郎・市川宏伸（編）『縮刷版 現代精神医学事典』弘文堂
- Minkova, E. (2012). Pedology as a complex science devoted to the study of children in Russia: The history of its origin and elimination. *Psychological Thought, 5*(2), pp.83-98.
- 佐藤学（1998）「教師の実践的思考の中の心理学」佐伯胖・宮崎清孝・佐藤学・石黒広昭『心理学と教育実践の間で』pp.9-55, 東京大学出版会
- 佐藤学（2021）『学びの共同体の創造 ―探求と協同へ―』小学館
- Schwab, J.J. (1978a). The practical: A language for curriculum. In Schwab, J.J. *Science Curriculum and Education: Selected Essays.* The University of Chicago Press, pp.287-321.

- Schwab, J.J. (1978b). The practical: Arts of eclectic. In Schwab, J. J. *Science Curriculum and Education: Selected Essays.* The University of Chicago Press, pp.322-364.
- Schön, D. (1983). *The reflective practitioner: How professionals think in action.* Basic Books.
- Выготский, Л.С. (1935a). О педологическом анализе педагогического процесса // Выготский, Л.С. Умственное развитие детей в процессе обучения, Москва, Ленинград: Государственное учебно-педагогическое издательство, pp.116-134.
- Выготский, Л.С. (1935b). Динамика умственного развития школьника в связи с оучением // Выготский, Л.С. Умственное развитие детей в процессе обучения, Москва, Ленинград: Государственное учебно-педагогическое издательство, pp.34-52.
- Выготский, Л.С. (1982a). Исторический смысл психологического кризиса // Выготский, Л.С., Собрание сочинений, т.1, М., Педагогика, с.291-436. (Vygotsky, L.S. (1997a). The historical meaning of the crisis in psychology: A methodological investigation. In Rieber, R.W. & Wollock, J. (Eds.), *The collected works of L.S. Vygotsky, Vol. 3: Problems of the theory and history of psychology.* Plenum Press, pp.233-343.)
- Выготский, Л.С. (1982b). Мыщление й речь // Выготский, Л.С., Собрание сочинений, т.2, М., Педагогика, с.291-436. (Vygotsky, L.S. (1987). Thinking and speech. In Rieber, R.W. & Carton, A.S. (Eds.), *The collected works of L.S. Vygotsky, Vol. 1: Problems of general psychology.* Plenum Press, pp.37-285.)
- Выготский, Л.С. (1983a). Диагностика развития и педологическая клиника трудного дества // Выготский, Л.С., Собрание сочинений, т.5, М., Педагогика, с.257-321. (Vygotsky, L.S. (1993). The diagnostics of development and the pedological clinic for difficult children. In Rieber, R.W. & Carton, A.S. (Eds.), *The collected works of L.S. Vygotsky, Vol. 2: The fundamentals of defectology.*

- Выготский, Л.С. (1983b). История развития высших психических функций // Выготский, Л.С., Собрание сочинений, т.3, М., Педагогика, с.6-328. (Vygotsky, L.S. (1997c). The history of the development of higher mental functions. In Rieber, R.W. (Ed.), *The collected works of L.S. Vygotsky, Vol. 4: The history of the development of higher mental functions.* Plenum Press.)
- Выготский, Л.С. (1984). Педология подростка // Выготский, Л.С., Собрание сочинений, т.4, М., Педагогика, с.6-242. (Vygotsky, L.S. (1997c). Pedology of the adolescent. In Rieber, R.W. (Ed.), *The collected works of L.S. Vygotsky, Vol. 5: Child psychology.* Plenum Press, pp.1-184.)
- Выготский, Л.С. (1991). Педагогическая психология // То же, М., Педагогика (Vygotsky, L.S. (1997b). *Educational psychology.* CRC Press.)
- Завершнева, Е, Ю. ,Ван дер Веер, Р.(ред.) (2017). Записные книжки Л.С. Выготского. Избранное. Москва : Канон ＋. (Zavershneva, E.Yu. & Van der Veer, R. (Eds.) (2018). *Vygotsky's notebooks: A selection.* Springer Nature Singapore.)
- 矢川徳光（1972）『増補マルクス主義教育学試論』明治図書
- 吉國陽一（2016）「ヴィゴツキーの心理学研究における哲学的考察と経験的研究の関係—情動の心理学に対するスピノザ哲学に依拠した批判的考察に焦点を当てて—」『ヴィゴツキー学 別巻第 4 号』pp.59-69, ヴィゴツキー学協会

(Plenum Press, pp.241-291.)

第2編
実践編（幼・小・中・高・大）

第1部　幼児期・就学前の実践

はじめに―この部の年齢期と新形成物とZPD

　幼児期は、一般的にいやいや期とも言われる危機期と危機期以降の二つの段階がある。まず、危機期としてのいやいや期では、強情、片意地、反抗癖、意志減退、聞き分けのなさなどが現れる。これは自発的に以前の関係から抜け出す時期で「自分で)」という言葉を幼児はしばしば発する。この時期は、外言から内言への過渡的「環」として「自己中心的ことば」（〜学童期）が発生する。また、周囲の人との関わりが複雑化、心的体験による意識形成が生じ、親との関係性の変革が行なわれる。

　危機期を乗り越えると、役と結びついた遊びが始まり、遊びの中心が、諸関係を伴う遊び（ごっこ遊び）が生じる。

　これは他者と関係していることを発見することによるもので、「発見した状況・環境・関係を、新しい能動的な随意的自覚の対象にすることになる。記憶がこの時期の新形成物で、それが、この時期の変革の底辺にある。

（吉國陽一・村田純一）

第1章　遊びの中で創造される発達の最近接領域とそれを支える子どもの関係性

第1節　遊びにおける発達の最近接領域の創造とは

　本章は幼児期の子どもの遊びにおいて、ヴィゴツキーのいう発達の最近接領域が創造されるプロセスを描き出すことを目的とする。とりわけ、発達の最近接領域を創造する虚構場面やルールを伴う遊びを支える子どもたちの関係性や保育者による援助に着目する。なお、遊びの定義や遊びという言葉で意味される活動の範囲は多様に考えられるが、ヴィゴツキーが子どもの発達における遊びの役割を論じる際に念頭に置いているのは遊びの中でも虚構場面の創造を伴うものである。従って、本章における遊びの考察は、虚構場面やそれに内在するルールに焦点を当てたものとなる。

　レニングラード教育大学で行った講義の速記録である1933年の論文「子どもの心理発達における遊びとその役割」においてヴィゴツキーは遊びが就学前期における子どもの発達の主導する活動であり、発達の最近接領域を創造するものであると述べている。

　遊びは子どもの発達の最近接領域を創造します。遊びのなかで子どもはたえず、その平均的年齢よりも上位におり、普段の日常的行動よりも上位にいます。遊びのなかでは、子どもは、あたかも自分より頭ひとつ分、高いかのようです。…（中略）…発達に対する遊びの関係は、発達に対する教授・学習の関係に匹敵する、と言わねばなりません。（ヴィゴツキー , 2012, p.166）

　学齢期の子どもにとっては教授 - 学習（обучение）における教師や仲間との協同が一人では到達できない水準の問題を解くことを可能にし、子どもの発達を引き上げる役割を果たす。ヴィゴツキーは幼児期における遊びの役割を学齢期における教授 - 学習に相当するものと位置づける。学齢期においては教師や仲

間との協同の中でできることと一人でできることとの違いが発達の最近接領域となる。これに対し、幼児期においては遊びの中でできることと、普段の生活の中でできることの違いが発達の最近接領域となる。遊びの中で子どもは自分自身で意識することなく、日常生活の中ではできないことを成し遂げているのである。協同の中でできることが後に一人でできることへと変わるように、遊びの中でできることは後に子どもが遊び以外の生活の中でできることに変わる。それゆえ、遊びは幼児期の子どもの発達を主導する活動であるといえるのである。

では、子どもが日常生活の中ではできず、遊びの中では可能になることとは何か。ヴィゴツキー(2012)によれば、それは第一に虚構場面の創造による意味的場と視覚的場の分岐であり、第二にルールに従うことによる直接衝動の克服と自己決定である。

第一の意味的場と視覚的場の分岐により、子どもは直接目に見える場面とは別に意味を操作することが可能になる。例えば子どもが虚構場面を創造し、杖を馬に見立てて遊ぶ際には、目に見える杖とは別に馬という意味を分離し、操作している。ヴィゴツキーは遊びにおける意味的場と視覚的場の分岐を学齢期における内的言語、論理的記憶、抽象的思考につながるものとして論じている。例えば、地動説を理解するためには目に見えないものを認識する必要がある。人権や法といった社会科学的な概念も目に見えないものである。科学においては往々にしてそうであるように、これらの事柄を学ぶためには単に目に見えないだけではなく、目に見える光景に反するような事物の仕組みを認識することが必要となる。地動説が理解される以前の人々にとってそうであったように、太陽の動きを地上から観察する子どもにとっては太陽が地球の周りを回っていると考える方が自然であろう。遊びにおいて子どもが何気なく行っている虚構場面の創造は、学齢期以降に子どもに発達する高度な思考を支える直接的知覚からの認識の解放の芽生えなのである。

第二のルールによる直接的衝動の克服と自己決定は意味的場の創造と密接に関係している。意味的場において子どもは目に見えるモノから意味を切り離す

だけではなく、目に見える状況から行為の意味を切り離している。小さな棒を馬に見立てて遊ぶ例に倣えば、子どもは棒を馬に見立てているだけでなく、自分を騎手に見立てて馬に乗るという行為をしている。目に見える状況から切り離された意味的場で子どもは行為するのである。目に見える状況から切り離された行為の意味はごっこ遊びに代表されるような役割の形をとるが、そこには隠れたルール（役割にふさわしい振る舞い）が存在する。子どもは遊びのルールに従うことを通して直接的欲望から自由になり、目的的、意志的に行為する。例えばすぐにでも食べたいと思うような魅力的なキャンディーを食べない（遊びのルールにおいて食べられないものを表すため）という自己制御の力を子どもは遊びにおいて発揮する。こうした自己制御は子どもが日常生活の中でできるものではないが、遊びにおいてそれができるのは、ルールを守ることが遊びによる楽しみを約束するからである。ヴィゴツキーはこのことをスピノザの『エチカ』の定理に依拠して、「ある感情にうちかつものは、別のより強力な感情だけである」（ヴィゴツキー , 2012, p.160）と述べている。

　以上のように、ヴィゴツキー心理学の観点によれば子どもは遊びの中で無意識に将来的に到達する発達段階を先取りしている。ヴィゴツキー心理学の観点からは遊びにおいて起きているのは意味的場の創造による思考の発達であり、遊びのルールに基づく目的的、意志的行為の発達である。学齢期には教授 - 学習において子どもが教師や仲間との協同の中でできることがその後に一人でできることを先取りし、発達を主導する。同じように、幼児期には遊びにおいて子どもができることがその後に日常生活の中でできることを先取りし、発達を主導する。このようにして遊びは発達の最近接領域を創造する。

　本章の実践事例は、このような発達的意義をもつ子どもの遊びが幼児教育の現場においてどのように展開されているかを浮き彫りにしている。ヴィゴツキー（2012）によれば遊びが生まれる背景には、子どもに直接的には実現できない願望が発生するという発達上の変化があるという。ヴィゴツキー学派の研究者であるエリコニンはヴィゴツキーのいう直接的には実現できない願望を、子どもが直接参加できないか禁止されている大人の生活に入り込むことであ

ると解釈している（エリコニン, 2002）。ヴィゴツキーの心理学的立場からは、実現できない願望を想像的、幻想的に実現するのが遊びである。しかし、日本の幼児期の教育環境を考えた時、こうした心理学的動機だけでは遊びの発生を説明することはできない。幼稚園、保育所、認定こども園等においては子ども同士の関係や子どもと保育者との関係性の中で遊びが展開するからである。虚構場面を伴う遊びは多くの場合、見立てるためのモノを媒介にするが、そうしたモノと子どものかかわりは保育者の環境構成に負うところが大きい。また、虚構場面を伴う遊びは一人で行われることも、仲間や保育者とともに行われることもあるが、後者の場合には虚構場面の創造は仲間や保育者との共同作業となる。

　発達の最近接領域を創造する子どもの遊びの展開と、それを支える保育者や仲間との関係性について以下、事例とともに示していきたい。

第2節　事例① ケーキ作り
―意味的場の創造を支えるモノとのかかわり―

　ヴィゴツキー（2012）によれば遊びにおける意味的場の創造は具体的なモノを支点としている。子どもは遊びにおいて、目に見える状況から切り離して意味を操作するが、そのために操作する意味に視覚的にも類似性のある具体的なモノの支えを必要とする。例えば、杖は馬に見立てることはできるが、郵便ハガキは見立てることができないというように。まだ子どもは完全に目に見える状況から意味を切り離すことはできないのである。ヴィゴツキー学派の研究者であるレオンチェフはこうした遊びの特徴について以下のように説明する。

　　遊びの心理学的前提のなかには、空想的要素は存在しない。存在するのは、現実的な行為、現実的な操作、現実的対象の現実的な像である。しかし、この際、子どもはやはり棒切れを馬として扱うわけだが、このことは、遊びには全体としてなにか想像的なものがあることを意味している。すなわち、これは想像的場面である。いいかえれば、遊び活動の構造とは、その

結果として想像的遊び場面が発生するようなものである。想像的場面から遊び的行為が生まれるのではなく、その逆に操作と行為との不一致から想像的場面が生まれるのである―と、格別に強調しなければならない。したがって、遊び的行為を規定するのは想像ではなく、遊び的行為の条件が想像を不可欠にし、想像を生み出すのである。（レオンチェフ，1989, p.48）

　意味的場は遊びの結果として創造される。子どもは見立て遊びにおいてあらかじめ存在するイメージを具体的なモノで表現するのではない。具体的なモノを見立て遊びに用いた結果として、イメージが後からつくられるのである。子どもは想像力豊かであるがゆえに遊ぶのではなく、遊ぶことによって想像力豊かになるのだといえる。
　以下の事例において、子どもたちはケーキに見立てることが可能なモノを操作しながら、ケーキ屋さんという虚構場面（意味的場）をつくり出している。また、保育者の提案により、ケーキ屋さんごっこを引き立てる素材が加わっている。友だちや保育者とともに具体的なモノを操作することにより、虚構場面が生まれる。虚構場面が生まれるために重要になっているのは具体的な素材（砂や葉っぱ、石鹸クリーム）であり、そうした素材によってつくられた作品の、現実のケーキを思い起こさせるようなリアリティーである。このような遊びの結果として子どもたちは想像力豊かになっていくのである。

【より本物に似たケーキらしさを求めて①〜生地のリアリティー〜】
　4歳児クラスの10月。ひなとみきが園庭で砂遊びを始める。砂をケーキ作りの材料に見立ててながらも砂だけでなく、小枝や葉もケーキをデコレーションするものに見立て遊びを深めていった。お互いの存在を認め合っているために、言いたいことを言い合い、受け止め合いながら遊ぶ関係性を築いてきていた。
　この日は、園庭に出てすぐにひなこから自分の誕生日という設定で遊びの提案があった。そこでみきはケーキ屋さんになり、ひなこのケーキを砂の硬さを

調整しながら作り始めた。柔らかすぎる（水分が多い）とさかさまに型抜きをした時にうまく出てこず、サラサラすぎる（水分が少ない）と形にならず崩れてしまうので、慎重に何度も繰り返し水を足し、砂を足しを繰り返していた。何度目かで皿の上にひっくり返すとうまく型が抜け、ホールケーキの土台ができた。ケーキの土台ができたところでみきはケーキのデコレーションを始めた。

  みき 「ひなこ、今日は何歳の誕生日なの？」
  ひなこ 「３歳！（本当は４歳）」
  みき 「じゃあ、ろうそくは３本ね！」
  みきは園庭の隅で小枝を探し、３本見つけケーキに差し、色とりどりの葉
  を飾りひなこのリクエストだったプリキュアのケーキを作り上げる。

 担任もみきの誕生日会に呼ばれ、一緒に祝い歌を歌い、ひなこがろうそくの火を吹き消し（本当に火はついていないが）、誕生日パーティーは終わりとなった。リアリティーのあるケーキができることでみきとひなこは虚構場面を共有し、遊び込んでいた。

【より本物に似たケーキらしさを求めて②〜クリームのリアリティー〜】
 前述のケーキ作り以降もみきとひなこは毎日のようにケーキ屋さんごっこをして遊んでいた。二人に何か面白いアイテムを提供できないかと担任から石鹸クリーム遊びを提案してみた。固形石鹸をおろし金ですりおろし粉状にし、水と合わせて泡だて器で混ぜるとふわふわのまさにクリームが出来上がる。子どもたちのイメージする虚構場面に沿う素材として提供を試みた。クリーム屋さんを担任が準備していると子どもたちが興味を持って集まってきた。

  さおり 「何やってるの？」
  担任 「石鹸でふわふわのクリーム作ろうかなって思って。」
  ゆみ 「石鹸でクリームができるの？」

担任　「本当に食べられないけど、本物のクリームみたいになるんだよ」
二人は顔を見合わせ、こそこそ話し相談する。
二人　「やってみた〜〜い」
担任　「どうぞ。粉の石鹸と水を入れて混ぜるんだよ。どれくらいの水が
　　　いいか試してみてね」
ゆみとさおりはそれぞれ片手鍋と泡だて器を手にすると粉せっけんと水を
鍋に入れ、混ぜ始める。その様子を見て次々と子どもたちが集まってくる。

そこにケーキ作りをしていたひなこも加わりこの日から石鹸クリーム作りがブームとなった。砂のケーキを作るのと同様に粉せっけんと水も黄金比があり、水が少ないと泡立たず、水が多いとペースト状になり泡立たず、子どもたちの実験が始まった。粉せっけん用に調理用の大匙を用意し、水用には軽量カップを用意し、自分たちで測りながら作る日々が続いた。担任自身は黄金比を見つけられず、子どもたちは少しかき混ぜるとあとスプーン１回入れたらいいかもしれないと粉せっけんを足したり、水が少ないとメモリを見ながら水を足す作業を繰り返し自分の思い通りの硬さのクリームを作るようになっていった。
　すると、このクリームを使ってひなことみきのケーキ作りがさらに発展を見せた。

石鹸クリームを作った後にみきから提案がある。
　みき　「今日はクリームいっぱいのイチゴケーキ作ろう！」
　ひなこ　「じゃあ、私はいちご探してくるね」
ひなこは園庭を歩き回り、赤い葉っぱを探している。しかし、なかなか赤い葉っぱは見つからず、担任に助けを求めてくる。
　ひなこ　「あのさ、今日はみきとイチゴケーキ作りたいんだけど、赤い葉っ
　　　　　ぱない？」
　担任　「一緒に探してみようか」
園庭を歩き回ると桜の木が少し赤くなっているところがあるのを見つけ

る。しかし、落ちているのは茶色や黄色い葉ばかりだった。そこで、ビールケースを持ってきて高いところにある赤い葉っぱを数枚もらうことにする。
担任　「どのくらい葉っぱが必要なのかな？」
ひなこ「あ、ちょっと待って、みきに聞いてくるね」
ひなこはみきの元へ行き、相談をすると走って戻って来た。担任に「5個ほしいって」と告げ、赤い葉っぱを5枚吟味し取るとみきの元へと戻りケーキ作りを再開する。

　子どもたちの世界で虚構場面へ行くには形の似ているものを見立て遊ぶことが鍵になる。この事例ではケーキに見立てるにふさわしい硬さの砂、ローソクやクリームと同じ形状を持つ小枝や石鹸クリーム、イチゴと同じ色の葉っぱなど、子どもの虚構場面と現実世界とをつなぐものの存在があった。石鹸クリームの登場により、ケーキがよりリアルになったことで虚構場面が現実的なものとして子どもたちの中で受け止められていた。子どもと共に、どのように大人が面白がり虚構場面を共有していくかも重要なポイントであった。また、子ども同士のなかで暗黙のルール（設定）が存在し、そのルールをもとに遊びが展開されていることも見て取れた。保育において子どもが関心を持つ遊びを存分にできるような環境を用意するために保育関係者は日々悩みながら子どもと向き合っている。子どもの育ちを理解する専門家として、環境構成を整えることが必要になり、その作業が子どもの虚構場面を作る支えとなっている。

第3節　事例②　バーベキューごっこ―協同遊びの展開―

　第1節で述べたように、虚構場面を伴う遊びにおいて子どもが意味的場の中で行為するとき、そこには隠れたルールとしての役割が存在する。ヴィゴツキー学派の研究者であるスラヴィナはヴィゴツキーの遊び理論に基づき、虚構場面における役割の位置付けという観点から、子どもの遊びにおける動機の発達を研究している。
　スラヴィナ（1989）によれば年少児の遊びは、想像的場面を伴う役割を演じ

る一方で、主要な動機は具体物であるモノやオモチャを使って一定の行為を遂行することにある。これが年少児の遊びの特徴であり、それゆえモノやオモチャがもつ意味が遊びの中で脈絡なく変更されたりする。また、この段階の子どもは友だちが何をしているかということにも無関心であり、共同して遊ぶよりは並行して遊ぶという。遊びの主要な動機がモノやオモチャで遊ぶことにあるので、子ども同士のかかわりが生じるのは、同じモノやオモチャで遊びたいときだけである。スラヴィナによれば、こうした子どもの遊びの動機は成長するにつれ、想像的場面における役割を演じることに力点が移行していく。年長児になる頃に子どもたちは遊びの中で展開される出来事の順次制を厳格に守るようになる。また、役割を演じることを重視するため、モノやオモチャの意味などについて友だちと約束を交わすようになり、並行的にではなく、共同的に遊びが行われるようになるという。

　スラヴィナの研究は遊びの協同性という観点からヴィゴツキーの遊び理論を補っている。虚構場面において役割を演じるためには多くの場合、自分の役割と関連する他の役割の存在が必要になる。従って、遊びの動機が虚構場面における役割を演じることに移行するに従い、遊びは協同的に行われるようになる。いわゆる並行遊びから協同遊びへの移行はスラヴィナの観点からは虚構場面における役割の遂行という遊びの動機の発達から説明される。

　以下の事例には子どもたちの協同遊びが成立する過程が表われている。バーベキューごっこという遊びの中で、子どもたちは保育者の援助を得ながら様々なモノを使ってバーベキューという虚構場面を創り上げるための方法について、約束を交わしている。遊びのイメージを擦り合わせていく作業であるが、第2節で述べたように、ヴィゴツキーの遊び理論に基づけば、あらかじめイメージが存在するのではなく、遊び行為の中でイメージが創られていくのだと解釈される。前節では虚構場面の創造を支える要素として、具体的なモノと行為のリアリティーに焦点を当てたが、以下の事例ではそのことに加えてバーベキューという一つの場面を共有したいと思えるような子ども同士の信頼関係が重要な役割を果たしている。調味料に見立てて砂をかけるという行為にバー

ベキューらしさを感じることができず、友だちと虚構場面を共有できなかったきょうこは、次第に友だちとの関係性に支えられて砂をかけるという行為とバーベキューを結びつけることができるようになる。モノを媒介にした子どもたちの関係性の中でバーベキューごっこのイメージが創りあげられているのである。

【バーベキューごっこ～これはバーベキューじゃない！！～】
　3歳児クラスの11月。きょうこは気になる友達はできたものの、なかなか心を許せる友達関係の結べていなかった。園庭での自由遊びの時間に担任ときょうこで話をしていると、バーベキューの話になり、一緒にバーベキューごっこをすることになった。担任はビールケースをひっくり返し、バーベキュー場を作ると、きょうことともに必要なものを相談しながら集め始めた。

　担任　「バーベキューってどんなものがいるかな？」
　きょうこ「あの、刺して焼くからさ…」
　担任　「…刺すものか…こんなのはどう？」
　足元にあった小枝を拾いきょうこに見せる。
　きょうこ「もっと長いほうがいいんじゃない？」
　そこで再びともに歩き先ほどより少し長い棒を見つけ、
　担任　「これではどう？」と手渡してみる。
　きょうこ「柔らかいからダメだと思う」とまた納得できずに棒を手から離す。

　きょうこなりのバーベキューのイメージがあり、串に適した硬さや長さに拘り探していることがわかった。虚構場面を形成するために形状（長さ、太さ、硬さ）の似たものを探す姿が見られた。この形状の近いものを探すことがきょうこにとって虚構場面を現実世界へ近づける存在になっていた。その後園庭内を歩き回り手ごろな長さとある程度の硬さを持つ小枝を見つけ、バーベキュー場へ戻り、遊び始めた。二人でこれはお肉で、これはナスで、とはっぱを刺し

ながら遊んでいるとそこへゆかがやってきた。
　　ゆか　　「なにやってるの？」
　　担任　　「バーベキューしてるんだよ」
　　ゆか　　「へぇ〜いいな。ゆかも入れて！」
　　担任　　「きょうこちゃん、ゆかちゃんもやりたいって。」
　　きょうこ「いいよー。じゃあ、こういう棒さがしてくると作れるよ」と自分
　　　　　　の持っている棒を見せる。
　　ゆかは小枝を探しに園庭を歩き回り、しばらくして10本ほどの枝を持ち
帰ってくる。
　　きょうこ「そんなにみつけたの？すごいね〜」
　　ゆか　　「ゆかね、見つけるの得意なんだ。」

　　ゆかはきょうこからバーベキューごっこをするために必要なものを聞き、同じ場面を共有しようとしていたことが分かった。その後バーベキューごっこは3人になり遊びの世界は続いていった。しばらくした後、こうきがスコップに砂を盛り持ってきた。様子を見てバーベキューごっこをしていることを悟ったこうきが仲間に加わろうとした。

　　こうき　「あのさ、これで火、つけてあげようか？」
　　ゆか　　「お願いしま〜す」
　　しかしきょうこは無言でそのやり取りを見つめている。
　　担任　　「きょうこちゃんもいい？」
　　きょうこ「…いいよ…」
　　こうき　「いきま〜す！！ぼ〜〜〜っ！！はーい火が付いたよ〜〜」
　　こうきは再び砂を取りにその場を離れ、対象的にきょうこは砂を手で払いながらバーベキューを続ける。

　　こうきは様子を見ながら虚構場面を理解し、その世界に入り込み遊び始めよ

うとした。ゆかはこうきとの世界を即時に共有したもののきょうこは自分のイメージとすぐに結びつかずにいた。砂を手で払っている姿がきょうこの嫌がる気持ちを物語っていた。きょうこにとって砂をかける行為はバーベキューらしさにかけ、虚構場面を現実世界につなげられなかった。その結果、砂を払いのける行為に繋がり、その後担任とその場を離れ、違う場所で二人で新たにバーベキューごっこを再開することとなった。そこでは網の上に串に刺された葉がきれいに並び、反対に先ほどの場所では火を燃やすことに夢中になりダイナミックに砂や水がどんどん足され泥だらけのバーベキューが7人ほどの集団で行われていた。

　そして翌日もきょうこからバーベキューごっこをしようという提案があり担任と共に準備をする。すると昨日もバーベキューごっこをしていた子どもたちが集まり始めた。

【バーベキューごっこ〜これもバーベキューかもしれない？友達との場面共有〜】
　　ともこ　「またバーベキューするの？」
　　担任　　「そうそう。きょうこちゃんと準備してんるんだ」
　　ともこ　「とももやりたい！」
　　じゅん　「何やってるの？」
　　担任　　「バーベキューしてるんだよ。ねー（きょうこと顔を見合わせる）」
　　じゅん　「これも使っていいよ」
　　次々と「お肉で〜す」「マシュマロする〜」と網の上が落ち葉で埋め尽くされていく。
　　きょうこ「今日はいっぱいになったね！！」
　　ゆか　　「火をいれま〜す（水をかける）」
　　しょう　「これも…（水を持ってくる）」
　　ゆか　　「はい。お願いします」
　　きょうこ「塩もどうぞ〜（白砂をかける）」

こう　「これはソースです（水をかける）」

　昨日と同じように水や砂がかかるダイナミックなバーベキューになったが、この日のきょうこは他児と一緒にバーベキューを楽しんでいた。きょうこは白砂を塩に見立てることで他の子どもが調味料と見立てている虚構場面に入り始めた。きょうこにとって他児と虚構場面を共有するためにはまず教師とともに自分の思うような虚構場面を作り上げ、充分に楽しむという１日目のバーベキュー遊びの過程が必要だったのだろう。教師としてきょうこが友達と遊ぶ楽しさを感じられるように援助することも大事だが、その前提としてきょうこがどのようなことに関心を持ち、虚構場面をどのように作り遊ぶかということを察知することが必要であった。きょうこはバーベキューごっこをする中で虚構場面を友達と共有し、ともに遊ぶ楽しさを感じていった。

第４節　事例③　リレーのルール作り
―顕在的なルールをもつ遊びの発達―

　本章第１節で論じたように、ヴィゴツキー（2012）は虚構場面を伴う遊びには役割という形で隠れたルールが存在すると述べていた。ヴィゴツキーによれば遊びの発達とともに、隠れていたルールが顕在的になり、逆に虚構場面の方が隠れた形で存在するようになる。ヴィゴツキーはこうした遊びの例として、チェスやスポーツを挙げている。ヴィゴツキーによれば遊びの発達は顕在的な虚構場面と伏在的なルールを持つ遊びから、顕在的なルールと伏在的な虚構場面を持った遊びへと進む。

　ヴィゴツキー学派の研究者であるエリコニン（1989）はこうしたヴィゴツキーの遊び理論に基づいて137の遊びを分析し、子どもの遊びが実際に模倣的 - 過程的な遊びから、伏在的なルールを持つ劇的遊びを経て、ストーリーのない顕在的なルールを持つ遊びへと発達することを確認している。エリコニンによれば幼い子どもの遊びにおいては自分の行為を従わせるべきルールと自分が遊びの中で受けもつ役割との連関が直接的である必要がある。例えば４歳児

はかくれんぼをするにあたって、ネコが穴に隠れたネズミを捕らえる「ネコとネズミ」遊びのような役割を必要としたという。この年齢の子どもは「静かにしている」というルールよりも「ネコに見つからない」というルールが含まれる役に従うことの方が重要なのである。5歳児以上の子どもの場合に初めてかくれんぼにおけるルールは「ネコとネズミ」のような役割を必要としなくなったという。

　エリコニンによれば子どもがルールを意識できるようになるためには、社会的現実の中から一定の社会的機能を担う人の特徴的指標と行動のルールを析出し、一般化する必要がある。無意識にではあるが、こうした高度な知的行為を遊びの中で行うことを通して、子どもはルールに基づく自己決定ができるようになる。

　以下の事例では年長クラスの子どもたちが運動会で行うリレーのルールを自分たちで試行錯誤しながら創り上げている。保育者がルールを教えることなく、子どもたち自身が「リレーごっこ」という遊びの中からよりよいルールを見つけ出そうとしている点にこのクラスの特徴がある。よりよいルールを考えるにあたり、子どもたちが指標としているのは「ずるい」という言葉である。「ずるくない」走り方を決めることが子どもたちの目標となっている。この「ずるい」という言葉から、直観的ではあるがスポーツのルールの本質である「公正性（fairness）」についての感覚が子どもたちに共有されていることがうかがえる。実際に走るという具体的な行為を支えにしながら、子どもたちがルールの「公正性」を意識化し、創り上げていく過程を見ていこう。

【リレーごっこ〜ルールが生まれるまで〜】
　A幼稚園では年長組になると運動会でクラス対抗のリレーを行う。教師がルールを教えるのでなく、子どもたちが遊びの中でルールを見つけ、考えながら取り組んでいる。
　4月末の体操の時間に、クラスを男女に分けた2チームでの折り返しリレーごっこを行った。走り終わった子は列の後ろに並び、先頭に来ると再び走り始

め、何度も並んで走ることを繰り返していた。バトンをもらうと自分の走る順番というルールを子どもたちが理解しているとわかるが、このリレーは何度も走り続け、5分以上も続いていた。ここで子どもたちに「どうなったらリレーって終わるの？」と担任が聞いてみると「わからない」「知らない」との答えが返ってきた。この日は体操の時間の終わりとともにリレーが終わった。勝敗もつかず、ただ走ることを楽しむリレーで終了した。

　5月半ば、教室内で男女に分けた2チームでの人形渡しリレーを行った。一列に並び、自分の後ろの子にぬいぐるみを渡し、一番後ろの子が先頭にいる教師に人形を渡した。「用意スタート！」の合図で子どもたちは次々にぬいぐるみを後ろへ渡していった。この日のクラスの出席数は男児12名女児18名のため、明らかに女児の列が長く、勝負は男児チームの勝ちとなった。早く終わったほうの勝ちというルールの理解がクラスの中で一致していることがわかった。勝負のついた直後、えまがその場を離れ、教室の外へ行こうとした。そこで、えまの思ったことをクラスの仲間に共有することにした。

　　えま　　「だってさ、男の子はずるいよ。」
　　担任　　「どうしてずるいの？」
　　ゆうと　「ちゃんとみんなに渡したよ」
　　えま　　「だって男の子が少ないでしょ」

　このえまの発言をきっかけに子どもたちから様々な声があがった。「女の子のほうが列が長い」「女の子のほうが人数が多い」「男の子のほうが人が少ないから早い」など列の長さから男女の人数の比較を始めた。
　5月末にリレーごっこをしている際には、走る距離について「ずるい」という声が上がった。本来の走るルートを外れて走っていた友達の姿を見て「近道はずるい！みんなと同じところを走らないとだめ。」という子どもの気付きがあったのである。この日から距離についても公平性を持つ意識が生まれ、同じ距離を走るというルールが追加された。しかし、リレーの勝敗をどのようにつ

けるかということについてはまだはっきりせず、この日のリレーごっこも体操の時間が終了するまで続いた。勝ち負けに対してのこだわりは見られず何度も走ることを楽しんでいるリレーだった。

　6月半ば、初めて学年で園庭にてカラーコーンの周りをまわって帰ってくる折り返しリレーを行った。子どもたちが自分でチームを選び、青白緑の3チームに分かれリレーを始めると、やはり何度も繰り返して走り、終わりが来なかった。そこで、5分ほど経過したところで一旦リレーを止め、子どもたちへ問いかけた。

　　担任A　「リレーって、勝つチームがあるんだけど、どうやったら勝つのかな？どうやったら終わるのかな？」
　　いちと　「走る量（人数）は一緒じゃなきゃダメなんだよ」
　　ゆうと　「走った量（距離）を先生が数えておいて、たくさん走ったチームの勝ち」
　　担任A　「リレーって多く走ったほうが勝ちなの？」
　　担任B　「かけっこだったらどうしたら勝ち？」と試しに教師でかけっこをする。
　　早かった人から1番、2番、3番と子どもたちが順位をつけ、ここでは速い人が勝ちというルールを共有していることを確認をする。

　ここで子どもたちが求めた公平性は「量を同じにする」ということであった。しかし、いちととゆうとは同じ「量」という言葉を使っているが、違うルールをイメージしていた。
　　いちと説：人数を揃えて早く走り終わったチームの勝ち（大人がイメージするリレーのルール）
　　ゆうと説：走る距離が同じで時間内に多く回数を走ったほうが勝ち（玉入れのように数が多いほうが勝ちというルール）
　　子どもたちは、どちらもルールとして公平性があると感じているようだった

が、担任はどちらかのルールに決めることがまずは必要になると感じた。二つの意見が対立しており、子どもたち同士で解決するのは難しいと察し、子どもたちのよく知っているかけっこを例に出してルールを構築しようとした。

　大人のかけっこ後に、改めてリレーの勝敗をどのように決めるかと問いかけると、①距離の多さで決める方法②自分たちの終わりだと思ったときなどの声が出た。そこで、新たに出てきた意見の②自分たちが思った時を終わりにしてみようと提案し、終わった合図は座るとことだと確認し、再度リレーが始まった。青チームが一人1回ずつ走り終わったところで先頭にいた子どもが座り、青チームが終わったことを知らせ、次に緑チームが座り、最後まで走っていた白チームも座りリレーが終わった。終わったところで、青チームの勝ち！と告げると即座に「なんで青チームが勝ちなの？」と異を唱える声が上がった。そこで、1番に終わった青チームの子どもたちに聞いてみると「一人1回ずつ走る」というルールを自分たちで考えていたことが分かった。「一人1回ずつ走る」という新たなルールの提示があったので、1回そのルールでやってみようと提案し、三度リレーが始まった。走り始めると、一人1回走ったことを確認する姿も見られ、今度は最初に白チームが全員座り、次に青チーム、最後に緑チームが座り、リレーが終わった。

　一人1回走るリレー後
　体操講師「1番に終わったのは白チーム、2番に終わったのは青チーム、3番に終わったのは緑チーム。だから、白チームの勝ち〜〜！」
　ゆうと　「ちょっと待って、量（走る人数）が違うよ！！」
　体操講師「量が違うって、もしかして子どもの人数が違うってこと？そんなはずないんじゃない？？じゃあ、数えてみよう」
と各チームの人数を数えると白チームは10人、緑チームは14人、青チームは13人ということがわかる。
　体操講師「本当だ。ゆうとくんごめんなさい。量が違いました。量が一緒じゃないとだめなのかな？」

ゆうと　「そうだよ。量（人数）が一緒じゃないと少ないほうが早く終わる
　　　　　　　でしょ」
　　　担任Ａ「そうか、じゃあ、次にやるリレーは量（人数）を一緒にしないとね」

　ここでまず着目すべきところはゆうとのルールの考え方の変化である。一人１回走るというルールの下では早さを競うことになるのだが、ゆうとは人数を揃えて同じ人数にしないと公平性に欠けると訴えていた。つまり、最初は「走る距離が同じで時間内に多く回数を走ったほうが勝ち」というルール（ゆうと説）をイメージしていたが、何度か走ってみるうちに「人数を揃えて早く走り終わったチームの勝ち」というルール（いちと説）に変わったのである。そして、他の子どもたちの中でも走る人数を一緒にするという公平性についての価値観が見え始めてきた。

　そのリレーの翌日、教室でホワイトボードを使い視覚化し、子どもたちが理解しやすい環境を整え、前回のリレーを振り返る時間を取った。ホワイトボードに昨日と同じリレーの図をかき、子どもを○で表し話し合いを始めると、次々と声が上がった。子どもの数を同じにしないといけないこと、早いチームが勝ちになること、昨日のリレーで子どもたちが獲得したルールが明らかになった。そして、次はどうやったら人数が揃うかという話し合いが始まった。少ないチームから移動する、参加しないで見ていた友達を誘うなどの意見が出て、その度に○を移動させて全員で数えて確かめる作業を繰り返し、同じ人数にすることとなった。

　「ずるい！」という直感から始まったリレーのルール作りだが、何度も繰り返しながらなんでずるいのか、どうしたらずるくないのかと理論化することを試みてきた。子どもたちと話し合う中で、①走る距離を揃える②人数を揃える③早く終わったチームの勝ちというルールが出来上がった。この話し合いの中で自分の考えたことを言葉にし、友達の意見を聞き、また考えを巡らせるという作業を個々がくり返していた。他者と話をしているようで自分自身と対話をしながら感覚を理解に昇華させていたことがわかった。その理解が根拠のある

ルールの公平性に繋がっていたと感じられた。

【リレーごっこから正真正銘のリレーへ】
　６月末、学年でホールに集まり、人数を合わせてリレーをしようと３チームに分かれた。チームに分かれると緑チーム22人、青チーム10人、白チーム19人となり、子どもたちは青チームが少ないと理解した様子だった。ここから３チームで人数を合わせる話し合いが始まった。

　　さち　「入れ替わったらいいと思う」
　人数の少ない青チームに移動してもいいよという子を募集すると何人かの移動があり、再び数えると、緑チーム21人、青チーム16人、白チーム14人。
　　みこ　「あのさぁ、緑チームから、こっちに来てくれる人がいればいいと
　　　　　　思う」
　その声を聞いて移動があり、数えてみると、緑チーム16人、青チーム17人、白チーム18人となる。
　　ゆうき「わかった！わかった！僕が青チームに行くよ！」
　ゆうきが一人で動き、数えると…全チームが17人で揃う。

　人数が揃い、正真正銘のリレーが始まり、第１回戦は１位緑チーム、２位青チーム、３位白チームとなった。１回では飽き足らず、２回戦目も行うと今度は１位白チーム、２位青チーム、３位緑チームとなった。勝負がつく快感を味わい、リレーごっこからルールの確立されたリレーへ変化した時間となった。

【クラス対抗のリレーへ～人数をそろえるための知恵～】
　７月上旬、総合運動場へ行きクラス対抗のリレーを行った。この日の出席人数は、きりん組が26人、ぞう組が28人で、きりん組が少なかった。「あのさ、誰かが２回走ればいいんじゃない？」という提案を聞き、子どもたちは初めて

の概念に出会った。一瞬で、それいいね！とイメージが共有され、２回走りたい子が集まり、２回走るのは誰か、どうやって決めるかの相談が始まった。一方で、この日のリレーには加わりたくないという思いを持っている子どももいた。きりん組のはるきは頑なに「今日は走りたくない！」と言い、リレーの場から離れた。担任は、はるきが参加しないときりん組の人数が更に一人少なくなることをはるきに話し、自分の代わりに走ってくれる友達を一緒に探そうと提案し、はるきと共に２回走りたい子が集まっているところに行った。

  はるき 「はるきは今日走りたくないから…」
  「いいよ！走ってあげる！」とはるきへ近づく子どもたち。
  ゆうと 「はるきが誰に走ってほしいか決めるといいんじゃない？」
  はるき 「じゃあ、れいじくんがいい」

ここでは走りたい子どもたちが決定権をもつのではなく、走りたくないはるきが誰に走ってもらいたいかという気持ちを大事にしようとしていることがわかった。一人ひとりの思いを大事にしようというクラスの子どもたちの共通認識を表していた。一方で２人足りないところの話し合いは決着がつかずにいた。担任からの提案は"みんながこれで決めようと思える方法であること"だった。

  りいな 「にらめっこがいいんじゃない？」たいせいとりいながにらめっこ
      を始める。
  たいせい「あ！笑った！」
  りいな 「笑ってないよ！」
  たいせい「笑ったよ！」
  ゆうと 「なんか遊んでるみたいだよ」
  えま 「これじゃあ決まらない」
  ゆうと 「じゃんけんは」
  はなよ 「わたしじゃんけんは嫌なんだよな・・・」

りいな　「誰にしようかな、天の神様の・・・」
えま　　「先生！！りいなちゃんのみんなにやって！！」
担任　　「みんながいいって思う方法見つかった？」

　これならよさそう！と子どもたちの思いが一致し、"天の神様方式"が採用された。遊びの中で鬼を決めたり、順番を決めたりしている方法だったことで子どもたちが共感でき、今日は"天の神様方式"で決めようということになった。最終的に走る人が決まり、決まったことにも全員が納得し、いざ対決が始まった。この日の勝負は1位きりん組2位ぞう組という結果になった。
　リレーのルールを獲得していく過程で子どもたちは常に「公平性とは何か」という問題と向き合い、話し合いを重ねていた。大人がルールを与えるのではなく、子どもたちがルールをどのようにとらえているのか、その感覚がどのように育っているのかを教師は観察し、子どもと共に話し合いを重ねていった。夏休み明けは、休みの友達の分を誰が走って人数を揃えるかの話し合いをしたり、走る順番を変えながらどうしたら相手チームに勝てるかを相談したりする姿が見られた。勝敗に拘り、走る順番を考えている子どもたちは真剣そのもので、自分たちで見つけたルールだからこそ熱中していたようだった。チームに対する愛着や仲間への思いなど、公平性に向き合っただけではなく、話し合いを重ねることで得た経験が子どもたちにとっての大きな意義であったと感じた。

第5節　おわりに

　本章ではヴィゴツキー、及びヴィゴツキー学派の研究者らの遊びの理論を背景として、虚構場面の創造を伴う子どもの遊びを考察してきた。
　第1節で述べたように、ヴィゴツキーの遊び論の観点からは虚構場面の創造を伴う遊びにおいて生じているのは、意味的場の創造による思考の発達であり、遊びのルールに基づく目的的、意志的行為の発達である。しかし、本章の事例が伝えているのは、こうした遊びの発達的意義も子どもが遊びを楽しみ、夢中

になるという保育実践における基本的な事実を前提としてもたらされるということである。

　ヴィゴツキーは1930年の著作『子ども期の想像力と創造』において、子どもの遊びの意義を以下のように評している。

> 遊びにおいて最も重要なことは、子どもが遊びながら得るその満足にあるのではなくて、自身としては無意識に実現化している客観的な利益、遊びの客観的な意義なのです。この意義は、周知のように、子どものあらゆる力と素質を発達させ、訓練させる点にあります。（ヴィゴツキー, 2002, p.113）

　上記の言葉はヴィゴツキーが心理学者として子どもの発達を理解する立場から述べたものである。裏を返せば、子ども自身にとっての遊びの意義は、心理学者が重要視する発達的意義とは違い、遊びの中で得られる満足にこそあるということである。虚構場面の創造とは子どもが虚構場面を生きるということであり、それは子どもが遊びに没頭し、楽しんでいるということを意味する。心理学の観点からは虚構場面を伴う遊びは発達につながる客観的利益を生むものであり、子ども自身はそのことを意識していない。他方、子ども自身の側から見るならば、遊びにおいて重要なのは遊びから得られる満足、つまりは遊びの楽しさである。そうした楽しさに導かれた遊びだけが発達的意義をもちうるのである。そうであれば、保育者の仕事は子どもが遊びを楽しみ、遊びに没入することを目的として行われるべきであるといえよう。

　本章の事例において示されたのは、子どもの遊びにおいてはモノや他者との関係性が重要な役割を果たすということである。虚構場面を支えるモノのリアリティーや、虚構場面や遊びのルールを共有する仲間や保育者との信頼関係こそが子どもが遊びを楽しみ、遊びに没入することを可能にしていた。保育者はその時々で子どもが遊びを仲間とともに楽しむために支援し、環境構成を行う。保育者の目的は子どもが遊びを楽しむことにあり、その結果として発達の最近接領域が創造され、子どもが発達へと導かれる。ヴィゴツキーの遊び論と本章

の事例から浮き彫りになるのはこうした保育観である。これは日本の幼児教育の先駆者の一人でもある倉橋惣三の思想にも通じるものである。

> 教育は児童を賢くしようとする。児童は決して賢くなろうとは思っていない。教育は児童を善人にしようとする。児童は決してそんな望みを持っていない。…（中略）…児童の没頭しているのは遊びそのものである。傾聴しているものはお話そのものである。その他に何を求めても考えてもいない。つまり、教育の目的は遠い－現在とは離れたことである。それに対して児童の所意は現在にある。教育の目的は現在が持ち来たすべき結果である。間接である。それに対して児童の所意は現在のこと、それ自身である。直接である。教育が自分の間接目的を児童も直に理解する筈だと思うのは大いなる誤解である。その上にこの間接目的の故をもって、しばしば児童の現在所意を無視するのは教育の甚だしき乱暴である。（倉橋, 2008, pp.237-238）

　この倉橋の言葉は前述の『子ども期の想像力と創造』におけるヴィゴツキーの言葉と対になるものとして理解されるべきであろう。ヴィゴツキーが述べるように、虚構場面の創造を伴う遊びには発達的な意義がある。保育はこうした遊びの発達的意義を理解しながら行われるべきであろう。しかし、倉橋が述べるように子どもの発達を願う保育者の教育目的は子どもの現在の所意であるところの遊びの楽しみを通してのみ実現される間接的なものである。

　保育者が自らの教育目的を間接ではなく、直接実現することを意図して子どもの遊びをコントロールしようとすれば、子どもの現在の所意であるところの遊びの楽しみは失われてしまう。保育者が子どもの思考力の発達や社会性、道徳性の発達を意図して計画した遊びが子どもにどのように体験されるかを考えればそのことは自ずと想像されよう。子どもが自ら楽しみ、夢中になる遊びには発達の最近接領域を創造する力があるということを理解し、そうした遊びを支えることを目的として保育は行われるべきだろう。

（鈴木寛子・吉國陽一）

第 2 部　小学校の実践

はじめに—この部の年齢期と新形成物と ZPD

　日本においては、小学校入学は六歳からであるが、この時期、六歳から七歳への危機が生じる無邪気さ、率直さを失い落ち着きなさ、ふざけ等、本質的に環境と人格の統一体のあるタイプがすっかり別の統一体に変わる。それは、意味的な心的体験が初めて生まれ、心的体験の発見・再編・一般化の過程で、心的体験の内面の二分化生じ、心的諸体験の激しい闘争が行なわれることによる。

　その過程で、意味づけられた言葉から内言へとなり、子どもにとっての心的体験としての「環境との関係性」が変化する

　内言の発生により、学童期にそれが発達し、思考と言語が合流する。この時期の新形成物は「思考」である。読み書き言葉と思考との関係は、意味づけられた知覚と一般化が底辺にある。

　そのため、この学童期は、就学に適した時期とされる。

　また、この時期は複合的思考が発達する。それは三歳以前の第一段階の後、三歳以降に第二段階、相１－連合的複合・相２－コレクション的複合・相３－連鎖的複合・相４－拡散的複合、第三段階、第一水準分節化、分析、抽象の発達、第二水準、潜勢的概念、という段階を経る。

（吉國陽一・村田純一）

第1章　小学校1年生の読み書き計算
―発達の最近接領域を広げる授業に―

第1節　はじめに

　本章は小学校1年生におけるひらがな及び繰り上がりのある足し算の教育実践の記録である。実践者である上野山はヴィゴツキー理論を学んできた背景をもっている。こうした背景もあり、上野山実践は意識的、無意識的にヴィゴツキーが学齢期[1]の発達課題として挙げる自覚性を促すようなものとなっている。はじめに上野山実践の特徴とそこにおける子どもたちの学びをヴィゴツキーの講義録である『児童学に関する講義』の第二部「年齢の問題」における講義録、「学齢期」における自覚をめぐる記述から読み解きたい。
　ヴィゴツキー（2012）は学齢期を知能（思考）が集中的に発達する時期であると述べる。知能の特徴は別の機能を自覚的に用いることを助ける点にある。

> 知能とは、残りのすべての活動が自覚されるのを助ける機能なのです。一方で、この機能自体はすべてのことより遅く自覚されます。というのも、この機能は他のものよりも遅れて発生し、他のものを先に自覚し、後で自分自身を自覚しなければならないからです。（ヴィゴツキー, 2012, p.208）

　学齢期に発達する知能はそれまでに生じていた様々な心理機能と結びつくことで、それらを自覚することを可能にする。ヴィゴツキーは学齢期に自覚される機能の例として、知覚と記憶を挙げている。初めは無意識に行っていた知覚や記憶を知能と結びつけることにより、子どもは自覚的に行うことができるようになる。例えば記憶において子どもは覚えたいと思っていることを覚えることができるようになるのである。ただし、学齢期には知能によって様々な活動が自覚的になる一方で、知能自体はまだ自覚的にならないとヴィゴツキーはいう。知能の自覚は、思春期における概念的思考の発達を待たなければならない。

上野山実践において子どもたちが学んでいるひらがなや足し算、引き算は就学前の段階から行われていることの多い事柄である。多くの子どもは生活や遊びの中でひらがなを書いたり、物を数えることを通して無意識に足し算や引き算を実践しているだろう。しかし、就学前までの子どものひらがなや数の操作はあくまで無自覚なものである。重要なのは、上野山がひらがなや計算を単に暗記させるのではなく、考えることを通してヴィゴツキーのいう自覚を促すような活動を授業に取り入れていることである。

　上野山はひらがなの授業において子どもが無意識に用いている単語を意識的に音節に分解するということを行っている。また、「つ」「く」「し」のように書きやすい文字から導入しながら、五十音表における行や段におけるそれぞれの文字の位置関係を子どもたちに意識させている。文字が五十音表に位置づけられるということは、子音と母音の組み合わせによってそれぞれの文字が体系的に配列されているということである。子どもたちが無意識に用いてきたひらがなにこうした体系性があるということへの自覚を上野山は促しているといえる。

　上野山が繰り上がりのある足し算の実践において導入している五二進法は水道方式において用いられるもので、十進法における単位である 10 のまとまりを作るための準備段階として 5 を一つのまとまりと考える指導法である。五二進法は計算を容易にするだけではなく、5 が「1 と 4」「2 と 3」「5 と 0」といった組み合わせに分解することができること、7 が「5 と 2」の組み合わせに分解できることなどを意識させる効果がある。子どもが無意識に用いてきた数が、他の数との関係性において存在していることの自覚を促すのである。

　ここで、ひらがなや計算の自覚を促しているのは、ヴィゴツキーのいう一般化の作用である。ヴィゴツキーのいう一般化とは言語的思考の働きであるが、概念同士の関係性（一般性の関係）を理解することで対象を他の対象との関連や関係の中で理解する作用である（ヴィゴツキー , 2004, pp.93-95）。ひらがなを五十音表という文字同士の関係の中で理解し、数を他の数との関係の中で理解する時、子どもは文字や数を一般化している。ヴィゴツキーは何かを自覚

するためにはそれを反復するだけでは不十分であり、一般化することが必要であると述べている。

> 自覚とは何なのでしょうか。それは自分自身の心理的諸過程を一般化することを意味するものです。さあ、たずねてみましょう。私に対象についての概念が形成されるおかげで、対象に対し行為の可能性が変わるのでしょうか。そうです。まったく同じように何かを自覚するということは、一般化するということです。もし私が活動の特有の過程を一般化するのなら、それに対する別の関係の可能性を得るということなのです。（ヴィゴツキー , 2012, p.207）

　ひらがなの書き方や計算を反復練習ないし暗記によって身につけることも可能であるが、そうした方法では子どもがひらがなや数における関係性（一般性の関係）の理解に到達することはなかっただろう。それは子どもが就学前の生活や遊びにおいて無自覚に身に付けた読み書きや計算の延長でしかない。
　上野山実践において、ひらがなや数における一般性の関係の理解を重視していることは子どもたちがそれぞれのひらがなや数を一般性の関係の中で理解しながら操作することにつながる。幼児期まで無自覚であったひらがなを書くことや計算をすることはこのことを通して自覚的な行為へと変化を遂げていくのである。
　このように、上野山実践は書きことばや計算を技能として身に付けるだけではなく、知能（思考）の力によってこれらの活動を一般化し、自覚することに向けられている点に特徴がある。上野山自身がヴィゴツキー理論を学んでいることがこうした実践の創造に寄与した側面もあると思われるが、彼女はこの実践を行った時点でヴィゴツキーの自覚の理論との関係を十分に意識していたわけではないという。この実践は単調な暗記や技能訓練ではなく、「考える」ことを重視して子どもが夢中になれるような授業づくりを心がけてきた上野山の教師としてのポリシーによって支えられたものであったといえる。無自覚に

行ってきた側面も強い実践であるが、そのことの意義をヴィゴツキー理論の観点から意味づけることは、上野山自身が自分の実践に対して自覚的になる契機にもなりえるかもしれない。

　最後に、上野山実践ではひらがなや計算が子どもたちの生活に関連する事柄と結びつけて導入されていたことの重要性を指摘しておきたい。第6節で上野山がヴィゴツキー理論に依拠して述べているように、書きことばは話しことばとは違ってそれを用いる動機が自然には生じず、意図的に動機を生み出す必要のあるものである。繰り上がりや繰り下がりのある複雑な計算を行う動機も子どもの生活から自然に生じるものではないだろう。遊びを中心とした幼児期までの教育とは違い、活動への動機が子どもに自然に生じないことが小学校1年生の教育を困難なものにしているといえる。動機がないところには学びも生まれない。ヴィゴツキー理論に学ぶことは上野山実践において、子どもたちの学びの動機を生み出すという面からも重要な意義を有しているといえる。

（吉國陽一）

第2節　1年国語「ひらがな」で自主編成の第一歩

　入学時すでに格差が大きい子どもたちなので、ひらがなの学習で運筆練習ばかりに時間を費やすと、知っている子には退屈で初めての子には苦痛な授業になる。かといって教科書通りにすすめると初めての子には難しくなる。ひらがなの書き方を知っている子も知らない子も楽しく学べ、ひらがなを習得する中で育てたいねらいを明確にして自主編成をしていこうと学年教師で話し合い、以下の基本的なポイントを確認して授業を行った。

（1）　日本語のひらがなは基本的に、音と文字が結びついている特徴を大事にし、音と文字を結びつけることを意識した。単語から音節を取り出し、発声を確認しながら「あり」は2つの音節、「あさがお」は4つの音節からできているというように、音節の数を意識させて言葉集めをさせた。

(2) 行（ア行、カ行…）段（ア段、イ段…）を意識させるには、五十音順に「あ」から始めてあいうえお…という順で習得するのがわかりやすい。しかし、初めて文字を書く子には難しい「あ」から入るのは大きな抵抗があるので「つ」「く」「し」のように１画の書きやすい文字から入り、「つくしことりへて」までを先に学習してから、教室に掲示した五十音表を確認しながら、順に「あいうえおかき（く）け（こ）さ（し）す…ん」と学習することにした。一日に覚える字は基本的には１文字にした。（「め」と「ぬ」、「ろ」と「る」などをセットで学習するなどの例外を除く。）

(3) ひらがなで教えることにこだわり、今日の文字、例えば「つ」にどう出会わせるかを工夫した。例えば「つ」は「お月様の『つ』」で三日月の形を粘土で作り、少し回転して「つ」の文字に見立てた。印象に残る提起の仕方（ふうせんの「ふ」、「け」から「は」に変身カードなど）や手先を使っての活動（ティッシュでそうめんを作って「そ」の形に紙にはるなど）、絵本と関連づける（「あめふり」の「あ」として絵本を読み聞かせなど）など。

(4) 楽しく、語彙を豊かにすることと書くことをとつなげるために授業では「『つ』のつくものなあに？」と言葉を集め、板書した。習っていない字は「・」（「はなくそ」と呼んでいた）で表記した。またその日学習した文字の言葉集めを宿題にした。（図１）

(5) ひらがなの清音44字の学習を終えると、五十音表がどのようにできているかを子どもたちと確認する。「あ、か、さ、た、な・・・・」とアから横に読み、ア段の文字は伸ばすと全て「あ」の音になることに気づかせる。同様にイ段〜オ段までも発声して確認する。表を縦にも読んでア行、カ行、サ行・・・を確認する。濁音がつく行は、カ行で濁音はガ行（がぎぐげご）になる。同じくサ行、タ行、ハ行も濁音になる。半濁音はハ行（ぱぴぷぺぽ）だけである。

難しいのは長音で、ア段の音は「あ」を書いて「おかあさん」、イ段も「お

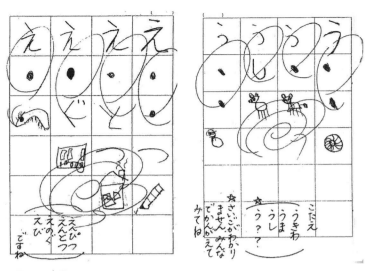

図1　宿題ノート

にいさん」、ウ段も「くうき」のようにその段の文字を書いて伸ばすが、エ段は「とけい」のように「い」で伸ばし、オ段は「おとうさん」のように「う」で伸ばすのである。しかもエ段の長音の例外として「え」で伸ばす「ええ」「ねえさん」、オ段の長音の例外として「お」で伸ばす「とおい」「おおきい」「こおり」などがあり、長音の学習は丁寧に行った。(須田,1967を参照)促音、拗音、撥音も学習し、ひらがな学習を終えたのは、夏休みの直前だった。

第3節　ある日のひらがなの授業「す」

(1)

T: 今日のひらがなは、なんという字でしょうか？

　ヒントその1、長いもの。その2、食べられるもの。その3、ミートソースやナポリタン。

C: わかった！スパゲティー！

T: そうです。スパゲティーの「す」です。本物のスパゲティーを持ってきました！

C: え～～ほんもの？
T: 今から白い紙（Ａ４）とスパゲティー２本をくばります。
　※スパゲティーを口に入れる子もいるかもしれないので、朝ゆでたものを授業の直前に水洗いするなど衛生的に扱った。
T: この２本のスパゲティーを白い紙において、「す」の字を作ります。（黒板に白い紙を貼ってやって見せる）１本は、横に置きます。もう１本は、真ん中に重ねて１本目を越えたところから、くるんと丸めます。最後はぶたのしっぽみたいに少しだけ左に曲げます。みんなもやってみましょう。
C: わーできた！（しばらくするとスパゲティーは紙にくっつき、乾いてくる）

（２）
T:「す」が乾くまで「**きょうの・なあに？**」をします。今日の「・」（はなくそ）は「す」です。唇をとんがらせて、息をだしながら「す」です。みんなで一緒に声を出しましょう！
　※４切画用紙に紙芝居のように書いたものを準備しておき、めくりながら「す」の発声練習をする。

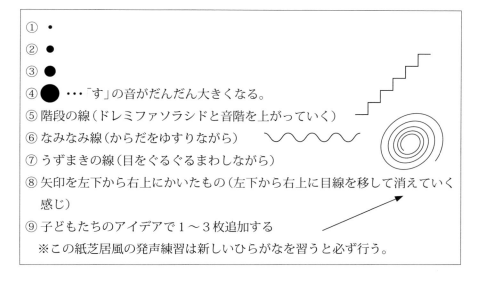

① ・
② ●
③ ●
④ ● …「す」の音がだんだん大きくなる。
⑤ 階段の線（ドレミファソラシドと音階を上がっていく）
⑥ なみなみ線（からだをゆすりながら）
⑦ うずまきの線（目をぐるぐるまわしながら）
⑧ 矢印を左下から右上にかいたもの（左下から右上に目線を移して消えていく感じ）
⑨ 子どもたちのアイデアで１～３枚追加する
　※この紙芝居風の発声練習は新しいひらがなを習うと必ず行う。

(3)
T: スパゲティーの「す」が乾いたので、スパゲティーを<u>指でなぞります</u>。最初は横の線からです。「いーち」（黒板の「す」の１画目を人差し指でなぞる）「にーい」は、真ん中までいったらくるんとまるめます。さいごはすっと力を抜いて、少しだけ左に行きます。ぶたのしっぽみたいですね。
次は、<u>机の上に指で書いてみましょう</u>。「いーち」「にーい」
次は、<u>鉛筆を持ってプリントに書きます</u>。（ひらがなのプリント集）

(4)
T: 次は、<u>「『す』のつくものなあに？」</u>です。「す」がつくことばはどんなものがあるかな？（子どもに発表させて、黒板に書いていく。この時間までに習ったひらがなは、ひらがなで書くが、習っていないひらがなは「・」で書く。音節の数を確かめながら書く。）
C: すいか　です。⇒「すいか」と板書　すし⇒「すし」　いす⇒「いす」
C: すみれ　です。⇒「す・・」と板書　（まだ「み」と「れ」は習っていない）
※たくさんの発言があり、黒板がいっぱいになる。

(5)
T: みんなが見つけた<u>「す」のつくことばを読んでみましょう</u>。
黒板の文字を指しながら、音節を意識して一斉に読んでいく。「・」が多い言葉は「これ何だったかな？」とクイズのように考えるのも楽しい。

(6)
T: 今日のひらがなは、スパゲティーの「す」でしたね。白い紙にはった「す」は家に持って帰ってお家の人にお話をしてください。<u>今日の宿題</u>は、国語ノートに「す」のつく言葉を書いてきましょう。

1人1人見ていくと、白い紙に文字がない子がいた。わけを聞いてみると「おいしそうだからたべちゃった！」と笑っていた。そんなこともあるかもと、スパゲティーは多めに用意しておき、おかわりを配った。

　翌日は「せ」、翌々日は「そ」を学習した。子どもたちは、スパゲティーが楽しかったことを思い出して「先生、今日はそうめんの『そ』？」と聞いてきた。さすがに本物のそうめんは細くて扱いにくので「そうめんをティッシュで作って、ノリで紙にはります」という展開にした。「ひ」の学習では、麻紐を「ひ」の字形にして画用紙に貼った。
　ひらがな学習の最後の記念として、図工の時間に「『ん』ペンダント」を作った。これは同じ市の学校でよく実践されていた教材だった。好きな絵の具を紙粘土に混ぜてへびの形を作ってから「ん」の形を作り、ゼムピンを端にさして乾かし、そのゼムピンにリボンを通してペンダントにして持って帰らせた。ペンダントをつけて帰る子どもたちが、ひらがなを全部覚えて誇らしげな表情に見えて可愛かった。
　2学期に入ってカタカナの学習も、言葉集めをメインに行った。子どもたちは、カタカナの言葉をよく知っており、言葉集めが大好きで誰もが発表できる機会でもあるので授業で取り入れ、言葉集めの宿題も継続した。

第4節　ひらがなを生活と結びつけて学ぶ
　　　―ひらがな「は」で「歯」と「食べ物」を学ぶ授業―
（1）なぜ「は」？
　1年生は歯が抜け始める時期で、歯が抜けそうになると気になって仕方がなくて歯が抜けると授業中でも「ぬけた！」と大声で叫んでしまう。歯科検診もあるので、ひらがなの「は」の学習と合わせて「歯」について学習し、さらに「歯」は第一の消化器官でもあるので歯と食べ物の関係も学んで、学んだ概念を実生活に繋げたい。

(2)「は」で教えたいこと

① 人間の歯は、とってもいい歯だと気づかせたい。
- 何でも食べられる歯。前歯（門歯）は草食動物の草をかみ切る歯。犬歯は肉食動物のなごり。奥歯（臼歯）は穀物をすりつぶす歯。歯の数の比率からすると、人間が食べている物の割合は、野菜：肉：穀物＝２：１：４になる。
- １回しか生え替わらないのは、丈夫な証拠で一生使える歯だということ。ゾウは歯がすり減って使えなくなると10年ごとに生え替わり、５回生え替わると寿命がくる。サメなどは一生に何万本も歯が生え替わるがすぐに抜けてしまう。サメやワニなどは歯は獲物にかみつくだけの役割でかみ砕くことや消化はしない。丸呑みをするだけ。ほ乳類は歯が進化している。「虫歯になるとこわいから、歯をみがきましょう」という脅しの健康教育ではなく、いい歯なんだから大事にしたいと自然に思えるような学習、さらにもっと詳しく知りたくなるような学習をしたい。

② 小学校時代は歯が生え替わる時期。永久歯は生え始めの時が一番弱いから、大事にして虫歯にならないようにしておくと一生使えることをわからせたい。

③ 噛むことは、生え替わった大きい永久歯がきちんと並ぶように、あごの骨を成長さるためにも大事なことをわからせたい。

(3)授業の流れ

第１次　人間の歯のいいところに気づく。
- 絵本『わにさんどきっ！はいしゃさんどきっ！』（五味, 1984）の読み聞かせをする。
- ワニの歯の絵を見る。ワニは全部同じ形の歯が並んでいて何度も生え替わる。獲物にかみつくだけの歯であり、サメも同じである。どの歯も形が同じである。
- 哺乳類の歯は、ちょっと進化していて、１個体の中に違う種類の歯がある。
- ハイエナとゾウの歯の絵を比べる。

「どうしてこんなにちがうの？」と問いかけて食べ物が違うからだと気づかせたい。
　肉食・草食の違いを話す。ハイエナは骨までかみ砕いて食べる。骨の中には、骨髄があり栄養満点でウンチも白っぽい。
　ゾウは草を食べるが、体が大きいので大量に食べる。草は繊維が多く奥歯でしっかりすりつぶす。大きな臼歯（上下、左右で4本の長い大きな歯）があり、口を左右に動かして食べる。5回生え替わると生えなくて食べ物が食べられなくなり死ぬ。寿命は50年ぐらいで歯を見るとゾウの年がわかる。（黒田, 1991）

- ライオンとヌーの歯の絵を見せて、どちらかあてさせる。
　草食のヌーには犬歯がないが、かわりに角があり、時にはライオンに角を向けて威嚇しライオンがひるんだすきに逃げることもある。ゾウの牙は門歯が変化したもので犬歯ではない。

- 「では、人間の歯はライオンかヌーかどちらににていると思う？」と予想させて、自分の歯を鏡で見させる。「**ライオンのはがあった！**」「**ヌーのはがあった！**」と驚く。ヌーとよくにているのは前歯である。ライオンほど大きくないが小さくなった犬歯もある。人間はかみついて食べ物を手に入れなくてもいいから小さくなったようだ。奥歯は、ライオンともヌーとも少し違う。奥歯はかみ砕いたり、すりつぶしたりする役目をしていて、ヌーと違って上下に動かして食べている。
　人間は、雑食で、色々な食べ物を食べる歯を持っている。（高学年なら野菜：肉：穀物＝2：1：4を説明する）脳、手、指が発達して食べにくいものを食べやすくするために料理をするようになった。おいしく食べる工夫もしてきた。

　第2次　これから永久歯が生えることを学ぶ。（※歯科検診が終わってからがいい）
- みんなの歯は何本？上の歯は何本？下の歯は何本？乳歯？永久歯？（歯の絵

のプリント）

※子どもが乳歯か永久歯かわからなかったら、教師は歯科検診の結果を見て調べる。
・鏡で自分の歯を見て永久歯のところに色をぬる。
・乳歯が全部抜けるのは小5〜中1頃。永久歯は一生使える丈夫なもの。体の中で一番堅いところが歯のエナメル質。恐竜の化石でも歯が一番先に見つかった。
・歯は生えたばかりの時が一番弱い。人間は1回しか生え替わらないこと。80才まで使うには今生えたばかりの時が大事で、虫歯にならないようにしたい。
・絵本『はははのはなし』または『口の中の戦争』の読み聞かせをする。

　第3次　噛むことであごの骨が成長すること、噛むと食べ物を消化しやすくなることを学ぶ。
・「歯は何のためにあるの？」「噛むと、どんないいことがあるの？」を話し合い、「おしゃぶり昆布」を食べてみて何回噛めば飲みこめるか数えてみる。「噛む、それは第二の心臓」という言葉がある。噛むための筋肉は、口のまわり、頭の横、首など全部で30種類以上あり、その力は強い。これらの筋肉は伸縮して血液を脳へ送るポンプの役目をしている。子どもは脳や頭の骨の成長は著しく、噛めば噛むほど大きくなる。噛むことで歯や歯の周囲の組織、脳に十分な栄養と酸素が行き渡り、新陳代謝を活発にし健康な状態が保たれる。
（噛むことが減った社会的な背景も高学年では追求したい。噛まなくてもいい食品が増えたことに気づかせたい。）

　その他、「み」を学ぶ時に「みみ」から始め、体の部分の名前をまとめて学習する授業計画を立てた。水泳学習の前でもあったので、男女の体の違いや、プライベートゾーンの話もして、プリントに体の部分の名称を書いたあと、はだ

かの子どもの絵の上に折り紙で作った水着を貼った。このようにひらがな学習を行いながら、体に関する科学的な知識も合わせて学習した。

第5節　子どもの実態に合わせた算数を
―紙のたまごパックでくり上がり・くり下がりを―

　算数の教科書にも問題が多い。数学教育協議会（数教協）の学習会で学んだことをもとに、教科書の内容の順序を変えたり、難しい内容は2学期に回したりした。また、子どもたちのつまづきやすいところをわかりやすく学習させるために教材・教具も工夫した。

　特によかった取り組みは「たまごづくり」である。たまごが10個入る紙製のたまごパックを1人1個ずつ用意し、新聞紙と和紙を使ってたまごを10個作って入れた。作りながら10の補数を学習できる（今いくつ作れたかな？あといくつ作ったら10個できるかな？のように）。10までの足し算、引き算に使い、5の固まりを意識させた。くりあがり、くりさがりの学習では、隣の子と2人で合わせて学習した。タイルを使った学習に入る前に具体物を使った学習として、有効に使えた。

　くりあがりを学ぶ最初の問題を「6＋7」のように6を5と1、7を5と2に分解して5を2つ合わせて10を作り、残りの1と2を合わせて答えを出す「五二進法」で解く問題から入って学習したが、たまごパックは他の担任に「くりあがりの学習にもバッチリですね！」「この方法で教えるとみんなできますね！」と好評だった。学習プリントも数教協の会員がインターネットで公開しているたまごパックを使った大変使いやすいプリントを利用した。

第6節　くり上がりのたしざんの授業で
　　　算数の面白さを知ったちさちゃん（仮名）

　ちさちゃんは、早生まれ（1月～3月生まれのこと）ということもあり、他

の子どもよりも幼さを感じる子どもだった。わからないことやできないことがあると涙ぐんだり、すねてしまったりしていた。午後からの授業では、いつの間にか眠っていることもあった。

　ひらがなの学習は楽しんで参加していた。スパゲティーの「す」の時においしいと言って食べていた子の1人だった。算数も勉強は嫌いではないが、新しいことを理解するのに少し時間がかかる子だった。「先生、わからない・・・」と言葉で教えてくれるので、後からゆっくり教えるとできるようになって嬉しそうにしていた。友だちにも教えてもらっていた。

　くり上がりの足し算は、1年生の算数でも一番の難関なので、ちさちゃんが理解して計算ができるようになるかどうか心配していた。10までの数の学習では、5のかたまりを意識するようにしてきた。まず5を「1と4」「2と3」「5と0」に分解する教具をビー玉で作った。その後「5とのラララ」という手遊びの歌を作り、算数のはじめに毎時間歌っていた。「5と1で6になる」と歌いながら右手で5を出し、左手で1を出し合わせて「6になる」続けて「ララララ」と歌いながら両手を左右に振る。「5と2で7になる。ラララララ」と続き、「5と5で10になるラララララ」で終わりである。そしてタイル（学校ではブロックを使っていた）を使って10までの数の足し算・引き算を学び、同時にたまごパックとたまごも作って10になる組み合わせの歌「10になるラララ」も歌った。次に2ケタの数の位取りをタイルを使って学んだ後、いよいよ「くりあがりの足し算」に入る。

　算数の教科書では「9＋3」の問題から始まっているが、数教協の「水道方式」に従い、五二進法で足し算ができる「6＋7」から始めた。いきなり数字ではなく、紙で作ったたまごパックで「まなさんは、たまごを6こもっていました。ゆうきさんはたまごを7こもっていました。あわせるとなんこでしょう」の問題をした。となりの子と一緒に、たまごパックを使って実際にたまごを使って足し算をする。

　たまごパックでは、6は5と1、7は5と2から成り立つことが一目でわかる。

足し算は、まず5と5で10。のこりの1と2で3。合わせて13となる。ちさちゃんもとなりの子と楽しく操作して答えを出していた。
　この型の問題をいくつか、たまごパックでやってみたあと、タイルで表した。そして次の段階は、数字の式にした。その時に補助数字を書いて、五二進法を意識させた。

　次に、この型の他の練習問題をした。入学までにすでにこの計算を暗記でできている子どももいるが、ちさちゃんは学校に入って始めて習ったので、このやり方通りに計算していた。
　宿題にも出すと、きちんとやってきて「パズルみたいでおもしろい」と言っているので、理解して1人でもできるようになってよかったと一緒に喜んだ。
　すでに計算を覚えている子は、この補助数字を書くのを嫌がった。指を使って「数えたし」（6を頭で覚えておいて指で7を出し、指を順に指しながら7．8．9．10．11．12．13と指を数えて答えを出す）のやり方で計算している子もいた。でも授業では、計算の答えを出すだけでなく、どう考えてその答えになったのかを前に出てたまごパックやタイルを使って説明させるようにしていたので、すでにできている子にとっても説明する力を育てる時間になる。「7を4と3に分解して、6と4で10を作って残りの3とで13」と説明した子もいた。ちさちゃんはその説明を聞いて「そんなやりかたもあるのか！」といろいろな方法を知るのである。ちさちゃんは、算数が大好きになった。

第7節　発達の最近接領域に働きかける学び

　学校現場では、ひらがなは既に知っているものとして教科書に従って教えられ、五十音表の意味や文法を学ぶ視点もなく、子どもたちの興味関心は取り入れない指導が多い。算数も計算カードを使って、1桁の数の加減算を九九の暗記のように暗記させて計算手順だけを身につける指導が多い。習熟と暗記に頼

る指導では、発達がゆっくりな子どもはついていけなくなってしまう。

　子どもたちは、入学時からすでに習熟度の差は大変大きい。しかし、むしろそのような差があるからこそこのような自主編成による読み書き計算の学習で、発達の最近接領域を広げる学習ができた。話しことばは、日常生活の中で周りの大人や子どもとの関わりの中で発達していくが、書きことばはそうはいかない。

　ヴィゴツキーは『思考と言語』第6章　子どもにおける科学的概念の発達の研究「書きことばと話しことばの心理」において、書きことばの自覚性について次のように指摘している。

> ヴントが、書きことばを話しことばと区別するもっとも重要な特徴として書きことばの大きな意図性・意識性を指摘している。（中略）われわれの研究においても、確認することができた。意識や意図が、やはり最初から子どもの書きことばを支配しているのである。書きことばの記号とそれらの使用法は、ことばの音声的側面や習得とはちがって、意識的・有意的に習得される。書きことばは、子どもをより知性的に行動させる。それは、話しの過程そのものをもより自覚的にする。（ヴィゴツキー,2001,p.290）

　学校では筋肉活動としての書き方教育ではなく、書きたいと思えるようなことを、子どもたちが自覚的に書くことで書きことばを習得していくことが必要である。

> 書き方が子どもにとって意味をもったり、書き方への自然な欲求や必要性が呼びおこされたり、書き方は子どもにとって生活上の必要な課題の中に組み込まれたりしなければならない。その時にこそ、書き方は手や指の習慣としてでなく、実際に新しく複雑な種類のことばとして、子どものなかで発達することを確信できるのです。（ヴィゴツキー,2003,p.146）

生活と結びついた楽しい活動を入れることで子どもたちはどんどん主体的に学んでいくのである。1年生の最初に学ぶひらがな学習は大変重要で、それまでは非自覚的に話していた言葉の音声的側面や文法を学んで自覚的、随意的にひらがなを使って単語を書いたり、文を書いたりすることができるようになっていく。50音表の行や段を意識することで発声も自覚的に修正できるのである。文字を覚えると、自覚的に文字を使って手紙を書いたり日記を書いたりしながら人とのコミュニケーションを豊かにし、自己表現の手段にもしていくのである。そして書き言葉の習得は、科学的概念の学習の基礎になっていく。

　このような書くことが子どもたちに必要となる授業実践は蓄積され、引き継がれている。筆者もひらがな指導については私立明星学園の先生方が実践し編集された入門期に使う教科書『ひらがなのほん』や、『かな文字の教え方』(須田・1967)を参考にした。教師がまず、かな文字や文法に関する体系的な知識を身につけて、子どもたちの発達段階や興味関心をもとに授業を創っていかなければならない。算数は同じく明星学園で作られた『たのしい算数』や数学教育協議会(数教協)の実践を参考にした。1960年代には民間教育研究団体で基礎理論としてヴィゴツキーの『思考と言語』を学習していた歴史が、これらの著書や教材プリントからも窺える。教師も、教師集団で発達の最近接領域を刺激し合って学んでいく必要がある。

(上野山小百合)

参考文献
- 須田清(1967)『かな文字の教え方』むぎ書房
- 明星学園国語部(1969)『にっぽんご1―もじのほん(にっぽんごシリーズ)』
- 遠山啓 , 銀林浩編(2010)『わかるさんすうの教え方1』」むぎ書房
- 五味太郎(1984)『わにさんどきっ！はいしゃさんどきっ！』偕成社
- 黒田弘行(1991)『食の歴史』農文協
- 加古里子(1972)『はははのはなし～かがくのとも傑作集～』福音館書店
- 落合靖一(1977)『口の中の戦争』大日本図書

- 岡崎好秀（2010）『動物たちのよい歯甲子園』東山書房
- 算数教材は HP「スタンドバイミー」よりダウンロード http://www5a.biglobe.ne.jp/~east2/
- ヴィゴツキー,L.S.（2001）『新訳版・思考と言語』柴田義松（訳）新読書社
- ヴィゴツキー,L.S.（2003）『「発達の最近接領域」の理論— 教授・学習過程における子どもの発達』土井捷三・神谷栄司（訳）三学出版
- ヴィゴツキー,L.S.（2004）『思春期の心理学』柴田義松・森岡修一・中村和夫（訳）新読書社
- ヴィゴツキー,L.S.（2012）『「人格発達」の理論—子どもの具体心理学』土井捷三・神谷栄司（監訳）土井捷三・神谷栄司・伊藤美和子・西本有逸・竹岡志郎・堀村志をり（訳）三学出版

注
1) ヴィゴツキーの年齢期区分において学齢期は8歳〜12歳とされている。従って厳密に言えば、上野山実践が対象とする小学校1年生とはズレがあるとも言える。ただし、ヴィゴツキーの年齢期区分は子どもの文化的発達との関連において設定されたものであり、発達が生じる環境としての文化を前提としている。時代や地域によって教育環境等の文化的コンテクストが異なることを考えれば、ヴィゴツキーの年齢期区分との対応を厳密に捉える必要はないと考えられる。本節では上野山実践における小学校1年生の子どもをヴィゴツキーのいう学齢期の発達状況を迎えているものと捉えることとする

第2章　子どもが動き出す健康教育の授業づくり
　　　―子ども・親・教師が対話の授業でつながる！―

第1節　はじめに

　公立の学校には、発達に課題のある子どもも、家庭環境が複雑な子どもも含め、いろいろな子どもたちが在籍している。子どもの生活実態は「子どもの7人に1人が貧困（厚労省、2019年調査）」というほど厳しさを増し、虐待（身体的、性的、心理的、ネグレクト）を受けている子どもが急増している。本章の執筆者である上野山はそうした状況の中で、現場の教師大半が授業研究に時間をかける余裕をなくし、教師が一方的に知識を注入する授業や「子どもの学習が空回りする」つまらない学習が増え、学習意欲が低下している子どもたちが増えていることを感じていたという。

　しかし、上野山はヴィゴツキーの「発達の最近接領域」の理論を知ることで、学校で学ぶ知識には子どもが家庭を含む生活の中で身に付けてきた知識と相互作用する中で子どもたちの世界観を広げていく可能性があることが分かってきたという。本章はヴィゴツキーの理論に学んだ上野山が子どもたちの生活に根差す形で科学的な認識を発達させることを目指した実践の記録である。以下、科学的概念と生活的概念の相互的発達に関するヴィゴツキーの理論を手がかりに、上野山実践の中で展開される教授-学習の特徴を概説する。

　ヴィゴツキー（2001）によれば子どもたちが学校で出会う「科学的概念」の発達は生活の中で学ぶ「生活的概念」の発達が一定の水準まで高まっていることを必要とする。上野山自身の教師としての経験からも、生活の必要に応える課題を設定することで子どもたちの学校での学習内容に対する興味が高まり、積極的になることを実感していたという。

　一方で、ヴィゴツキー（2001）によれば「科学的概念」の発達は「生活的概念」の発達の過程を単に繰り返すのではない。「科学的概念」は「生活的概念」を改造し、「科学的概念」の発達なしには辿り着くことのできない高い水準へと引き上げるのである。「生活的概念」が概念の指す物との直接の出会いを通して

学ばれるのに対し、「科学的概念」は概念同士の論理的関係を打ち立てることを通して学ばれる。「科学的概念」が対象と直接結びつくのではなく、他の概念との相互関係を通した間接的な結びつきの中で学ばれることの意味は、目の前の対象や現実が目には直接見えない形で他の対象や現実と相互に結びついているということを知ることができるということである。ヴィゴツキーは概念同士の関係性を媒介として対象を認識する概念的思考について、以下のように述べている。

> 事物の本質は、個々の対象の直接的な直観によっては明らかにされず、対象の運動のなか、発達のなかであらわれる関連や関係、対象を他のすべての現実と結びつける関連や関係のなかで明らかにされるのだからです。事物の内的連関は概念的思考によって明らかにされます。というのは、何らかの概念をつくりあげるということは、その対象と他のすべての現実との関連や関係を明らかにし、それを現象の複雑な体系の中に取り入れることを意味するからです。(ヴィゴツキー, 2004, p.95)

このように、ヴィゴツキーのいう「科学的概念」における「科学」とは私たちが日常使用する意味での科学とは厳密には同じではなく、直接目には見えない関係や連関の中で対象を把握する思考様式のことである。事物の関係や連関を学ぶ中で学校教育の教科の枠組みを越え、結果的に学びが教科横断的なものとなっていくこともあるだろう。学校で学ぶことがヴィゴツキーのいう意味での「科学的概念」の発達につながるのならば、子どもたちの生活実感に根差しつつも、子どもたちの現実認識を生活の中では到達できない水準まで深めることになる。ヴィゴツキーが「科学的概念」は「生活的概念」の「発達の最近接領域」を実現するという時に意味しているのは以上のようなことである。

第2節以降では総合的な学習の時間を使って「命、健康、環境」などをテーマにした「対話の授業」による健康教育を実践し、子どもたちの発達が促され、豊かな人格が形成されていく姿を見ることができる。本章で事例として紹介す

るのは2002年に行った5年生の「環境ホルモン」と、2005年に行った6年生の「飢餓問題」の2つの実践である。このようなテーマでの総合的な学習は教科書だけではできないものであるが、生活に結びついた内容を扱うことで見える学力が低いとされてきた子どもたちや、家庭的にも様々な困難さを抱えている子どもたちが生き生きと学び、時には授業の転換点にもなる重要な役割を果たした。

　一方、2つの実践は生活の中では知りえない現実の連関を子どもたちに気付かせる役割を果たした。後述のように「環境ホルモン」について学ぶ中で子どもたちは生活の中で触れているプラスチックが精子の減少と結びつくこと、「環境ホルモン」の生物への影響が食物連鎖の仕組みとつながっていることを学んだ。また、「飢餓問題」について学ぶ中で飢餓が環境破壊や戦争や政治の問題など、人間の歴史や活動と深く結びついていることを学んだ。これらの事実はヴィゴツキーのいう「科学的概念」の特徴を指し示している。2つの実践は生活に密着した内容を扱いながらも様々な概念間の関係性の学びを促すことを通して子どもたちの現実認識を生活の中では到達しえないような水準まで広げ、深めたことを示している。

　さらに注目したいことは2つの実践において概念的思考の発達が現実認識の発達を通して、子どもたちの現実へのかかわり方や行動に変化をもたらしたということである。ヴィゴツキー（2004）は概念的思考が外的現実の理解のみならず、他人の理解、自分自身の理解ももたらすと述べている。つまり、科学的概念の学びは単なる知識の習得に留まらず、子どもたちの人格や世界観、生き方の形成につながるのである。実際に、「環境ホルモン」の実践は子どもたちが「環境ホルモン」問題の啓発のための劇の上演やポスター等の作成を行うことを促すことにつながり、「飢餓問題」の実践は募金活動を行うことへとつながっていた。

　上野山はこの2つの実践を通して、様々な人との対話を通して子どもたちの他者認識を促すことを大事にしてきたという。公教育は異質な子どもが協同で学び全面発達を促進する場である。ヴィゴツキーの「発達の最近接領域の理論」

を学んで以来、様々な子どもが学校にいるからこそ彼（女）らは互いに刺激し合って自分1人ではできなかったりわからなかったりしたことができるようになるということに気付かされたと上野山は述べている。ヴィゴツキーは科学的概念の発達における大人との協同の役割については述べているものの、子ども同士の協同が果たす役割を十分に理論化してはいない。本章の事例は、そのための手がかりとなるだろう。

(吉國陽一)

第2節　「環境ホルモンと食生活」の実践
（1）授業計画
　これは2002年2月に5年生で取り組んだ健康教育の実践である。12月の保護者との教育相談で、父親から「先生、腎臓が弱い我が子に野菜を食べることを教えてやってください」と言われ、この願いにどう応えようか悩んでいたところ、当時問題になっていた「環境ホルモン」から身を守るひとつの方法が「野菜を食べる」ことであることを知り、栄養面からでなく「環境ホルモンの排出を促す野菜」を意識して実践してみようと思ったのがきっかけだった。環境ホルモンは、神経系・内分泌系・免疫系のバランスを崩す。一番問題になるのが内分泌系への影響で、生殖機能・成長に異常が出る。だから「個人」の問題ではなく「種」全体の問題であり、次の世代に影響を与える問題である。環境ホルモンから人類を守る方法を考える事で、行政・企業のあり方や、諸団体、生産者と消費者が結びつく活動などにも目を向けさせたいと考えた。

　環境ホルモンの90％が口から入ると言われる。児童の身近な食生活とのつながりが深く、食品の包装材のプラスチックなどに注目して、環境ホルモンを理解できる。しかも、個人の努力で解決できる方法の一つが「野菜（繊維・葉緑素）を食べること」であり、「食生活」の見直しにもつながる。家庭で取材し、参観に来てもらった保護者とこの問題について話し合うことを通じて親子で学んでもらうなど、保護者とも協同で学ぶ実践と位置付け、人類の未来を守るために、自分たちでできることは何かを考えさせたいと思った。

また、この時期には第2次性徴と誕生については理科で学ぶ。栄養については家庭科で、環境問題については社会科で学ぶので、教科横断的な学習ができた。第2次性徴にさしかかる時期の子どもたちに、自分の体のしくみや役割、命を生み出す体を認識させ、親との協同の学習も視野に入れて、命の尊さについても考えさせることができると考えた。このように子どもたちの身近な生活に根ざした教材を準備し、それを教室で学び合う対話の授業に取り組み、命や生物の未来に関する学習内容であることに気づかせ、父母や地域の方とも連携し、子どもも教師も共に学び合う、という授業展開を考えて教材を準備した。

　授業は、週3時間配当されている総合的な学習の時間と保健の時間を使って当初5時間程度を計画していたが、後半の子どもたちの学びから予想外の自主的な活動が加わり、表1のように全18時間の実践となった。約1ヶ月間、学級が「環境ホルモンブーム」とも言えるほど、どの子も環境ホルモンの話題で夢中になっていた。

（2）子どもたちの問いでつながった授業
　この実践では、第4次の参観授業を実践の山場にしようと学習計画を立てていた。現代的な課題を扱っているので、参観に来た親と共に考える授業にしたいと考えていた。学習内容も「親の学習にも堪える」もので、親には単なる受け身的な「参観」ではなく、授業に「参加」してもらうための準備をした。そのために3次までは、環境ホルモンについての最低限必要な知識に絞り込んで、子どもの問いを引き出しながら、環境ホルモンの関心と理解を深めることを重視した。

　第1次では、環境問題を考える基礎として食物連鎖がテーマの絵本を使って導入をした。子どもたちは、「人間は、ほかの生物たちによってささえられている。もうぜつめつさせてしまった動物がいるが、もうこれ以上自然界のバランスをくずしては、いつかは人間がほろんでしまう」「T君が言った様に、もし食物連鎖が切れるとどうなるのかなあと思った」「人が食べることによって、体にどういうえいきょうがあるのかもうすこしくわしく知りたい」の様に、興

表1　授業の経過（全18時間）

第一次	食物連鎖と私たちの食生活（1.5時間）	絵本『がぶりもぐもぐ』→食物連鎖がテーマ 「人間は、何を食べているか？」 食物連鎖の図に言葉を記入する 「なぜ人間はいろんな物を食べるのか？」 わかった事・疑問・感想（毎時）
第二次	ホルモンと環境ホルモン（1.5時間）	前次の感想・疑問を紹介（毎時） ホルモンの働きと環境ホルモンによる健康被害 人間も危ない理由（プラスチックから環境ホルモンが熱・酸・油でとけ出す）
第三次	環境ホルモンとは何か？（1.5時間）	集めたプラスチック容器などのあやしい物の分類 影響を受ける濃度を具体的に示す（プールに1滴のように） 環境ホルモンをやっつける方法（危険物をさける・野菜）
第四次	人類の未来のために親子で考える ※参観授業（1時間）	材質あてクイズ 「環境ホルモンの影響を一番受けやすい生き物は？」 カップ麺なぜ、外国と違う？ 自分たちの未来のためにどうするか親子討論をする
第五次	父母の思いを読む　環境ホルモンをなくすには（2時間）	父母からの熱いメッセージを読む 「環境ホルモンの影響を一番受けないのは？」 個人・団体・行政・企業のするべきこと
第六次	環境ホルモンをなくすために、自分たちでできること（6時間）	劇・解説・クイズを5年生の他の組に見せる ポスターをかいてはる（地域にもはる） 川柳を集めて書いてはる。パンフレットを作って配る。 店を調べて、まとめて発表。資料をまとめて発表。 作文を書いて公開する（インターネットで）
第七次	学習のまとめ（4.5時間）	調べたこと、取り組んだことを交流 まとめの作文を書く 文集（子どもの作文と教師の思いを書いた文）を読む

味深く内容を捉え、詳しく学びたいというような感想を書いた。毎時間の子どもたちの感想や疑問は、その都度デジタル化してまとめるという形成的評価を行い、学級通信として子どもたちにもフィードバックして、学んだことや問いをクラスのみんなで共有した。教師も子どもたちの認識に合わせ、子どもたちの知りたいことを学べるように、教材や資料を選びながら次の授業内容を決めていった。

（3）生活と科学の結合

　身近な生活的概念と結びつきやすい科学的概念を学習することによって、発達の最近接領域の学習になると考えて教材を選んだので、子どもたちは第1次の食物連鎖の学習の時から、学習内容を自分たちの生活にあてはめて考え始めた。生命や生存権の意識も芽生え、環境汚染に関心を持った子どもが多かったので、第2次で、環境ホルモンによって絶滅しかけているワニや、メスがオス化した巻き貝の話を紹介した。人間も身近なプラスチック等から、環境ホルモンが口に入るという研究も紹介した。身近な生活と環境ホルモンという科学的概念を結びつける手段として、家にあるプラスチック容器などの「あやしいもの」を集めてくる宿題を出した。このあたりから、家族との対話も始まったようだ。そして、集まったプラスチックを教室に展示して、リサイクルマークによって材質で分類した。「どんな濃度で影響があるか？」「環境ホルモンをやっつける方法は？」などの子どもたちの疑問を第3次で学習し、第4次の参観に向けての宿題を出した。それは、親子の対話を引き出し、親に主体的に参観に参加してもらう意図も含んでいた。宿題は、次の2つである。

　1）環境ホルモンのような、危険なものから家族を守るために、どんなことをしているか、家の人に聞こう！（これからしようと思うことでもいい）
　2）「環境ホルモンの影響を一番受けやすい生き物は、何でしょう？」家の人にもいっしょに考えてもらってください。理由も書いてください。

　それに加えて、大人向けの環境ホルモンの資料プリントを保護者への手紙につけて、子どもたちへのメッセージもよければ書いてくださいと頼んだ。

（4）親も参加する参観授業
　参観の前半は、怪しいプラスチック容器の分類など、子どもたちは前時までの復習をして、保護者にも学んでもらった。そしてメインの「環境ホルモンの影響を一番受けやすい生き物は、何でしょう？」は、今までの学習の理解の上に成り立つ問いである。ほとんどの子が人間と答えた。ワニ、水の中の生き物、野生生物、小動物、プランクトンと答えたのがそれぞれ１人ずつだった。ここで注目したのは、低学年の時に両親が離婚し、母子３人のみの生活で、学力面でも遅れが目立つが、おとなしくて真面目な目立たない存在のあゆみ（以下文中の名前は全て仮名）だった。あゆみは「（答）野生生物。（理由）人間は、悪い物に気をつけれるけど、野生生物はそのまま体に入るから」と書いた。「食物連鎖の頂点にある人間」の答えが多い中での貴重な意見だと思い、指名して発言してもらった。あゆみの発言を聞いて「あゆみさんの意見が、一番すごいと思いました」とみゆきが感想に書いた。みゆきは、続けて「それなら環境ホルモンの影響を一番受けない生物は？」と書いていたのでそれは次の時間に話し合った。集団で学び合うよさを実感し、あゆみの変化にも目をみはるものがあった。（後述、p.115-116）
　あゆみの発言は、クラスの多数の子が既習の「食物連鎖」という自然科学的な概念で考えているのに対し、異なった視点から人間と野生生物の違いを比較し、環境ホルモンの影響を受ける生物について考えた意見であった。そのことにより、クラスの子どもたちの思考を深めることができた。ヴィゴツキーの述べる「科学的概念は概念同士の論理的関係を打ち立てることを通して学ばれる」「事物の内的連関が科学的概念によって明らかにされる」とはこういうことを指すのではないだろうか。食物連鎖の頂点に立つ人間が一番影響を受けるはずだが、学習によって避けることができることにも気づいた。さらに子どもたちの感想には「環境ホルモンを作り出したのも人間だけど、なくすことができるのも人間」という書き方も見られた。これが後半の子どもたちの自主的な活動の原動力になったと思われる。
　あゆみの発言について話し合った後、もう一度食物連鎖に戻り、環境ホルモ

ンが食物連鎖の過程で「濃縮」されていくことを確認した。「人間の中でも一番影響をうけるのは？」の問いかけには胎児や精子という意見が出た。

　２つ目の問い「ヨーロッパ行きの飛行機で、行きと帰りでなぜ機内食のカップ麺の容器が違う？」（ヨーロッパでは、環境ホルモンの出る発泡スチロールではなく、ポリプロピレンの容器が使われている）を考えた。答えは、「ヨーロッパでは、リサイクルの関係で発泡スチロールの容器は法律で禁止されているから」だった。ダイオキシンは「最強の環境ホルモン」と言われ、ベトナム戦争で大量にまかれた枯れ葉剤にも含まれていて、結合双生児などの異常出産が相次いだという歴史がある。塩化ビニールを含む製品から発生し、ゴミ焼却場から基準値以上のダイオキシンが発生している。そのダイオキシンの年間排出量が、日本1.5kg、ドイツ４gの違いも説明すると、驚きの声が上がった。そして、親にもグループに参加してもらって「自分たちの未来を守るには、どうしたらいいか？」のグループ討論をした。宿題（家族を守るためにしていることの取材）も見ながらグループで意見を出し合ってまとめた。各班から出た意見は、「ドイツのように日本も環境ホルモンにたいして基準を作ってほしい」「体に悪い物は買わないようにする」「危ない物はできるだけ使わない」「ダイオキシンの出る物を燃やさない」「リサイクルする。（ペットボトル、びん、トレイ、牛乳パックを回収箱へもっていく）」「ポリプロピレン以外のプラスチックの食器は、つかわない。とう器に変える」「食物せんいの多くふくまれた野菜を工夫して食べるようにする」「インスタント類は、なるべく食べない」「環境ホルモンの元になる物質を増やさない」「ダイオキシンの発生しないラップを使う」等であった。

　行政や企業の取り組みを簡単に紹介し、生産者と消費者が結びつく活動が悪い物をなくす運動になることもまとめ、参観前にお願いした親からのメッセージを２人分読んだ。

参観後に寄せられた親からの感想

　以前から取り組んでおられ、子供も「このプラスチック使ったらあかんで、

精子が弱くなるんやで」「何て？」ふっと笑いそうになったけれど、でも笑えず、何かえらい事勉強してるんやと思いました。参観前の資料のプリントでもそう思いました。参観では、実物での区別、子供も考え共に向き合って生き生きして答えている。外国では厳しく法律で禁じられている事が、日本では許され、まかり通っている矛盾にもさらっと触れている。自分たちで守る大切さ、何が出来るのか、身近な事から、未来のために課題を託す。そして真剣に話し合える様になった子供たちに、言葉では言い表せない程の驚きと、感動に胸を打たれました。これまでとは違う参観でした。私たちも一緒に考えるなど、何をしているのかよくわかり、これからの生活に、意識して携わっていかなければならない重要性を強く感じた授業でした。生のための食は、自分の為だけでなく、孫、未来への大切な一環であるという事、この子らが、将来を担ってくれる、これらの希望となるんですね。生命を大切に、そして、自然を大切に思ってくれるであろう、つながる学習に素晴らしさを感じました。

　参観に参加し、子どもたちの学ぶ姿に感心し、親子で学んでもらったことが窺える。子どもたちは、自分たちが親と対等に議論できるまでになったことに自信を持ち、「お母さんたちもいろんな案を出してくれてたすかった。お母さんたちもホルモンのことをわかってくれたらこころづよい」という感想からわかるように、親も一緒に考えてくれるという安心感や、自分たちにも大人を動かし、未来の社会を変えることができる可能性を感じていた。この親子以外にも「参観の日、『今日は鍋にしてや。野菜いっぱい食べて環境ホルモン追い出すねん』と言われました」という声も聞いた。
　中でもめざましい変容を見せたのはだいきである。だいきは国語や算数が大変苦手だが、環境ホルモンの学習中、母親に「そのおわん、はげてきてるから環境ホルモンが出るし、すてたほうがいいで」と忠告し、いつもは参観に来てとも言わないのに「環境ホルモンの授業見に来て」と熱心に頼んだ。母親は「どうしたんやろう？」と思って授業参観に参加したのだった。環境ホルモンの学

習が、だいきの発達の最近接領域にピタっとはまったのではないだろうか。だいきはその後も変容が続いた。（後述、p.116-117）

（5）教師を超えた子どもたち
　親に頼んで書いてもらったメッセージは、命の尊さ、環境、子育ての苦労と喜びなど、熱いメッセージで、17通届いた。このメッセージからも、たくさんのことを感じ学んだ。2次までは自分の問題としてはとらえていなかった子どもたちが、環境ホルモンを自分たちの問題ととらえていった。
　教師の予想をはるかに超えたのが、子どもからの「環境ホルモンの影響を一番受けない生物は？」の問いだった。これは「環境ホルモンの影響を一番うけやすい生物は？」の問いに「野生動物と思う。人間は気をつけて環境ホルモンから守ることができるけど野生動物は、そのままだから」と答えたあゆみの発言に感動したみゆきが、クラスの仲間に向けて問いかけたものである。「よし、この問いを次の授業で子どもたちに返そう」と思い、自分ならどう答えるか自問自答した。「この学習をしたあなたたちではないかな」と答えたいと思って授業にのぞむと、その思いが伝わったかのように「（この学習をした）ぼくたちや！」という発言がすぐに出た。
　あゆみのその後の環境ホルモン学習に対する熱心さや積極性から、自分の発言が大きな反響を呼んだことで自信をつけたことが読み取れた。教育相談では、母親が環境ホルモンのことを家で娘と熱心に対話したことを嬉しそうに語り、我が子の成長を喜んでいた。学校ではおとなしくて自分から話しかけてくれなかったあゆみが、卒業後も年賀状やメールで近況を報告してくれるようになった。そして、あゆみの発言がきっかけになって「未来を作っていく自分たち」をクラスのみんなが意識できた。子ども同士で問いかけ、考え合う対話の授業で「自分ってなかなかいいところがある」「自分ってみんなの役にたつ」「未来の社会は自分たちがよくしていくんだ」というような自己肯定感を育て、豊かな人格形成につながった。ヴィゴツキーが「子どもが学校に在籍することが子どもの全面発達の道具となる」（ヴィゴツキー , 2003）と述べているのは、こ

のように様々な環境で育っている子ども達が学校に集まり、多様な考え方にふれて発達の最近接領域を刺激し合い、お互いを高め合うことを指しているのではないだろうか。

（6）動き出した子どもたち
　自分たちの未来の問題だと意識し始めた子どもたちに、「人類の未来を守るにはどうしたらいいか」を問うと、色々アイデアが出た。隣のクラスがこの学習をしていないことに気づいた子が、何かの形で伝えようと提案した。劇をしたい、ポスター、解説・クイズ、川柳、パンフレットを作って配る、作文を書いて広く呼びかけるなどの活動を考えた。もっと詳しく調べたい子は、店調べや資料集めをして、クラスで発表した。空いた時間があれば続きをやる姿がよく見られ、夢中になって活動していた。あゆみは、以前に日本文化の総合学習をした時、何を発表したいか全然決まらず困っていたが、この学習ではとても積極的だった。空き時間を見つけては一生懸命ポスターを作成していた。やっと２枚を仕上げ、小さな声で「先生、どっかの（地域の）掲示板にはりたいねんけど・・・」と言ってきた。あゆみとみゆきたちのグループで、校区内の町並センターに行って貼らせてもらい、他のグループが作成したパンフレットも置かせてもらった。

　男子７人が、当時はやっていたハリーポッターを使って「ハリーポッターと環境ホルモン」の劇をしようと集まった。主役のハリー役は「（環境ホルモンの影響を一番受けないのは）ぼくたち！」と発言した子だった。リーダー性のあるたけしは、台本を一人で一気に書いた。バンドエイド（塩化ビニル製で環境ホルモンが出るもの）が落ちているのを見て、スネイプが急に切れた。スネイプの秘密を探るためにハリーたちは、ハグリッドを訪ね、ハグリッドが環境ホルモンの解説をするという筋書きだった。どの役も、それぞれの子にぴったりだった。

　しかしこのグループには学力面や行動面で課題の多い子が５人もいた。覚えるのが苦手で集中力も続かない子が多い為、なかなか練習が進まなかった。そ

んな中、ハグリッド役のだいきは、九九もまだ覚えていないという学力だったので、一番大事な「環境ホルモンというのはなあ・・・」と解説する長いセリフを覚えられるか心配したが、難なく覚えた。それをほめて、グループ全体を励ました。だいきのこの変化にはグループのメンバーも刺激された。

　だいきは、環境ホルモンが出るから、表面が剥がれているエポキシ樹脂のおわんを使わないようにと母親に忠告し「環境ホルモンの勉強してるから、参観に来てほしい」と頼んでいたというので注目していたが、その後もこの学習には大変積極的だった。教科学習では授業に参加できるのはほんの少しで、ほとんどが頭の中を素通りしている状態のだいきだったが、生活の問題に根ざした環境ホルモンの学習は、自分にも自分たちの未来にも関係する大事な問題だと認識し、学ぶ意味を感じ取って学習への意欲が高まったのだろう。環境ホルモンの学びは、だいきの発達の最近接領域に入り、彼の変容は目を見張るものだった。学校で学んだことを母親に知らせ、劇にして隣のクラスに知らせるという活動で、自分がみんなのために役に立つ存在であることを誇らしく思っているかのように、堂々とハグリッドを演じた。劇は、隣の２クラスにも行って発表させてもらった。緊張して声が小さくなったが、「すごいメンバーがよくこんな劇をやったなあ！」と隣のクラスの担任にも喜んでもらえた。

　スネイプ役をしたかずやは、第３次に「もう環境ホルモンなんかどうでもいいわ」と投げやりな言葉を口にしていた子で、普段から学習にも友だちとの人間関係にも集中しきれず、常になにか苛々している子だった。彼が一番上の兄で下に多くの弟がいて、家庭での苛立ちや欲求不満も影響していると思われる子だった。その彼が最後の作文がなかなか書けなくて苦労していたが、こう書いた。

　ハリーポッターと環境ホルモンというげきをした。けっこうむずかしかった。台本をおぼえるのはかんたんだった。げきをして環境ホルモンてわるいんだなーとおもった。なんでヤクルトの容器とかからでるんだろうとおもった。げきおもしろかった。けがをしたときにバンドエイドをつけると

き、それからも環境ホルモンが出るとおもってびっくりした。では、ケガ
をしたときバンドエイドをはれないから、しょうどくして、ほうたいをま
かなければならない。げきをして環境ホルモンて悪いんだなあと思った。

後に養護教諭に聞いてわかったのだが、かずやはけがをして保健室に行った
時に、バンドエイドを拒否したそうだ。かずやもだいきと同じく、環境ホルモ
ンの学習が発達の最近接領域にはまったのか、学んだことを生活に当てはめて
自分の行動を自分の意思で変えた。仲間とともに劇を発信する活動で、仲間と
力を合わせてひとつのものを作り上げる喜びを感じ、その意味を知ると共に自
分を見つめ、自分の思いを言葉にすることができたのは、大きな成長だった。

(7) 子どもたちに成長させてもらった親・教師
　最後のまとめの作文を書き、文集にし、クラスで読み合った。なつみは物静
かで真面目な子で、授業ではほとんど発言しないが、文章表現は得意な子だっ
た。

　　　環境ホルモンと私たち　　　　　　　　　　　　　　なつみ
　「環境ホルモンってなんやねん。」と最初はそう思っていたけど、今では、
「あ、これはふくまれてる。気をつけよ。」と自分の持っている物や、買い
物の時、そう思うようになりました。環境ホルモンとは、つまり「にせホ
ルモン」という意味で、本物のホルモンのように働いてしまいます。しかし、
環境ホルモンが体内に入ると、生殖器の異常や精子が減ったり（男）生殖
器のガンの増加（女）、化学物質に対するアレルギーなどが出てくる悪い
物です。家でもお母さんは、口に入る物は特に気をつけています。例えば、
野菜はできるだけ日本産にすることです。外国産のものを買った場合はよ
く洗います。
　環境ホルモンの被害を一番受けやすい生物は、やっぱり人間であり、人
間ではないと思います。それは、人間が、環境ホルモンを作り出している

し、買ったり売ったりしています。だからえいきょうを受けやすいと思います。しかし、選べるのも人間です。退治できるのも人間です。みんながその気になれば環境ホルモンなんて退治できるはずです。だから一番影響を受けるのは野生動物たちかもしれません。

　人類の未来を変えていくには、努力しなければいけません。企業は、環境ホルモンの出ない物を作り、それを私たちは、買います。国には、その規則を作ったりしてもらいます。

　私たちは、みんなに知ってもらうため、げきをしたり、ポスターを書いたりしました。私は、ポスターとパンフレットを作りました。それを作ってみて、みんなにいいことをしたと思います。四年に配ったけど、（パンフレット）みんな分かってくれたかな？自分が将来、親になったら、安全な物を買い、知り、子どもに教えたいと思います。この勉強をしてよかったなーって思います。一番心に残ったのは、お母さんたちの感想です。（略）これからの未来のために、私たちは、子孫を残し、未来のために、努力し、環境ホルモンをなくしたいと思います。

なつみの作文からも窺えるような、子どもたちの自信にあふれた成長ぶりには、大変驚かされた。課題を抱えたあゆみやだいき、かずやのように、読み書き計算などの基礎学力とは無関係に、皆が一線に並んでこの学習に取り組めた。それは、どの子もそれぞれの生活の中で学んでいる生活的概念が総動員され、「環境ホルモン」という科学的概念が発達の最近接領域となり、豊かに学んでいったからではないだろうか。

　大人も夢中で教材研究をしたくなるほど学びがいのあるテーマを、子どもや親たちと学んだからそれぞれの人間関係も変わっていった。子どもを子ども扱いせず、現代社会の課題をみんなで学ぶことで「人類を環境ホルモンから守る」という命、健康、未来に関する誰もが共感できるテーマがみんなをつないだ。学んだことの意味がわかり、自分も社会をよくするために行動をおこすことができると分かれば、教師の指示ではなく、主体的に行動した。学級で自主活動

をすると、何もせずぶらぶらしたり遊んだりしている子どもがいそうなものだが、この時全員が動いていたのは自分のしている活動の意味を全員が理解できていたからではないか。子どもたちは科学的概念を生活的概念と結びつけて学ぶ中で、自分たちの行動の社会的な意味がわかり、自己肯定感が高まり、豊かな人格形成がされていったのだと思える。

　実践を終えて、教師がこれだけ満足感を得て、子どもたちのことがかわいくてしかたがなかったのは、教える立場にいながら子どもたちにそれ以上のことを教えられ、共に学び成長できたと感じられたからだ。父母たちも子どもたちが学び、未来のことも考えて主体的に行動する姿勢に勇気づけられ、教師に対しても共感し、励ましてくれた。子どもと親と教師の関係性が変わり、子どもの成長をともに喜び、教師も自分自身の成長を感じ、しかも人類史的な課題を扱っているので「歴史の進歩に貢献」（小川、1976）していると実感できた。この実践で教師という職業についたことの幸せを初めて味わった。

第３節　「飢餓問題」の実践

（１）学校の環境

　これは、2005年9月に6年生で取り組んだ総合的な学習である。この実践を行った学校は、学力テストの結果を重視し管理体制が強かった。児童会も教師の生活指導の下請けをしていた。子どもも教師も自由が制限されていた。

　子どもたちは、6年生にもなると自分の事や周りの大人のことが客観的に見えるようになり、今まで素直に従ってきた大人を批判しながら、自分らしさを求めて揺れ動く時期である。家庭の複雑な事情がある子や受験や塾通いのストレスが強い子もいた。投げやりな言動が目立つ子どももいたので、弱い子がいじめられないか気を配っていた。

（２）健康教育にとりくむ意味

　この子どもたちとは、5年生で「エネルギー問題」「水俣病」「労働災害」「輸入食品から南北問題を見る」「エイズ」など現代的課題を扱った健康教育に数多

く取り組んできた。水俣病実践で「世界でも水俣のようなことが起こっているの？」と問うなど世界の情勢に関心が向いていた。同じ年齢の子どもたちの辛すぎる生活に「かわいそうだ」「何とかならないのか」と共感し、感じたことを素直に表現できる子どもたちだった。

　１学期の中頃、影響力の強いみほが「将来ユニセフの仕事につきたい！」と言ってきた。テレビで見たユニセフのエイズ対策の映像がきっかけだった。みほの思いに応える授業をしようと考えていたら、同学年の教師から、同じ市内に本部があるＮＧＯ「国際飢餓対策機構」の方にゲストティーチャーで講演をしてもらわないかと持ちかけられた。これはチャンスだと思い、ゲストティーチャーの講演までに飢餓問題の授業をしておこうと考えた。この授業でみほの要求にも応えられるという予感があった。

　日本の子どもたちは、発展途上国の子どもに比べて豊かなはずである。しかし物が溢れる日本の子どもたちが豊かだと言えるのだろうか。ＮＧＯで発展途上国を訪れ「貧しいのに、なぜこんなにゆったりとした気持ちになれるのだろう。どうして人に優しくなれるのだろう」と感じたという若者の話をよく聞く。飢餓の起こる背景をきちんと学んだ上で、「豊かさとは何か」について一歩踏み込んで考えさせたいと思った。生き方や生存権を問う健康教育なら、子どもたちと学び合い、子どもたちのエネルギーを正の方向に向けられると考えていた。

表２　授業の経過

1	世界は不平等	「100人村メール」スーダンの子ども
2	飢餓問題（参観）	飢餓マップ・命の水・ホワイトバンド
3	飢餓の原因	ユニセフの活動
4	NGOの活動	国際飢餓対策機構
5	豊かさについて	「命の枝」のCM
6	戦争はなぜおこる（社会）	「死の商人」の意味、新しい憲法の話
7	自分たちにできることは	募金、ポスター、パンフレット、ミサンガ作り、手紙など
8	ユニセフ募金活動	児童会とタイアップ

（3）授業の概要
　第1次は、「世界は不平等である」ことを学んだ。2001年に世界的に広まった「100人の村メール」（池田、2003）を導入に使った。全世界の人口63億人を100人に縮小して、どんな人が何人住んでいるかを数値で表している。世界の貧富の格差の大きさ、栄養不良の子どもの多さを実感することができた。飢餓で死にそうになっているスーダンの子どもの写真も紹介した。毎時間学習してわかったことや疑問・感想を書き、学級通信で紹介した。学級通信は親子での対話のきっかけにもなり、同僚にも配って対話した。

　第2次は、参観で親と共に考える授業にした。データの意味は隠してハンガーマップを班に配り、どういう意味の地図だと思うか話し合った。世界地図が飢餓率によって色分けされている地図である。正解がわかってから世界の飢餓人口を予想させた。その後「いのちの水」（ORS経口補水塩。ユニセフが使っている。）を子どもや親に配って飲んでもらった。下痢で脱水症状の子を救える水で、1リットルを10円で作れる。これをどうしたら必要な子に届けられるか親子でグループ討論をした。その後、当時流行していた「ホワイトバンド」の意味を知っているかどうか尋ねた。「ほっとけない世界の貧しさキャンペーン」によるとホワイトバンドは「貧困をなくす政策をみんなで選択する」意思表示の証である。募金活動とは違い、ホワイトバンドの販売益は、政府に働きかけて人類史上最悪ともいえる「死ぬほどの貧困」をなくす政策を採用させる活動の資金として用いられる。バンドについている「＊＊＊」の印は、3秒に1人貧困のために子どもが亡くなるという現実を表している。「白い布やひもなら何でもいいのです。工夫して作ってみてください」と呼びかけられていた。「飢餓はどうしておこるのか？」という問いを投げかけ、飢餓の原因を次時に考えると予告して終わった。予想通りに目を丸く見開いて真剣に聞いていたみほが、次の感想を書いた。

　3秒に1人が食べ物がなく死んでいくのに私はしらなかった。ちょっとびっくりしたけど世界ではそんなことがおこってるって事がわかった。人

間みんないっしょの生き物なのになぜ食べ物があって生きていける人と死んでいく人がいるのか。なぜそんなにちがいがあるのか？いつも思うけどなぜ私たちはふつうに食べ物もあって服もあって学校にいけるのかふしぎです。私は１人でも死んでいく人をへらしたいです。どうしたらいいのかまだわからないけどガンバってみます。ぼ金は１円でもいいからしてあげるとか。私はそういう事をしたいと思います。

みほが真剣に学ぶ様子にまわりの子どもたちも引き寄せられるかのように、学級全体が真剣に学習する雰囲気が漂っていた。参観に来た親も感心していた。みほの仲良しグループのゆいかも、この学習に積極的に参加していることが次の３次の感想からも読み取れた。

飢餓がおこる原因は、環境破壊や自然災害や戦争や政治。自然災害はしょうがないかもしれないがほかは人間の手でおきていると思った。私はそんなんはイヤダと思った。私は飢餓の人をへらしたい。一日も早く助けてあげたい。戦争やよくない政治がゆるせないと思う。ほとんど人が原因で食べ物や家がなく死んでいってる。私はそんな事がないような世の中にしていきたい。

飢餓の原因については資料（ジグレール, 2003）をもとに学んだ。
第４次では、市内にある「国際飢餓対策機構」の事務局長の山本さんにビデオや写真などをふんだんに使って世界の子どもたちの児童労働・路上生活・飢餓などの現状やＮＧＯの活動を紹介してもらった。山本さんたちは「里親制度」をつくって教育の援助をしたり、学校を作ったりしている。この講演のあと、いつもは受験のストレスでノートも書かないでぼんやりしているゆうきが、心を動かされてめずらしくこんな感想を書いた。

８億人もの人が飢餓や貧困に苦しんでいるなんて思いもしなかった。ハッ

キリ言うと僕は、地球に戦争があることは許されてはならないことだと思う。だまって見過ごしてるわけにはいかないと思ってぼくは、時々コンビニなどの募金箱にお金を入れている。もし自分がその苦しんでいる人と同じならぼくはいったいどうなるんだろうと思った。戦争をしている人はきっと相手も自分も本当は戦争はいやだと思っているにちがいない。

受験学力のための学習ではなく、生活的概念と結びつく科学的概念の学習が学ぶ意欲を引き出したのだろう。ゆうきは、その後クラスで募金活動に取り組んだ時にも積極的な行動をした。

第5次では「日本は、豊かなのか？」を考えた。「命の枝」（公共広告機構のＣＭ）を見て「豊かさとは何か」を話し合った。アフリカの子どもたちが給食を調理する燃料の木の枝を拾いながら歌を歌って学校へ向かうシーンから、嬉しそうに給食を食べるまでの短いＣＭである。学習後「豊かさとは人を思いやる心」「日本がみんな世界にはアフリカみたいな国があることをしっておかなくてはならない」「日本の子どもたちは無関心に生きている」「日本はイジメとか多いし、心が貧しい」「児童会役員は意味のある会議をしたらいいと思う」のように自分たちの問題に引き寄せて考え始めていた。

「自分たちでも出来ることはないかな？」と尋ねると、やはり感想にいつも書かれていた「募金！」という答えが出た。第１次、２次のホワイトバンドの学習で、募金では飢餓は救えないほど深刻だという限界もわかりつつ、でも募金しか自分たちには思いつかない、けど何かしたいと思っていたようだった。みんなの思いは一致し、「ポスター作ろう！」「募金をしてくれた人に白のミサンガ（刺繍糸で作った手作りのホワイトバンド）を渡そう！」という案が出た。堰を切ったように一気に子どもたちのやる気が上がった。

みほのグループの子は、やる気が出ないとなかなかのってこないし、いろいろトラブルを起こしていたが、この学習では目を輝かせて毎時間の感想もしっかり書き、ホワイトバンド作りやポスター作りなども熱心に取り組んだ。ゆ

いかは、総理大臣や天皇の住所も自分で調べて手作りホワイトバンドを入れて手紙を出した（返事は来なかったが）。ゆいかは、投げやりな態度とは正反対の内面の優しさを素直に表現し「戦争で逃げてきた子どもたちやストリートチルドレンは冬は寒いだろうなあ」と書いていた。ゆいかの文章を保護者に伝えると「あの子がそんなことを思っていたなんて」と驚かれた。反抗的だった男子も「ホワイトバンド作ったろか？」と協力していた。控え目な男子が、低学年の教室に行って募金の訴え文を読む役に立候補し、その練習を家で一生懸命やっていたと親から聞いた。

　例年は、児童会役員で取り組んでいたユニセフ募金の活動を、このクラスが中心になって取り組むことを児童会担当教師に了解してもらい、2学期末の寒い朝の2日間、校門で手作りホワイトバンドを渡しながら行った。前日には1年から6年までの各クラスに2人ずつ、自分たちの作ったパンフレットやチラシを持って、募金の呼びかけに行った。手作りホワイトバンドは大人気で、ホワイトバンドをもらっていないからほしいという子がたくさんいた。自分たちのがんばりでこんなにたくさんの人から協力を得て、いつもの募金活動の5倍ものお金が集まり、このお金で世界の子どもをたくさん助けられると喜んだ。さっそく家でも話して喜びを伝えていたと親からも喜びの声を聴いた。

　「今思うとユニセフの仕事はスゴイ大変だけどスゴイやりがいのある仕事なのだと実感した」「ボランティア活動をして命の大切さが分かった」「はじめは総合の勉強とかやりたくなかったけどいろいろ勉強しているうちに命の大切さがよくわかった。募金活動をしてとてもよかった」など達成感でいっぱいの感想が多かった。飢餓問題という科学的概念の学習が体験を通すことでより深く認識されたのだと思える。

　しかし、冒頭で述べたように、管理色が強い学校で、教師の指示通りの活動を行うのが当たり前だった中、このように内発的な動機から自発的な行動を起こし、世界と繋がる活動が展開できたのは、科学的概念の学習を通して世界観が変わり、生存権という鍵で社会の構造が見える健康教育の学びがあったからではないだろうか。仲間と学び合い、学ぶ意味・生きる意味をも問い直してい

くような本物の学びで、自分も社会の役に立てると実感し輝いていた。募金では飢餓の子どもたちすべては救えないという限界もわかっての行動だったが、募金活動で自分たちが輝いたのだった。筆者は募金活動の意義を過小評価していたが、募金活動は自分たちの取り組んだ成果が目に見えてわかり、子どもたちの大きなやりがいと自信につながった。「自分たちのクラスってスゴイ！」と自信がつき、3学期はやる気満々のムードで出発し、ちょっと背伸びして成長したいと張り切る子どもたちの思いが色々な場面で見られた。子どもの見方や教師と子どもの人間関係が変わり、教師にとっても学校での閉塞感が解消された。みんなで成功させた募金活動の体験を、いつか活かしてほしい。

第4節　まとめ

　この2つの健康教育の実践で、子ども達の生活的概念が科学的概念と出会い、様々な子どもたちの意見交流や活動の中で、発達の最近接領域が広がり、発達や人格形成を促したことが確かめられた。しかも、生活や発達に課題を抱えた子どもたちが、このような現代的な課題に対して大変感度がいいことがわかった。この子どもたちの生きづらさ自体は、授業実践で直接解決できるわけではない。世間一般には「落ちこぼれ」「荒れ」などの固定的な見方で見られがちである。この子たちは、ヴィゴツキー（2006）によると「高次精神機能の発達要因としての集団から脱落する」。「そのことによって、他の子どもたちとの共同が低次の形態にとどまり、行動の社会的側面や高次精神機能の発達不全が引き起こされていた」のである。過去の生きづらい生活の中で、社会に対する批判的な見方を自然と身につけ、健康教育を学ぶ生活的概念が育っていたのに、それが学びや発達につながっていなかったのではないだろうか。「荒れ」を表出している子どもは、「社会的な発達のもつれによって、高次精神機能が育っていない」（ヴィゴツキー、2006）状態であって、彼らは生きづらさをどう表現すればいいのかがわからないのではないだろうか。生き方や生存権を学ぶ授業で、それまでに獲得していた生活的概念が仲間との協同学習で力を発揮し、生きづらさをエネルギーに変えて人類の命を救い未来の環境・命を守ると

いう方向で発揮された。あゆみやだいきのように教科学習では学級に影響を与えることがほとんどなかった子どもたちや、みほたちのように学級の学習意欲を低下させていた子どもたちが、学級の学習意欲を高める役割を果たし、子どもたち同士や教師・親の他者認識が変わった。子どもたちの意見は正義感にあふれ、真実を追究する鋭い意見が多く、固定概念にとらわれ社会を見る目が曇っている大人がはっとさせられる。子どもたちの学ぶ姿勢や感性の豊かさに触れて、見かけの態度や低学力などに隠れて見えていなかった積極的側面が見えてきて、教師も親も子ども観が変わり、相互理解が深まり、大人が子どもたちに励まされた。教師は教育の役割に気づき、失いかけていた専門職としての誇りを取り戻した。

　昨今の新型コロナ禍においても、新型コロナから学ぶ授業づくりに全国各地で取り組み、健康教育の意義を再確認できた。小学生から大学生まで、まず子どもたちの声を聴き取り、不安やストレスに寄り添うことから始める「対話の授業」を行ってきた。発達段階に応じて構成された授業において、新型コロナについて知りたいことや疑問に思っていることを中心に科学的概念を学び、子どもたちが得ている生活的概念と合わせて、正しく恐れることや感染症は自己責任ではなく社会問題であることなどを仲間と学び、気づいていく実践が全国で展開された。

　詳細は、実践集『コロナに負けない教師と子どもたち』（榊原・上野山, 2021）を参照していただけると幸いである。

（上野山小百合）

引用・参考文献
- ヴィゴツキー ,L.S.（2001）『新訳版・思考と言語』柴田義松（訳）新読書社
- ヴィゴツキー ,L.S.（2003）『「発達の最近接領域」の理論― 教授・学習過程における子どもの発達』土井捷三・神谷栄司（訳）三学出版
- ヴィゴツキー ,L.S.（2004）『思春期の心理学』柴田義松・森岡修一・中村和夫（訳）新読書社

- ヴィゴツキー,L.S.（2006）『障害児発達・教育論集』柴田義松・宮坂琇子（訳）（原著は 1924〜1931）pp.221-232, 新読書社
- ヴィゴツキー,L.S.（2005）『ヴィゴツキー 教育心理学講義』柴田義松・宮坂琇子（訳）pp.40-61, pp.74-80, p.290, 新読書社
- 小川太郎（1976）『教育と陶冶の理論』p.54-60, 明治図書
- 厚生労働省（2019）「国民生活基礎調査」https://www.mhlw.go.jp/toukei/saikin/hw/k-tyosa/k-tyosa19/dl/03.pdf（Ⅱ－6）
- 榊原義夫・上野山小百合（編著）（2021）『コロナに負けない教師と子どもたち』自費出版

※授業で使用した主な文献
- 北野大（1998）『環境ホルモンから家族を守る 50 の方法』かんき出版
- マニング・グランストローム（1999）『がぶりもぐもぐ』（絵本）藤田千枝（訳）岩波書店
- 池田香代子（2001）『世界がもし 100 人の村だったら』マガジンハウス
- ジグレール（2003）『世界の半分が飢えるのはなぜ？』勝俣誠（訳）合同出版

第3章　子どもの願いと教師との信頼関係が創り出す新たな発達の回り道

第1節　はじめに

　本稿では、ヴィゴツキーの発達理論を手がかりに、私が担任した障害児（自閉スペクトラム症）における実践記録を紐解きながら、子どもと教師との信頼関係を軸にした障害児の発達の可能性について述べる。

　ヴィゴツキー（2001）は、障害の構造を一次的障害（生物学的次元における障害）と二次的障害（文化へのアクセスから疎外されることによって生じる文化的発達の遅滞）に区別している。教育への可能性がもっとも大きいのは一次的障害への対策ではなく、二次的障害への対策であることを強調している。

　また、ヴィゴツキーは発達において、ふたつの路線を挙げている。ひとつは生物学的で有機的な成長の過程である自然的発達であり、もうひとつは文化的な手段の習得である文化的発達である。この発達の両局面は、相互に一致し、一体になる。この二列の変化は互いに浸透しあい、実際に人格の社会的＝生物学的形成という単一の流れを創り出す。しかし、障害児の場合は、その器質的障害のため、このようなふたつの発達の側面が合流することは無いという。

　では、障害児においては、文化的発達はおこりえないのか。

　このことについて、ヴィゴツキーは障害児が示す複雑な発達過程を「回り道」と表現する。障害児の文化的発達の実現には、健常児とは異なる独特の、特別に創り出された文化的形態が必要であることを述べている。盲児用の点字や聾唖児用の手話は、まさに文化的発達の生理学的回り道であるとされている。

　一方で、「自閉スペクトラム症」の障害がある子どもにおける文化的発達の回り道とは何か。ヴィゴツキーが存命する時代には自閉スペクトラム症という概念はまだ存在していなかった（自閉スペクトラム症は、ヴィゴツキー没後の1943年にレオ・カナーによって提唱された）。この項では、DSM-5-TRに従い、自閉スペクトラム症に見られる特徴を以下のように定義しておく。

1. 社会的コミュニケーションおよび対人的相互作用における持続的な欠陥
2. 行動、興味、または活動の限定された反復的な様式（アメリカ精神医学会, 2023, p.54）

　本章ではSという自閉スペクトラム症児を例に挙げ、ヴィゴツキーが強調する二次的障害へのアプローチによる子どもの変化について実践記録をもとに、自閉スペクトラム症児における「回り道」について検討したい。
　さらには、ヴィゴツキーが影響を受けたとされるアドラーの「補償」の概念とも照らし合わせ、Sという子どもがどのように自身の直面する困難を発達の原動力に転換できたのかについても述べたい。

第2節　Sの特徴

（1）人とのコミュニケーションが困難なS

　Sとの出会いは、Sが小学5年生の時である。当時、私は支援学級担任としてSを受け持つこととなった。Sは自閉スペクトラム症の診断（当時の発達段階で7歳程度）を受けており、入学時から支援学級に在籍していた児童である。さらに、Sは双子の兄であり（弟も自閉スペクトラム症）、一対一での支援が必要であったため、私が双子の兄Sの支援学級担任となった。Sは自分から言葉を発することが少なく、言葉でのコミュニケーションが非常に困難な児童であった。始業式、初めてSと対面した時にも私に対して強い警戒心を抱き、Sとコミュニケーションを取ることが全くできなかった。上記の自閉スペクトラム症の主な3つの特性のうち、Sは特にコミュニケーションの部分に困難を抱え、そのことがSの文化的発達を遅らせる要因となっていた。

（2）自傷行為を繰り返す日々

　担任を受け持った初日からSは、自分の額を床や壁に強く打ちつける、いわゆる自傷行為を毎日のように繰り返していた。学校が統廃合したという初年度ということもあり、周りの環境が大きく変わったこともSの自傷行為をさらに助長していたと思われる。周りの環境の変化のほかにも、自分の意思が相手に

伝わらない・伝えられない時にも激しく自傷行為をしてしまうことが多々あった。

　パニックにまで陥ってしまうと、自分でもその行為を止めることができないほどであった。Ｓと私との関係性がまだできていない当初は、Ｓの伝えようとしていることをつかめず、とにかくＳの自傷行為を止めることに精一杯な日々を送っていた。

第３節　Ｓと私との関係構築までの道のり
（１）パニックの原因
　担任当初は信頼関係を築くことが難しく、Ｓにストレスがかかると自傷行為を繰り返してしまい、それを止めようとすると教師に対しても他傷行為をすることが多々あった。これまで担任してきた教師の対応では、Ｓが少々パニックになって泣き叫んでいても無理にでも止めさせたり、怒鳴り声で制圧したりしていたようであった。そのような繰り返しを経て高学年になったこともあり、一層パニックの回数は増大しているように思えた。

　しかし、教師側も当然のように善意での指導であり、Ｓとコミュニケーションが取れないことから自然と一方的な指導になってしまっていたのではないかと考える。Ｓへの関わり方として、これまでと同じようなことを繰り返しては、Ｓにとっては強いストレスのかかった学校生活になってしまうと危機感を感じていた。

　まずは、Ｓが安心して学校で過ごすことができることを最優先と考えたときに、やはり一番身近にいる教師という存在との関係性が重要であると考えた。Ｓがパニックになり自傷行為をしてしまう原因はいくつか挙げられるが、多くは自分の気持ちや意図が相手に伝わらない、または伝えられないことがＳの日常の様子から感じ取られた。そして、言葉にできないつらさを「自傷」という表現方法に変えざるをえないのが自閉スペクトラム症の特性の一つでもある。

（２）子どもの「本当」の声を受けとめる
　自閉スペクトラム症は、社会性や想像力の障害と言われるが、その程度は一

人ひとり異なっている。つまり、「その人なり」のコミュニケーション方法が必ずあるはずだと私は考えていた。コミュニケーションの問題は受け手側にもあり、特にＳとの関わりのなかでは受け手側が重要となる。

　そのことから、Ｓにとって（この先生は何を言っても受け止めてくれる）という存在になることを関係性構築の最初の目標とした。具体的なこととしては、発語があった場合でも独り言が多くこれまではある意味流されてきた「言葉」だったが、Ｓが発する言葉一つひとつに返答するように意識した。Ｓの興味関心が高かった乗り物やキャラクターの話をどんどん私から話しかけることもした。私からの話に対してＳが返答することが無くても、毎日のようにＳの興味のある話題を話しかけることを続けた。

　そうしたことを毎日続けていくうちに、少しずつだがＳが反応を返すようになってきた。Ｓ自身が何気なく発した言葉に対しても反応が起こり、自分に返ってくるという経験はＳ自身にとってもあまりなかったことかもしれない。気づくと、私の前では滅多なことでは自傷行為をすることは無くなっていた。毎日の学校生活で意識して取り組んできたのはこれらのみということではなく、先の見通しが持ちづらいという特性から、先の見通しを持てるような支援（先の行動を提示する等）もしていたが、根底にあるのは「対話」による信頼関係が大きく影響したと考えている。

（３）Ｓの多様な表現方法
　「対話」といえども、音声言語のみの対話だけでなく、Ｓが持つ独特のコミュニケーション方法を発見した。Ｓは、自由帳に絵を描くことが好きなため肌身離さず自由帳を持ち歩いていた。音楽や家庭科の授業で教室を移動することになっても必ず自由帳を持って行った。そのことは、環境が変わることへの不安な気持ちを落ち着かせるためのＳなりの方法とも考えることができた。

　その証拠に、自由帳のページがなくなってしまうだけで突如パニックになってしまうこともあった。自由帳に描くことといえば決まって、車や電車などの乗り物の絵や好きなキャラクターの絵であった。文字も少しは書くことはあっ

たが、駅名やキャラクター名、好きなキャラクターの決めゼリフなどを時々書く程度であった。絵を描いているときはとにかく夢中になってしまい、話しかけても全くと言っていいほど反応が無いことがほとんどであった。絵を描きながら時々その絵について独り言を発するときもあった。ただ、駅名を漢字で書きたいがその漢字が分からない時には、「○○という漢字」という言葉を私に対して発することもあった。漢字が分からないから教えてほしいという意味である。

　Ｓにとっては絵を描くことが彼なりの表現方法の一つであることに気づき、そこからＳとのコミュニケーションの糸口になると思い、Ｓが描いた絵を介して対話することにつながっていった。例えば、Ｓの描いた車の絵などをよく見てみると細部にまでこだわりが見られていた。車は正面部分を描くことが多いが、窓の形やエンブレムなど、また国産車や外国車などのメーカーもおさえて違いを明確にして描いている。車に関する知識は大人以上のものを持っており、実際に道路を通過する車を一瞬見ただけでどの自動車メーカーのどの車種かをズバリ当てることができた。

　そういったことから、私自身も車については詳しくなっていきＳも他の教師と比較し、「こいつは話せるやつだ」という認識を持っていたのかもしれない。見る人が違えば、Ｓの描いた絵は単なる車や電車の絵に見えるかもしれないが、実はＳの描く絵一つひとつにも意味があるということが分かった。

　また、Ｓはパソコンを器用に使いこなすことができ、ローマ字打ちもマスターしていた。支援学級にあるパソコンを使って、自分が好きな車や電車の動画を検索して観ることが大好きであった。授業中にパソコンを使うことは難しかったため、文書記録機能のみが付いているパソコン（電子メモ）を使い、授業中に黒板の文字をノートに書く代わりに電子メモに打ち込むことができた。それまでは授業中に文字を書いたり、黒板の字を写したりということはほとんどなかったが、使い慣れた電子メモを使うと鉛筆よりも素早く書き写すことができた。授業参加を保障する意味では、この電子メモの活用はＳとっては有効的であった。

第4節　Sの変化

(1) 対話の土台となる安心感

　Sの支援担任となり1年が経ち、6年生も引き続き担任することになった。その頃になると、毎日のように自由帳やパソコンといったツールを通してSと「対話」してきたことも影響してか、Sとの信頼関係も構築されつつあった。担任当初のSは、私を含め教師に対して何か要求する際は、言葉ではなく指差しや腕を掴むことで意思表示をしていた。

　例えば、鉛筆を削ってほしいときは私の顔の前に鉛筆を近づける、また給食のパンに添えてあるジャムをかけてほしいときは私にそのジャムを差し出す、欲しいものなどが遠くにある場合はそれに向かって指を差すなど、その要求のほとんどが非言語のものであった。まだ信頼関係が構築されていない時期では、Sの要求に対して言葉で意思表示することを強いても自傷行為に移行するか、パニックになることが多かった。この当時のSにとっては相手に言葉で要求を出すことよりも、要求を受け止めてくれる相手が存在していることのほうが優先的であると捉え、Sの要求を最大限に受け止めることに注力した。

　まずは、自分を分かってくれているという安心感が土台となり、Sが自然と言葉を使うようになることを焦らさずに長期的な視点で関わりを続けた。具体的には、Sの様子をよく観察し、非言語的なコミュニケーションを保障しつつ、Sが持つ言葉で伝えられる場面では言葉で意思表示するように指導した。毎日関わる中で、Sがどのような場面でどのような要求を出すのかが分かるようになり、Sと私との間にも非言語なコミュニケーションが割合を占めてきていた。非言語なコミュニケーションが成立するからこそ、言語的なコミュニケーションの土台となる安心感が生まれてきていると感じていた。

　そこで、毎日のように私に対して出す要求については、少しずつ言葉に出せるように指導した。鉛筆を削ってほしいという要求を出したときは、「削ってください」と言うように指導したところ徐々に言葉で要求することができるようになってきた。また、パンにジャムをかけてほしいという要求のときは、最初から全て言葉で伝えることは難しいため、言葉を区切り少しずつ言えるよう

になっていたのである。最初は、「かけてください」から、「パンにかけてください」へと、そして卒業間際になったころには、一度だけだったが「パンにジャムをかけてください」と言うことができた。

（２）問いかけと意味づけ

　６年生の２学期以降からＳの変化が顕著に表れはじめた。この頃から山や空を見ることが増え、「雲がはやい」「山がよく見えるなぁ」などと景色について独り言ではあるが話すようになっていた。ある時は、天気についてＳと以下のやり取りができるようになった。（Ｔ…著者）

　Ｓ「天気わるいね。」
　Ｔ「なんで天気わるいの？」
　Ｓ「ＰＣで調べてみたら？」
　Ｔ「低気圧のせいだって」
　Ｓ「なんで？夏なのに？夏はスイカ。」

　最後のＳの言葉は一見すると意味不明に思えるが、彼なりの意味を持っていることが見てとれた。時期的にも夏ということもあり、「夏なのに」という返事を返してくれたが、この「なのに」という言葉の中にＳの思考が読み取れる。
　Ｓの中では、夏は天気が良い（晴れが多い）という認識に立っていると仮定すると、パソコンを使って分かった事実と自分の認識にずれが生じていたことによって、この「なのに」という言葉が出てきたのではないかと考える。また、「夏」という言葉から連想して「スイカ」という言葉を発したことも、これまでのＳには見られなかった現象であった。これが健常児であれば、連想しても、それを言葉にすることは稀であると思うが、Ｓはこのころから言葉を使った相手とのコミュニケーションを好むようになり、ある種の遊び的感覚で話しているように思えた。さらに、別の日の天候がおもわしくない時に発したＳの言葉からは、以前に知った言葉を意味づけて適切に使うことができていた。

S「かぜがすごい。」
T「どうしてだろう？」
S「雨がふるから。」
T「どうして雨が降るんだろうね？」
S「低気圧だから。」

　おそらく、低気圧という言葉の真の意味までは理解していないと思うが、「低気圧」と「悪天候」を頭の中で結びつけることができていると言える。このように、Ｓがこのような言葉を発するようになった背景には、Ｓとの「対話」を生み出すためのコミュニケーションを意識的に行っていたことがあった。といっても複雑なことではなく、意識したのはＳが発した言葉に対して「なんで？」や「どうして？」と語りかけることだった。そうすることで、Ｓの発した言葉がその瞬間で消え去っていくものにならず、「なんで？」に対する言葉を生み出すきっかけになり、結果的にＳ君との言語的なコミュニケーションを図ることにつながったのである。

（３）相手への関心
　また、少し時が経った頃、これまで見られなかったＳの変化があった。これまでは私との対話の中でも、相手に関心を寄せるような発言は見られなかったが、ある時に初めて相手を意識した言葉が発せられた。

T「明日の休みはどこかに行くの？」
S「ニトリに買い物。」
T「先生もニトリで布団を買わないといけないなぁ。」
S「先生も一緒についてくるかい？」

　自閉スペクトラム症の多くはその特性からくる社会性の障害を抱えている

が、Sもその例に漏れず友だちや大人に対してはほとんど関心を持つことはなかった。しかし、常に側にいる私という教師を信頼できる存在だと認識することで、相手に関心を抱くということがSの発する言葉から感じ取ることができた。

第5節　Sの文化的発達
（1）言語による自己調整

　担任当初は、私との信頼関係が構築されていないこともあり、私の指示などはSに対してあまり意味を持たなかった。休み時間になると、Sは好きなパソコンを使うことが多く、夢中になりすぎるあまり時間を忘れて没頭してしまう傾向があった。休み時間が終わり、Sにパソコンを閉じるように言っても閉じることができず、無理に閉じさせようとするとパニックを起こしてしまうことも多々あった。事前に休み時間の過ごし方やパソコンを使うときのルールなどをSと一緒に確認したとしても、モノへの執着心が勝ってしまい、自分の意志で物事に区切りをつけるということは非常に難しかった。また、外部からの強制力でSの行動を一時的に止めるだけでは、パニックを引き起こすか、さらなるモノへの執着心を強めてしまうだけであった。

　しかし、ある時、同じようにSがパソコンを使用していた場面での出来事。いつものようにパソコンを使う時間が終わり、いつものようにパソコンを閉じることができない状況になるかと思っていたが、Sの口から「まぁいい、まぁいい。」という言葉が出たと同時に自分でパソコンを閉じることができたのである。

　なぜこのようなことができたのか？要因は2つあると考えた。1つ目は、Sが自分で発した「まぁいい、まぁいい」という言葉そのものである。それまでは、私から指示されてもやめることができず、パニックや自傷行為を起こしていた。しかし、この時には「まぁいい、まぁいい」という言葉によって、自己を調節することができた。つまりこの場面では、パソコンを使いたいが時間になったため一度終わる、というように自分の意志で自分をコントロールすることができたのである。2つ目は、Sと私との信頼関係を土台にした、コミュニケーショ

ンの積み重ねである。Ｓが時間になってもパソコンをやめられずにいた時でさえ、私からＳに対しての働きかけを中断することはなかった。無理矢理に行動を制止させるのではなく、言葉によって今の状況を丁寧にＳに語りかけた。時間を守ることで、好きなパソコンの時間が保障されるということを言葉によって確認することで、Ｓと私との間に交わされた約束をより強固なものにできると信じていた。

さらに、この場面でのＳの発した「まぁいい、まぁいい。」という言葉からは、時間になったから自分のやりたいことを一度中断はするが、また別の時間になったら自分のやりたいことができる保障がある、という≪見通し≫を持つことができたのではないかと考えられる。自閉スペクトラム症の特性として、先の見通しが持てず（想像性の障害）、次への行動に移すことができない場合も多い。Ｓも学校生活のあらゆる場面で、見通しの持ちづらさからパニックになってしまい、同じ場所に留まり続けようとする様子が見られた。その困難さを自らの言葉によって乗り越え、自分の感情をコントロールすることができたということは、Ｓにとって新たな発達の芽が出てきたということとして捉えることができた。

（２）観劇を機に

自発的言語が少ないＳは、これまでの学校生活では「書く」ことを強要されてきていたため、自分の意に反することは何があっても書くことはなかった。電子メモも授業が終わると、自由帳のように絵は描くことはできないが、好きなキャラクターの名前や駅名を打ち込んでいくツールとなっていた。

そんなＳは感想文などを書くことを求められたときは、必ずといってよいほど「楽しかった」と書いた。しかし、これは本心ではない。Ｓを担任した当初からこのように書いていたことから、おそらくこれまで幾度となく感想文の提出を求められ、そのストレスから解放されるための術としてとにかく「楽しかった」と書くことで提出を認められてきたのである。

Ｓはイジメのような重いものも含め、授業の内容にかかわらず、「楽しかっ

た」とだけ書くのであった。つまり、Ｓの目的は感想文を書くことではなく、自分の時間を奪われる（自由帳を描く時間）ことへのストレスから解放されることである。Ｓにとって感想文は、ただ機械的に反射的に書いているだけのものであった。

　しかし、6年生の11月になるとＳの言語的発達を特徴づける出来事があった。学年で劇団四季の観劇に行った時のことである。ただ、Ｓは今まで映画館などの劇場に行ったことがなく、暗い場所や大きな音がする場所が苦手であったため、劇場の中にすら入れないことが予想された。

　だが、その日は落ち着いて自分の座席に座り、騒ぐどころか劇が始まると惹きこまれるように劇を観ている姿があった。初めての劇場にもかかわらず終始食い入るように観ていたことがとても印象的であった。そして、変化はそれに留まらなかったのである。翌日、いつものように自由帳を手にし、いつものように好きな絵を描いていると思っていた。しかし、そこに書かれているのは紛れもない文字であり、そこにはこう書かれていた。

「前回かんどうした」

　書かれた内容は間違いなく、前日に観た劇団四季のことであった。これまでＳが書いたことのないような文面だったため、驚きを感じながらもＳと劇について様々な場面を一緒に振り返った。よほど劇が印象的だったのか、この日はパソコンで劇のホームページを検索したり、パンフレットを見ていたりしていた。Ｓが「感動」という言葉を使ったことはこれまでに一度もなかったが、たったの一行であっても劇を観た感動をどうしても表現したい気持ちがあったのだろう。その気持ちが書き言葉に表れたのだ。

　そして、その翌日や翌々日も、以下の言葉をノートに書いた。
「この前のげきだんしきでかんどうしたのは」
「11／27　劇だんしきでみた」
さらに驚いたのは、劇を見た3日目には同様に、

「前にも劇団見たかな？」
とノートに書いた時、Ｓに対して劇中で一番好きになった登場人物のことについて聞いてみた。すると、おもむろにノートに
「見たけどフォルトゥナータがいちばん好きになっただってかわいいんだもん」
と書いてくれたのである。

　これまでのＳと明らかに違うのは、ノートを開けば好きな絵を描くことがほとんどであったのに対し、観劇を観て自らが感じたことを言葉で表現したということである。しかも、「かんどう（感動）した」という人間の情動面の部分を表現したことはこれまでのＳにとっては飛躍的な発達といえる。前述したように、Ｓの場合、感想文を書くことを求められたとしても、これまでの場合は書かないままか、または機械的・反射的に「たのしかった」と書くだけであった。しかし、この時は誰からも書くことを要求されていないにもかかわらず、自らの言葉で「かんどう」と表現することができたのである。これまでＳと私との間で、「感動」などのような情動面での交流をするという場面はほとんどなかった。

　しかし、ノートに書かれたこの「感動」という言葉から、Ｓと劇について振り返ることができ、共に感動を共有し合うことにつながった。「感動」という言葉でもって、相互にコミュニケーションがとれ、Ｓ自身も自分の感じたこの感動が相手にも伝わったという実感を持てたのではないかと思う。感動というものは、一人で味わうものでもあるが、やはり誰かと共有することでその感動がより膨らんでいくことをＳの言葉を通して再認識することができた。

（３）文化的発達（言語的発達）の背景
　Ｓがこのような文化的発達を示した背景について考えたとき、以下の４点が影響していると思われる。
　１つ目は、日常生活を通した多様な言葉の蓄積である。学校でいえば、私と常にいることで言語的なコミュニケーションが必要とされる環境にあるという

こと。それにより、言葉でのやりとりをするうえで自然と多種多様な言葉を内に溜めこむことができていた。また、日常的にテレビや本などからも言葉に触れていることが言葉の蓄積に関係していると考える。

2つ目は、多様なツールをつかった言語的コミュニケーションである。Sと出会った当初は、自由帳は「絵を描く」という限定された目的のためだけに使われていた。しかし、絵を通して私とのコミュニケーションが生まれ、そこから文字や書き言葉へと発展し、対話の手段としての自由帳へと変化していったのである。また、パソコン（電子メモ）などの機器もSにとっては大切なコミュニケーションツールであり、Sにとっては話し言葉以外の言語表現が保障されていることが文化的発達の要因のひとつだと考えられる。

3つ目は、信頼できる教師との言語的コミュニケーションを重ねてきたことである。これは「対話」とも言い換えることができる。自閉スペクトラム症児の独特な世界観に教師（大人）が入り込み、人との関わりや言葉のやり取りを通して、Sの世界が少しずつ「外」に向かって広がりをみせた。また、Sが持つ独特な世界観を否定することなく受け止めながら、S自身が相手との対話に楽しさや面白さを見出していった。そのようにして、信頼できる教師が側にいたからこそ、その存在が言葉によって表現するためのエネルギーになったと言えるのではないだろうか。

4つ目は、心を揺さぶられた体験を通してその感動を共有できる存在がいたことである。私という存在がその場にいなければ、Sがこのように何度も言葉を書くことは考えられず、自分が感じた感動を共感してくれる相手がいたことで、それがさらに言葉となってあふれ出てきたのである。また、その自分の言葉が相手とのコミュニケーション・相互理解の手段になることをS自身が知り、瞬間的に消え去る言葉にならず、私との言語的コミュニケーションへと発展していったのだと考える。

ヴィゴツキーは障害児の文化的発達について、「健常児のように発達の両局面（自然的発達と文化的発達）は相互に一致、一体にはならない」（ヴィゴツキー、2001, p30）と述べている。また、「障害児の文化的発達が実現するには、

独特の、特別に創り出された文化的形態が必要であることが多い」（ヴィゴツキー、2001, p32）とも述べている。視覚障害者であれば点字、聴覚障害者であれば手話や指文字という表現方法が創り出された。これらの文化的補助体系の利用過程は、通常の文化手段の利用と比較して強い独自性が特徴的である。Sにとって、文化手段は先に述べたような絵やパソコンの文字、独特の言い回しなどに代表されるS独自のコミュニケーション方法であった。

第6節　対話による言語発達と概念形成の関係性

　これまで、Sの言語発達の変化について主な事例をいくつか挙げて述べてきた。最後に、対話による言語発達と概念形成の関係性について述べたい。Sの変化を捉える前提として、言語発達と概念形成を切り離すことはできないと考えた。なぜなら、ヴィゴツキーは著書『思考と言語』のなかで、「概念は言葉なしにはあり得ず、概念的思考は言語的思考なしには不可能である」と述べ、概念形成の過程の本質的な要素は、「言葉の機能的使用」とも述べている。

　私なりにヴィゴツキーの理論とSの変化を結びつけたとき、Sが自己をコントロールするための言葉や、心の動きを表すための言葉に代表される数々の言葉の使用は、概念形成の手段として重要な意味を持っていたということが考えられる。また、それらは私とSとの「対話」という形式の言語的コミュニケーションによってもたらされたと考えている。そのことに関連して、ヴィゴツキーは子どもと大人との言語的コミュニケーションについて以下のように捉えている。

　　単語の意味と広がりの転移と方向は、子どもの周りの人々によって、かれらの言語的コミュニケーションの過程で子どもに与えられる（ヴィゴツキー, 2006, p185）
　　言葉は、それが発達する最初の日から、子どもと大人との間のコミュニケーション・相互理解の手段である（ヴィゴツキー, 2006, p186）
　　大人との言語的コミュニケーションは、子どもの概念発達の強力な原動力、

強力な要因となる（ヴィゴツキー, 2001, p187）
（『思考と言語』より）

　つまり、ヴィゴツキーの理論からは、子どもと大人との言語的コミュニケーションは子どもの概念形成や言語発達に必要不可欠なものであるということが読み取れる。このことについては、私との言語的コミュニケーションを繰り返すなかで、Ｓの言語活動が盛んになり、Ｓの概念発達にも影響を及ぼしたことと関係が密接であるといえる。観劇で心を揺れ動かされたことを「かんどうした」という極めて抽象的な言葉として表出させ、私とその感動を言葉で共有することにつながったのである。

　そして私がＳとのかかわりの中で大切にしてきた「対話」という営みは、ヴィゴツキーの理論に対応する実践と位置づけられる。私との言語的コミュニケーションを繰り返すなかで、Ｓの言語活動が盛んになり、Ｓの概念発達にも影響を及ぼしたのである。こ自閉スペクトラム症という社会性の困難さを持つＳを真正面から受け止め、私自身もＳが持つ独特の世界観に魅了され、互いに言語的コミュニケーションを確立する中でこの「対話」としての教育実践は生まれた。私にとってヴィゴツキーの理論との出会いはこうした教育実践の創造を支えてくれるものであった。

第7節　跳び箱運動で感じたＳの本当の願い

（１）運動嫌いのＳ

　言語面で目覚ましい変化を見せたＳであるが、運動面でも周りを驚かせる変化を見せていたのである。

　もともとＳは運動自体が苦手でとても嫌いであった。障害の特性上、身体コントロールにぎこちなさも持ち合わせていたため、運動嫌いに拍車をかけていた。体育の時間になると体操服に着替えることを拒み、教室から出ようとしないことは日常茶飯事であった。体育の授業に参加できたとしても、他の子どもたちとは異なる課題に取り組むことが多く、Ｓが少しでも運動に前向きになれ

るような教材などを日々模索していた。

（2）跳び箱運動との出会い
　Sが苦手な運動という分野において、Sが夢中になれる教材をどのように創造するか模索していた頃、跳び箱運動の授業が始まった。すると、この跳び箱運動の授業でSの発達要求を見出すことができたのである。Sは普段の体育の授業ではすぐに座り込んでしまうことが多かったが、この跳び箱運動では初回からいつもと様子が違った。クラスの子どもたちが並んでいる列に同じように並び、自分の順番を心待ちにしているS。自分の順番が来ると、跳び箱の前まで歩いていきロイター板に乗り、両手を跳び箱の上に置いて、次に足をかけてゆっくりと跳び箱の上にのぼり始めた。ついには、跳び箱の上に両足で立つところまで自分の力で出来たことに私もクラスの子どもたちも驚きを隠せずにはいなかった。
　するとSはだまって私のほうに両手を伸ばし、「手をにぎって」の合図を出した。補助を求めるとともに、ここからジャンプしたいという合図でもあった。そして、教師のかけ声に合わせてジャンプすると、Sは「ブワーッ！」といいながらなんとも楽しそうにマットの上に着地した。その後、すぐに立ち上がりまた別の跳び箱の列へ走って並び、この日は一度も座り込むことなく、時間になるまで何度も跳び箱の上に乗ってジャンプする運動を繰り返した。授業の終盤には、補助なしで5段の高さからジャンプまでして見せた。体育の授業で初めて見た生き生きしたSの姿は今でも忘れられない。

（3）教師が手を取るなかでSに芽生えた力
　体育の授業後、支援学級に跳び箱を用意し、繰り返し取り組んだ。初回の授業では主に跳び箱の上から「跳び降り」ていた。しかし、跳び箱運動には「跳び乗る」という側面もあり、「跳び乗る」、「跳び降りる」一連の動きを味わって、達成感も感じてほしいという私の思いも当時あった。練習を始めた当初は、Sのひざ下よりも低い跳び箱でも目の前で跳び乗ることを躊躇し、固まっていた。

教師がSの両手を握り、跳び乗るタイミングを声に出して、跳び箱の上に跳び乗った。教師が手を握り、タイミングを合わせることで、Sがそれに合わせて「ぶわーっ」と声を出すようになってきた。教師と手を取り合って跳ぶという感覚がSの中で心地よく感じてきた様子があり、跳び箱から跳び下りる際にも教師の手を握り、タイミングを合わせて跳び下りることを何度も繰り返した。

(4) 葛藤するなかで発揮した力

　支援学級での練習を経たうえで、クラスでの跳び箱の授業をむかえた。クラスの授業では、跳び箱の段数が高くなっていたこともあり、支援学級での練習よりも少し難易度も上がっていた。跳び箱の上に跳び乗った時、Sが「こわいよー」と声を出した。Sは初めてのことに対して不安や恐怖を感じやすく、パニックにも陥ることも多い。今までのSであればその場から逃げ出していたかもしれないが、この時は落ち着いた状態であった。怖さもあるが、それ以上に跳び降りたい、跳び下りるときの喜びを得たいという感情も揺れ動いているように見えた。教師の手を握り、「3・2・1」とタイミングを合わせ、Sは跳び下りた。怖さを乗り越え、1人では跳び下りることはできないが、教師の手を借りることで、跳び箱の上から跳び下りることができた。

　この日授業の最後には発表会と称して、クラスの友だちの前で一人ずつ跳び箱を跳ぶ時間が設けられた。普段のSであれば、そもそも参加できるかどうか分からない時間だが、その日のその時間にSの姿があった。Sはこれまでの練習通り教師の手を求めるかと思ったが、この時は違った。Sは言葉でうまく表現できていないが、必死に要求を出している。段数を下げてほしいという要求だった。教師に手を差し伸べられる前に自分で要求を出したのである。しかもその要求とは、自分の力で跳び乗ることができる段の高さへの変更であった。Sが要求したように、跳び箱の段数を変えた瞬間、Sは言い放った。

　「これならいける…！」

　その言葉を静かに放った瞬間、見事に自分の力で跳び箱を乗り越えていった。教師と2人での練習では、跳び箱を跳び乗るところから跳び降りるまで手を添

えていたが、この瞬間は教師の手を借りることなく最後まで自分の力でやりぬいたのである。その瞬間をクラスの友だち全員が目の当たりにして、その場が大きな拍手と歓声で包まれた。

（5）跳び箱運動から見えた発達の最近接領域

　Sがこの時に見せた成長にかんして、私は特別な教材を準備したということはなかった。支援学級での練習の際に、Sの力に応じた高さの跳び箱や段を準備したという程度である。では、Sのこの変化はどのようなことに起因しているのか。それはヴィゴツキーが提唱する「発達の最近接領域」と照らし合わせると説明がつくだろう。

　まず、S自身が持つ身体的特徴として、ジャンプが好きであるという面があった。階段の最後の段になると、そこから両足で跳び降りる場面が度々あった。今回の跳び箱についても最初は跳び降りるというところから始まり、Sがもともと持っていた力をうまく跳び箱が引き出してくれていた。そこに、「跳び乗る」という新たな動きが加わったが自分1人の力ではうまくできない。そこで私という支援する存在がおり、Sの近い将来身につくであろう新たな動きを引き出す手助けをし、何度もその動きを練習していく中でSは自分1人でできる力を蓄えていたと言える。そして、その力がクラスの友だちの前で発揮されたことは、これまでがんばって練習に取り組んできたS自身にとっても喜ばしいことであっただろう。

第8節　Sの願いが生み出した発達の回り道

　発達の最近接領域は障害の有無にかかわらず、全ての子どもたちが発達において考慮すべき重要な理論だと言えるが、その道筋は健常児と障害児で全く同じであるわけではない。そのことについて、ヴィゴツキーの理論になぞらえて障害の二面的性質から考えたい。

　障害は、一方では発達のマイナス面（障害）であり、他方ではその障害が困難を生み出すが故の前進への高揚と強化の促進というプラス面（補償）がある。

つまり、すべての障害は補償を形成するための刺激を作り出すと考えられる。これまで述べてきたSの発達の原動力となっていたものは、Sの障害特性である社会性・創造力の欠如による自身の困難に向き合った際に起きた、願いと現実とのギャップによる葛藤であったと考える。アドラーの「補償」の概念を借りると、人とのコミュニケーションによる心の充実や、身体的活動による感覚的な心地よさを感じたい、また得たいというSの願いが新しい発達の道筋を生み出したのである。Sにおいては自然的発達と文化的発達の両局面が健常児のような形で相互に一致するのではなく、文化的発達を遂げるために健常児とは異なる「回り道」をしながら独自の発達を遂げていたといえる。

第9節　おわりに
（1）信頼関係に基づくコミュニケーションの重要性

　前述したように、自閉スペクトラム症という障害特性が研究されるようになったのは、ヴィゴツキー没後のことである。しかし、ヴィゴツキーが述べている障害児の独自の文化的発達の形態、子ども自身がその障害に直面するがゆえに生まれる葛藤をエネルギーの源にしていることなど、Sにも当てはまることが数多く見受けられた。

　自閉スペクトラム症という特性上、人と信頼関係を上手く構築できないがゆえに、様々な困難を抱えている子どもは数多くいる。本章に登場したSもその例に漏れず、人とコミュニケーションが取れずにあらゆる場面で困難が生じていた。しかし、それはあくまで特性であり、「人と関わりたい」という願いを根底では持っていることを私はSから教わった。言語面や運動面の発達を示しながら述べてきた事例それぞれが発達の最近接領域と深く関わっていることは疑う余地はないが、私個人の考えとしては決してそれだけではSの発達を説明することはできない。

　自閉スペクトラム症の特性の1つにコミュニケーションの障害があるが、それは目に見える障害ではなく、このように接すればコミュニケーションをとることができるというものではない。特に言葉による整理が難しいSにとっては、

言葉だけに頼るコミュニケーションではさらに心が離れていくように感じた。そのため、先の見通しを持ちやすくなるよう視覚的な支援を用意したり、安心して行動ができるように周辺環境をＳにとって最適なものにしたり（場の構造化）とあらゆるコミュニケーション方法を模索する必要があった。

（２）信頼関係を構築することが文化的発達の回り道に繋がった

　しかし、自閉スペクトラム症の特性として挙げられる事例や支援策がＳにすべて当てはまるものではない。言葉や文字で理解しにくい場合、絵や写真などで理解を助けるために視覚支援があるが、Ｓにとっては「理解させられる」ツール（絵や写真）に映り、信頼関係の土台が無い状態では支援の策も空振りするだけであった。Ｓのこれまでの学校生活においては、教師の意図を理解することを求められ続けてきた。Ｓには教師の意図を理解する必然性がないということも大きいが、Ｓが教師に自分の意図を理解してもらった経験が極端に少なかったということがＳの根底にはあった。Ｓの場合、自分を理解してくれているという安心感が相手と信頼関係を築くうえで大変重要な要素となっていた。

　本章で強く主張したいのは、子どもと教師との強い結びつき、つまり教師との信頼関係がその子どもの発達に大きな影響を及ぼすということである。特に、人との信頼関係を築きづらい特性を持つ子どもや、これまで自分の願いや要求をすくい取ってもらった経験がない子どもにとって、信頼関係の土台は自分を理解してくれているという安心感であると強く思う。

　盲児や聾唖児にとって、点字や手話が文化的発達の生理学的回り道であることを「はじめに」で述べた。今、自閉スペクトラム症の人に対しての支援方法や事例が多数存在しており、また社会的にも自閉スペクトラム症の認知度が高まり、学校現場以外でも自閉スペクトラム症の人と接点を持つことが今後さらに増えると考えられる。自閉スペクトラム症の障害特性や支援方法を知っていることはとても重要だが、大前提として、全ての人は誰かを必要としており、人との関わりの中で文化的な発達を遂げていく。その発達は目には見えにくいものである。しかし、私がＳとの信頼関係の構築に全力を注いだことによって

Sが文化的発達を遂げることができたように、遠回りをすることはあっても誰もが人とのかかわりの中で自分なりの文化的発達を遂げていくと心から信じている。

　つまり、自閉スペクトラム症児にとっての文化的発達の回り道は、自分の心の支えとして存在する「人」である。心の支えとなる「人」との信頼関係の中で、新たな発達の道筋が切り開かれるのである。

（笹田哲平）

注　本稿では、障害の「害」の字について医学用語・学術用語等の専門用語として漢字使用が適当なため、ひらがなの「がい」ではなく漢字で表記している。

参考文献
- アメリカ精神医学会（2023）『DSM-5-TR　精神疾患の診断・統計マニュアル』髙橋三郎・大野裕（監訳）医学書院
- 学校体育研究同志会（2019）「S君との1年間」全国研究大会　障害児体育分科会　提案集
- 白石正久・東京知的障害児研究会（2006）『自閉スペクトラム症児の理解と授業づくり』全障研出版部
- ヴィゴツキー学増刊第1号（2021）ヴィゴツキー学協会
- ヴィゴツキー,L.S.（2006）『思考と言語』柴田義松（訳）新読書社
- ヴィゴツキー,L.S.（2001）『障害児発達・教育論集』柴田義松・宮坂琇子（訳）新読書社
- 岡花祈一郎・七木田敦（2009）「ヴィゴツキー発達論における障害学研究の位置づけ」『ヴィゴツキー学第10巻（最終巻）』ヴィゴツキー学協会

第3部　中学校の実践

はじめに―この部の年齢期と新形成物と ZPD

　思春期の新形成物は、「思春期の第一の相（危機期）」では、古い興味の死滅と情熱の成熟が原因となり、第二反抗期となり、分裂的傾向（схиник）も生じる。この思春期の第一の相は、日本の学齢期では中学校に概ね中学校時代に充てることができる。

　この過程の中では、知的作業の生産性の低下が生じる一方で、外言の発達による心的体験の意識化や内言の発達による内面の深まりが進行する。直観性から理解と演繹への転換も課題となる。

　この時期に弁証法的には「対他から対自への関係性」の変革が焦点となる。また、ヴィゴツキーの概念生成上の位置づけは、相5（擬概念的複合の時期）でもある。それは、複合的思考と概念的思考の連結環であり、科学的概念の門としての次の時期の自覚と制御へとつながる時期でもある。

（村田純一）

第1章　生徒が主体的に学ぶ協同学習と『発達の最近接領域』を織り交ぜた中学校英語の工夫

第1節　はじめに

　私が先生になりたいと思ったのは、中学3年生の夏。担任の先生が一生懸命に体育大会を楽しむ姿を見て、「こんなにやりがいがあって、人のためにできる職業は教師しかない。」と強く思ったのを今でも覚えている。あの日から今日まで、多くの挫折を味わった。しかし、その挫折体験こそが私の人生を豊かにし、一人の教師として、一人の人間として、生徒から信頼される要因になったと信じたい。ヴィゴツキーにおける「発達の最近接領域」の授業実践より前に少し、私の教師人生を豊かにしてくれた経験を紹介したい。

　母の永眠は、私の人生観を大きく変えることとなった。教員採用試験が始まる半年前に、母はこの世を去った。当時、私は母の病に悩み、全身が脱毛する病気になった。その後、「身近な人の1人も守れなかった人間に、教員になる資格はない。」と内言が呟くようになってから、大学を1ヶ月ほど不登校になった。教員採用試験まで1ヵ月になった時に、支えてくれた仲間の一言が私の情動を揺さぶった。「そんだけ悩んで、そんだけ苦しんで、それでも前を向いて頑張ろうとしている高瀬は、絶対に良い先生になれる。高瀬みたいな人が先生になったら、悩んでいる生徒の話を親身に聞いてくれる姿が想像できるから。高瀬の共感性は子どもを救う力がある。」その言葉を胸に刻み、当時高校教員を目指していた私は、義務教育期間にあたる多感な中学生が家庭の事情などで悩んでいる時、その子達の心の支えになれることを願い、中学校教員へと志望を変えた。また、「優しい子に育ってくれてありがとう。」という母の遺言を糧にして、教師を頑張ろうと決心した。父からも「あんたの親で幸せや。」と言われた。溢れるほどの愛を親からもらった私は、今まで受け取った愛をこれから出会う子どもたちに伝えることを信念として生きていくことを決めた。

　これらの経験があるから、生徒に伝えられる言葉がある。先生の夢は何かと尋ねられた時に「あなたたちに出会い、あなたたちの夢を叶えること」と答え

ることができる。母の死がなければ、高校の教員を目指したままで、今目の前にいる子どもたちに出会うことができなかったのは事実である。この言葉に出会い、伝えていくことで、子ども達自身はなりたい自分を考え、その夢を叶えるために努力することの大切さを私から学んでくれている。精神間機能から精神内機能へ、あるいは即自→対他→対自というヴィゴツキーの人格発達の図式は夢を叶えることの重要性を相互に学ぶ私と子ども達の姿に当てはまるのではないだろうか。

　運よく教員採用試験に合格した後、順風満帆な教員生活であったといえば、大きな嘘になる。人生は挫折の連続という本田圭佑選手の言葉は、私にも当てはまる。今年で教員8年目だが、教師を辞めたいと思うようなことが多々起きる。下記は、その事案のまとめである。

1年目…「このままじゃ授業崩壊する」と言われる。この言葉をバネに新英語教育研究会で学ぶ
2年目…100連勤ほどの後、40度近い高熱が5日間続き、「心臓が腫れている」と診断される
3年目…小中一貫学校の8年から9年へ上がれず、前期課程へ異動。9年に「裏切者」と言われる
4年目…プール指導の際に、塩素の塊が目に入る。「目の表面が溶けている」と診断される
5年目…宿泊学習中に、父からの電話に出られず。その連絡が、父が亡くなる前日の連絡だった
6年目…ストレスのあまり、帯状疱疹を患う
7年目…打撲による腱鞘炎。完治に1年かかり、毎日手首を使う職業として常に激痛を我慢する
8年目…希望の担任を外れる。

　多くの苦しい経験が続くと教師を辞めたくなることもあるが、卒業生からの

手紙を読み返すと、辞めずに頑張って良かったと思える。教師は教えることよりも多くのことを生徒から学ぶと言われるが、その言葉通り、私が教えた以上の大切なものを生徒たちから学ぶことができた。

「先生に出会えたから人生変わった」・「先生が担任でほんまに良かった」・「みんな、先生のことが大好きです。とても感謝しています」「自主勉ノートの先生からのコメント、今でも読み返してる。人生の糧にしています」・「先生は、私たちのことをすごい良くおもってくれてたし、先生と過ごした時間はめっちゃーたのしかった（うそ）」・「最後に３年間ありがとうございました。先生が最後の授業をしてくれた時、先生は小さいままで、私らの体が大きくなってることを感じて少しおもろかったのはおいといて、教わったことはちゃんと覚えときます！」・「先生が高校に来てくれたらなぁ。また会いに行くな！」・「私の夢を応援してくれて本当にありがとう。夢、叶えます」・「先生は自分が気付くずっとずっと前から支えてくれていました。本当に感謝でしかありません」・「先生の一生懸命さはみんなに伝わっているから。私たちも高校で頑張るね」

生徒たちから勇気づけられた経験は私の人生の宝である。子どもたちの言葉はまた、私の情動を揺さぶり、私の教師人生を豊かにしてくれる。

第２節 「発達の最近接領域」はどう発生するか

右図のように、事柄を
① …１人でできる
② …１人ではできないが、助けがあればできる
③ …助けがあっても１人でできない

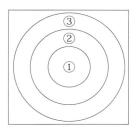

の３種類に分け、②を「発達の最近接領域」と位置付ける場合、教師は明確な目標な設定し、目の前の生徒がどのような声掛けで「発達の最近接領域」に誘わ

れるかを適切に判断しなければならない。授業を豊かな学びの場にするためには、机間巡視や協同的な学習の場面から生徒の声を拾い上げ、「発達の最近接領域」に近づけるような声掛けをすることが大切である。

また、教育現場は子どもたちの日々の発達の場である。「発達の最近接領域」は一時的に生じるのではなく、連続性を帯びて積み重なっていき、子どもたちを連鎖的に発達させ、広がり続ける概念的存在だと考えられる。上図では②を「発達の最近接領域」として説明したが、時間の経過に伴って、③であったことが②に変わり、②だったものが①へと変わっていく（下図）。このように「発達の最近接領域」のダイナミックかつ連鎖的発達が、人とのかかわりの重要性を示している。

しかし、下図のような連鎖的発達が常に起こり続けるとは限らない。資料１村田純一先生の表にあるように、中学生は12歳の危機をむかえ、概念的思考

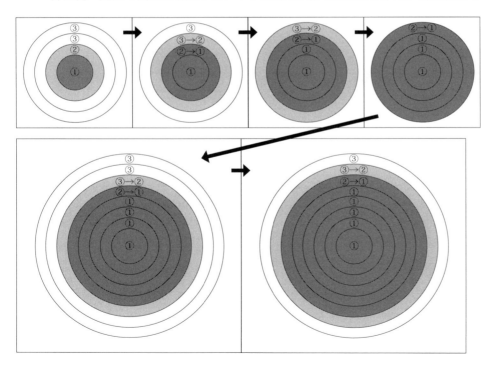

を習得する時期に差し掛かる。しかし、発達とは均一かつ一律に起きるものではなく、個々によって差がある。例えば、中学校英語では 12・13 歳にさしかかる 1 年生の段階で三人称単数現在を文法事項で学ぶが、概念的思考を習得していない生徒(スローラーナーともいわれる)がこれを習得することは非常に難しい。なぜなら、具体的な概念から共通点をみつける、つまり点と点を線につなげる思考能力が身についてない段階では、このパターンはこれ、このパターンはあれだという判断ができないからである。

このように、概念的思考を習得している生徒としていない生徒がいる中では、学習者全員が三人称単数現在を習得できるような課題を設定するのではなく、子どもたち一人ひとりに寄り添いながら「発達の最近接領域」の課題を設定すべきである。

子どもたちが安心して「わからない」と言える環境を作ること。そして「わからない」と言えた子が、先生やクラスの仲間から「ここ(この問題)ならできるよ、一緒に考えてみよう」と助けられ、授業の中でダイナミックに「発達の最近接領域」が出現することが理想的だと言えよう。

それを可能にする授業実践の 1 つとして、協同学習がある。

協同学習の歴史はそれほど長くなく、近年になってようやく着目されてきた。教師からの一斉授業が主流だった時代から、子どもたちが主体的に学ぶ授業へと舵を切る時代になったと言えよう。協同学習は、「共同学習・協働学習・協調学習」と書かれることがある。どの学習であれ、学習者が幸せな人生を歩めるよう、さらには、他者を尊重する態度が身につくよう、私たち教員と学習者が肩を組みながら、生涯にわたって学んでいける自律した学習者としての人格の完成を誘う様々な授業実践が報告され、修練されてきた。

それらの協同学習の実践の体験例を、後の章で取り上げると共に、どの瞬間で学習者が「発達の最近接領域」に近づいていったのかをまとめる。

第3節　発達の最近接領域の「協同学習」の英語実践

（1）協同学習を通じて、仲間を「発達の最近接領域」に導いてくれるＡ

　教員１年目に、中学校１年生を担当することになった。教員になりたての私は、授業の組み立て方がさっぱりわからなかった。「授業の最後に○○の文法を活用できるようになるために、英語で自己表現させたい」といったように、ゴールを意識したバックワードデザインで授業を作ることができていなかった。最初に○○をして、次に△△をして…。次にどうしよう…。このような迷いのまま授業が始まって、授業がうまくいくわけがなかった。失敗ばかりの日々に苛立ち、子どもたちにあたってしまったこともある。

　「変わることができるのは自分から。今日この瞬間から、変わることができる」というアドラーの言葉に出会い、夏休みは１学期の反省を生かすために学習会に参加し、授業実践を学んだ。同僚の先生が発表されるということで、新英語教育研究会の全国大会にも参加し、協同学習の実践を学ぶことができた。また、多くの教育書を読んで、人生の先輩方の悩みや成功談を自分の人生に生かそうと努力した。この時に読んだ「成長する英語教師をめざして」（柳瀬陽介・組田幸一郎・奥住桂著、2011、ひつじ書房）と「英語教師は楽しい」（柳瀬陽介・組田幸一郎・奥住桂著、2014、ひつじ書房）の２冊は今でも教師としての技量を高めるために読み返している。

　まずは２学期になり、さっそく協同学習の実践を取り組んだ。１回目の授業で、立候補や推薦などを募って、クラスをペア・リーダーとペア・パートナーに分けた。２回目の授業では、一緒に学習をしたい相手の希望を聞き、リーダーとパートナーのペアを完成させた。３回目以降は、このペアでの学習が中心となって協同学習を進めるのである。

　協同学習が始まると、活気のなかったクラスが甦り、生き生きとした子どもたちの「学びたい」という姿勢が見られるようになった感動は今も忘れられない。「何よりも私たちのためを思って悩んで、行動してくれたのは先生だと思いました。先生の授業めっちゃ楽しかったで。教えることも、仲間と共に学ぶことの楽しさを教えてくれたのも先生です。」という手紙をくれたＡも、協同

学習を通じて成長した生徒の一人である。
　Aは明るい性格でクラスの中心的存在だが、時にはクラスの仲間の友人の点数をみて「お前〇〇点しか取れてないアホやん」などと、人を傷つけるような発言をする一面もあった。しかし、協同学習の後のアンケートでは「昔は人の点数を見て笑っていた自分がいたけど、ペア・リーダーになって、他の人と一緒に勉強すると、分からない人の気持ちにならないと分からないことがあることが分かった。教えたことが分かってくれると、こっちもうれしいってなって、教えた自分自身ももっと分かるようになるから、ペア学習は続けてほしい。」と答えてくれた。一度、仲間に教えることの楽しさに気付いたAは仲間とともに学ぶとき、ペアやクラスの仲間を「発達の最近接領域」へと誘ってくれる。

　A 「どこで手が止まってるん？」
　S1「進行形ってなに」
　A 「先生が俳句で言ってたやん。『進行形　be動詞足す　アイエヌジー』」
　S1「そんなん聞いてない。」
　A 「どこの問題なん？」
　S1「この（　）の問題。isのあとのplayってどうなるん？さっき言ってたアイエヌジーなん？」
　A 「ばっちり！そのアイエヌジーが進行形のポイントやねんで」
（この後、S1のプリントが埋まりだす）
　S2「高瀬先生の俳句とか教えてくれんの、しょうもなさすぎて逆に覚えてまうわ〜」
　A 「分かる〜。ちゃんとスベるけど、ちゃんと脳に焼き付けてくれる感すごいわ〜」
　私 「後ろからこそっと会話聞いてたら、私の悪口ですか…」
　A 「ごめんなさい。でもS1もアイエヌジーがポイントなの分かるようになったんやで」

この会話の場面は、一人ではできなかったS1がAの助けによりできるようになった、「発達の最近接領域」に触れた瞬間であった。

（２）学びを諦めなかったB
　教員として３年目をむかえ、試行錯誤しながら色々なことに挑戦してきた私は、「学び合い」の実践に取り組んだ。「『学び合い』入門」（西川純、2014、明治図書）を参考に、一人も見捨てない授業を試みた。ただ、授業すべての時間を「学び合い」に使わず、20分程度の時間の中で、学習者が主体的に学びに取り組む実践を行った。ルールは次のとおりである。
　与えられた課題をクリアできた生徒は、黒板に貼られている自分のネームプレートを「できていない」の所から「できた」の所に動かす。その生徒は、自分で新たな課題に取り組むか、「できていない」の所に名前がある生徒に教えに行くか、どちらかを選ぶ。時間内に全ての生徒が「できた」になることを目指す。
　この実践を通じて、私はBから多くの実践の示唆を受けることができた。Bは家庭が複雑で、暗い顔をして登校してくる日が少なくなかった。ある日、授業開始の挨拶時から起立をせずに、机に伏せたままで、授業で毎回行っているBINGOと小テストは全く手に付けず10分が経過した。新出単語をペアと協力しながら覚えていく時間も机に伏せた状態で時間が経過した。授業の途中で

　私　「しんどそうやけど、どうしたん？」
　B　「人生だるい。なんか色々考えすぎた。」

という会話をしたので、寝ているわけではない。私に甘えたいところもあったのか、辛いことをアピールしたかったのが分かった。
　最後の「学び合い」の時間になった。私が現在完了形の文法を説明したあと、与えられた課題に生徒たちが取り組んでいく。この授業の終わりはどうなるのだろうと不安を感じた。最後にBの名前だけ「できていない」のところに貼られている状況で、私はどのような話をすればよいのか。「学び合い」が達成で

きなかったことをBは重く受けすぎて、この件までも考えすぎることになるのではないか。しかし、その不安は良い意味で子どもたちが裏切ってくれる。

S1「また、つらいことあったんやな」
B 「（机に伏せながら）うん」
S1「この時間だけでも、何もかも忘れてこのプリントやろ。大事なとこ確認しよ」
B 「先生の声だけ聞いてて、プリントできるやろ思ったらできひんかった。もう無理」
S1「まだ時間あるって」
B 「完了形とか何なん。そんなん完了形とかいう言葉も知らんのにできんわ」
S1「ここの俳句のとこ『完了形　have has　プラス　過去分詞』これがポイントな」
B 「そうなん。やりきれんかったら…ごめん、頑張ってみるわ」
（この後、S1が健気に問題を解説する。Bは課題をすべて終わらせた）
B 「先生見て！今日もまた全問正解したで。切り替えて頑張ったやろ」

この場面でも、無気力であったBがS1による助けのおかげで、「発達の最近接領域」へと誘われたといっても過言ではないだろう。授業終了のあいさつでBが満面の笑みを浮かべていたことに、教育のおもろしさを気づかせてくれる瞬間であった。授業アンケートでは

高瀬先生は自分にとって大切な存在で、ダメだと思ったときや苦しんでいるところを優しい言葉で助けてくれました。この3年間で自分は変われた気がします。その支えになってくれた一人が先生です…（略）感謝だけでなく謝罪もあります。色々と迷惑をかけ、言われても聞かず失礼な態度をとり、本当にダメだったと思いますごめんなさい。そんなことがあっても、

こんな自分に声をかけ続けてくれてなんとかしようと考えてくれたことはすごくありがたかったです。これらのことは先生だからのことであって、出会えてよかった。あ、あと、アイコンタクトでたまに見てくれていたのも気付いてました。うれしかったです。

S1 と B のやりとりのことだろうとすぐに分かった。思春期真っ只中の子どもたちから、このような言葉をもらえることは感無量で、目頭が熱くなる。

（3）「0 と 1 の違い」を学んだ C

教員として 5 年目に、後期課程の中学校 2、3 年の授業を受け持つことになった。小中一貫義務教育学校であったため、中学生 2、3 年生の子たちはある程度顔なじみであった。2 年生の C は、小学校時代から遅刻してきて当たり前で、後期課程に進級して部活動を始めたものの、中学 1 年生の時は週に 1、2 度しか来ることができなかった。英語の学習においては、i と l が混同しているなどアルファベット 26 文字を獲得しておらず、α と a が同じ文字と認識できず、ノートやプリントの 4 本線に合わせて英文が書けないことがすぐに分かった。その年度は、私自身が C から学べることは何かを注意深く考え、C が主体的に学習に取り組める工夫は何だろうと意識して授業を作った。C は、1 番頑張ったのは BINGO と小テストだと述べている。

協同学習の工夫の 1 つとして、毎日の授業で BINGO と小テストを実施した。定期テスト範囲内の新出単語を 5×5 マスの BINGO 用紙に記入し、BINGO になるかを楽しむ。それらの 25 語句の中から 10 問のスペリングの問題を出し、必ずペアでお互いの採点をする。この時大事なルールとして

① 満点を取ることが全てではない。
② 自分が何点取るかを目指して努力するその過程が大事
③ お互いが高め合える関係であること。
④ 目標の点数が達成できたペアに「おめでとう」、達成できなくても「次はできる」と鼓舞すること

の4つを約束した。Cは最初から0点の連続だった。

私 「0点ばっかりって辛いよな。私も悲しい」
C 「アルファベットも分からんのに、10個もテストさせる先生きらい」
私 「きらいかぁ。せやなぁ。1点でも良いから。1つでも覚えて、Cの小テストに〇が付くのを見たい。それは私にとってCにとっての満点って今決めた」
C 「1点だけで良いの？」
私 「1回だけじゃないよ。でも1点だけで良い。それを卒業まで続けること。できそう？」
C 「分かった。やってみる」

その後、Cは1点を何度か取ることができた。その時のペアの声掛けが素晴らしかった。

S1「アルファベット無理言うてたのに、〇がつくようなったやん！努力したんやね」

そこからCは、簡単な語句が多いときは2点、3点と点数を伸ばすことができるようになった。その成長はBINGOの小テストだけにとどまらず、卒業前には協同学習で取り組んでいる英語の暗唱課題は必ず達成できるようになり、インフォメーションギャップ活動を活用したアクティビティでは、誰よりも楽しんで英語表現に取り組んでいた。

Cの「発達の最近接領域」はBINGOの小テストにあったのではないだろうか。学習に関しては無気力であったCが、私と1点でもいいから取ろうと約束したことや、仲間から勇気づけられたことによって、次も頑張りたいと動機づけられたと考えられる。「発達の最近接領域」における、仲間の協力を得てできたと思える日々の経験が、他の学習に影響を及ぼし、学習全体の動機づけが高く

なったと言えるではないだろうか。
　そんなCが卒業前に、社会科の授業で担任の先生向けのビデオメッセージを作って、このように述べてくれた。

　高瀬先生と出会わなかった人生が考えられないくらい、中学校生活楽しかったです。部活も辞めかけた時あったけど、先生が支えてくれて最後まで頑張ることできました。最後の引退試合のとき、私のプレーで先生泣いてたもんな。それくらい、私のことを思ってくれたこと伝わりました。勉強面でも、何事にも逃げてた自分に声をかけてくれたん今も覚えてる。ノートも文字も書けなくて、小テストの1点も取れなかった私やったけど、先生とか友達が助けてくれて、少しだけでもできるようになれた気がする。あのまま、0点取り続けるのと、1点でも取り続けるのは全然ちゃうって、今になって分かった。今ではちょっとだけやけど、勉強頑張ろうって自信ついた。次に約束した、高校を3年間で卒業するって話、絶対に守るから。また、先生と同じ高校でバスケして、英語教えてくれたらなぁ。うそうそ、でもまた先生に会いに行く！

　このような言葉に出会い、私の教師としての「発達の最近接領域」が広がった気がした。

（4）学ぶことの楽しさに気付いたD
　教員として8年目にあたる今年、中学1年生と3年生の英語の授業を受け持つことになった。学習指導要領が改訂され、中学生の習得語彙数が1,200語程度から2,500語程度になり、教科書はbe動詞と一般動詞の疑問文を同じ項目で学ぶ仕組みになり（私の現場ではこれをAre you~?Do you~? 問題と名付けている）、小学校で既習事項として習っている単語と中学校で新出単語として習う単語の語句数を数えると、新出単語が見開き2ページに30～40語句もあり、詰め込み教育の全盛期という言葉はあながち間違いではない。

それでも私たちは、子どもたちの心に寄り添い、学ぶことの楽しさを分かち合い、増える語彙や文法事項を子どもたちと共に共に乗り越えていかなければならない。新しい教科書の取り扱いに四苦八苦するさなか、突如として「発達の最近接領域」に誘われたDとの出会いがあった。

　今年度は、学習指導要領が変わる前と同じくらいにアルファベットを覚える時間を多く設け、丁寧に扱った。それでもDは、アルファベットの習得に苦労が多かった。D自身がアルファベットを覚えられないことにイラつき、周りの友人にあたってしまったこともあった。

　私　「なんでイラついてS1さんに当たってしまったんかなぁ」
　D　「アルファベット難しい。みんなは覚えてるのに私なんでできひんねん」
　私　「得意不得意はだれでもある。でもさ、アルファベット覚えたいっていう強い気持ちがあることは私にとても伝わった。それだけで私は嬉しかった。またこれからコツコツ頑張れば大丈夫」
　D　「できひん私のこと、いやに思ったりせーへんの？」
　私　「頑張りたい気持ちを持っている人を嫌になったりって、逆にDさん、私が思うかな？」
　D　「私やったら応援したいって思うし、先生がそんなん思うわけないやん、先生ありがと、頑張る」

　私と話をして前向きな気持ちにはなったが、アルファベットの習得にはまだ時間が必要であった。数日後、協同学習の1つとして、疑問詞whatの単元で、シルエットクイズを用いたインフォメーションギャップ活動を実施した。プリントに載っているキャラクターをノートなどで隠し、少しずつ見えるようにしながら、"What is this?" と尋ねていく。ここでは驚くほどの成長を遂げたDの姿が授業後にあった。

　D　「先生、今日のWhat is this?の授業、むっちゃ楽しかった」

私 「英語嫌い〜言うてたのに、楽しいって思えるようになれたんやなぁ」
D 「ペアと一緒に What is this? やってたら言えるようになったし、書けるようになってん」
私 「書けるようになったって、何も見ずに What is this? が書けたってこと？」
D 「ほら見てこれ！これが What で、これが is で、これが this やんな？」
私 「え、アルファベットもうばっちし覚えれるようになったんやね」
D 「それはまだ無理です（笑）でも、楽しくて覚えた自分にびっくり」

そう語ってくれたD。その場面のペア活動をこまめに見られなかったため、Dがペアの仲間とどのような対話をして、Dの「発達の最近接領域」にどのような作用があったかは分からない。しかし、仲間と共に学んでいく中で、他者とのコミュニケーションを通じて、「発達の最近接領域」が劇的に変化した瞬間だと言えよう。

以降の項では、個人における「発達の最近接領域」の見解から離れて、集団としての「発達の最近接領域」の見解について実践例を添えて述べていく。

第4節 「協同学習」と「平和・自己表現・ICT活用」の実践
（1）修学旅行でのピースメッセージインタビューでの実践

教員として5年目の、中学2・3年生の英語の授業を受け持った年に、同校の小学生の外国語活動専科を担っていた先生と協同して、学習者が人格の発達を志向する実践に取り組むことができた。

実践の手順は以下のとおりである。

① 小学6年生が修学旅行先の広島で、観光で訪れた外国人に "What is peace for you?" と尋ねる。外国人に、回答をインタビュー用紙に書いてもらう

② 持ち帰ったインタビュー用紙に、中学3年生は和訳を書く。さらに、和訳するのみならず、そのインタビューに答えてくれた人が伝えたかっ

たことの意図を読み取り、意訳を書く
③　小学6年生は、中学3年生が書いた和訳や意訳を読み、それらの内容が身の回りの平和に当てはまることを当事者意識をもって考え、その意見をインタビュー用紙にさらに書く
④　中学3年生・小学6年生が協同して創り上げたインタビュー用紙を職員室横に掲示する

例として、以下のような協同の学びが繰り広げられた。

例）①（外国人）Peace is like air around us.
　　　（中3和訳）平和とは、私たちの周りにある空気のようなもの。
　　　（中3意訳）平和って、空気のように私たちの周りに当たり前のようにあるけど、かけがえのないってことを伝えたかったのだと思う。
　　　（小6感想）空気って私たちが生きるためには絶対に必要なもので、その空気があるから私たちは生きている。平和があることを当たり前と思わず、大事にしたいと思いました。

例）②（外国人）Peace is loving others. Be tolerant of others.
　　　（中3和訳）平和とは、他者を愛すること。他者に寛容でありなさい。
　　　（中3意訳）まずは私たちの周りの人を大事にしなさいってことかな。寛容というか親切心を持って周りの人と関わろうということを言いたいのだと思う。
　　　（小6感想）家族とか友達とか、近くにいる人を大事にすることが平和につながる。みんながやさしい気持ちになれば、平和な世界になるのかなと思いました。

例）③（外国人）Peace is invisible. We need to keep on looking for what is real peace.

（中3和訳）平和は見えないもの。私たちは本物の平和を探し続ける
　　　　　必要がある。
（中3意訳）見えないものが大事だと伝えたいのだと思う。今も戦争
　　　　　や紛争が続いているから、本当の平和に向けて、私たちは
　　　　　追い求め続けるということが必要だと考えたのだと思う。
（小6感想）たしかに戦争は目に見えて悪いことが分かるし、教室で
　　　　　もイジメはダメだってみんな思ってる。私たちの周りで
　　　　　イジメがあったら、それはダメなんだと言う。

　協同学習を通じた、平和についての考察は、これからの未来を生きていく子どもたちが平和に対して主体的に考えていく基盤になったに違いない。これらの実践について、中学3年生の子どもたちは以下のような感想を述べてくれた。

・最初は正直、なんで外国人が書いた英文を日本語にせなあかんねん、めんどくさいと思ってました。でも、全部が英語じゃなかったけど、いろんな英語を日本語にしていくと、日本に訪れた世界の人たちが世界の平和を願っていて、その思いを私たちに伝えてくれたことが知れてよかったです。6年が書いていた文章も、平和が大事だという意見が多かったのがよかったです

・初めて、外国人が書いた文字を見た。初めて見たときは正直、え、これ読めるん？って文字が多かったけど、実際に日本語にしてみると、いろいろな考え方に出会うことができました。私たちは広島と長崎に原爆が落とされて、平和に対して考えることがあるけど、日本に生まれたとか関係なく、世界が平和になってほしいと思っている外国人がたくさんいることを知れてよかった。

・宗教に関することとか、神様について書いていることが多かったけど、そのような人たちも根本は、平和になることを望んでいるのだと思いました。日本という国は、今は平和に暮らせているかもしれないけど、戦争し

ない国であり続けるためにも私たちは過去から学んでいく必要があることを今回のピースメッセージを通じて考えることができました。

(2) マララ・ユスフザイさん演説　意訳における実践

　数分間の英語の映像に、意訳した日本語の字幕を付ける授業のことを知っていた私は、教科書に載っていたマララ・ユスフザイさんの英文の演説を読んで、それを自分の授業で実践することにした。3.1のピースメッセージに取り組んだ中学3年生に、マララさんの国連での演説の動画を和訳し、さらに意訳した字幕を付けさせるのである。当時はまだ一人一台のタブレットは支給されていなかったが、学校にiPadが40台あったため、挑戦することにハードルは高くなかった。字幕における意訳は、ピースメッセージでの意訳とは異なり、次のような定義である。

　「字幕における意訳とは、3秒に15字までの日本語とすること。その内容は、発信者が伝えたいことを踏まえながら、視聴者が分かりやすい内容であること」

　この定義を前提として意訳していくことを学んだ。また、協同学習として4人組の班を作り、iMovieというソフトを活用して字幕入りの動画作成に取り組むことにした。班員の役割は以下のように分担した。

　　　一人目　英文を和訳する
　　　二人目　和訳を意訳する
　　　三人目　意訳をiMovieに入力する
　　　四人目　テロップが見やすい動画を作成する

また、教材として各班に次のものを配布した。

　　　マララさんの演説の英語原稿
　　　YouTubeにあるマララさん国連演説の3分ほどの動画
　　　iMovieでテロップを載せる方法のプリント
　　　テロップの工夫の仕方のプリント

　3時間の授業計画を立て、マララさんの国連演説の意訳に取り組ませた。生

徒たちの主体性は私の予想を遥かに超え、班で知恵を寄せ合って4人全員で和訳・意訳・テロップに様々な工夫を凝らしていた。英語が得意な生徒は、率先してマララさんの英語を和訳することを楽しんでいた。国語が得意な生徒は、直訳の日本語をマララさんの思いを伝えることができる表現に変えることを楽しんでいた。勉強が苦手でもタブレットの扱いが得意な生徒は、班員が仕上げた意訳を字幕にする作業で活躍していた。私が知っていたのは高校での実践であったため、中学3年生が取り組むには少し難しすぎたかと心配したが、協同的な学びが互いの「発達の最近接領域」を刺激し合い、学びが深まっていったことを確信している。生徒の感想をいくつか以下に紹介する

・ピースメッセージでは平和を学び、マララさんの英語からは教育の大切さを学ぶことができました。ただでさえ英語が苦手なのに、マララさん英語の原稿を見て知らない単語だらけで、こんなん絶対無理やん！って思ったけど、班の人と一緒にやっていくうちに、銃で撃たれたとか、1本のペンが世界を変えるとか、わたしにはない世界が英語に広がっていて、気づけば夢中になって日本語に訳していた自分にびっくりしました。
・私は将来、外国の本を翻訳する仕事に就きたいと思っていて、今回の英語をただ翻訳するだけじゃなく、意訳まで考えて日本語にすることはとても勉強になりました。どの表現がマララさんにとって伝えたいことなんだろうとか、この表現を他の人が読んだらどう伝わるんだろうとか、難しかったけど、この経験を将来の夢にいかせたらいいなと思いました。
・わたしは日本語にする手伝いとかはできなかったけど、班の人たちが一生懸命考えた言葉を、字幕にしていく作業を手伝うことができて、少しは役に立ててうれしかったです。途中で、この表現より、こうしたほうが良くない？って聞いたら、周りの人もほんまやんって言ってくれて、少しでも自分の考えたことが字幕になってみんなに読んでもらえて、ウフフって思いました。
・色んな班のテロップを読んで、班の数だけ色んな表現があって、とても

面白いなと思いました。また、マララさんの伝えたい内容もとてもすごかった。私たちがこうやって授業を受けられることじたいが当たり前じゃない世界があるし、どの子ども女性も教育が受けられるような世界を願うことは私もしていきたいと思う。

これらの感想から、協同学習が多くの面にわたって「発達の最近接領域」に響いていたように思われる。外国語と母国語の違いについて興味を持った生徒や、将来の夢にまで考えを波及させていた生徒がおり、生徒たちにとっても思いがけない発見があったことが読み取れた。

（3）おすすめの日本語を英作文にする実践

　教員7年目には、中学3年生を担当した。2学期の英作文の題材を探していたところ、NEWCROWN（三省堂）のおすすめの日本語を世界の人に紹介しようというコラムが目に付いた。この題材は良いと思った半面、嫌な予感が脳裏をかすめた。新型コロナウイルスの影響により、校外学習・職場体験・体育大会・文化発表会などが中止・規模縮小など、様々な制約が課せられてしまった学年だった。第○派が押し寄せては突如休校になるなど、日常生活にも制限がかかるような生活を強いられているこのご時世に、中学生が前向きな言葉を発することができるのだろうか。「おすすめなんて、そんな前向きな気持ちになれますか？」「我慢ばっかりのこの世の中で、良い日本語とかありますか？」そう突き返されるのではないだろうか。しかし悩んでも仕方ない。そういう言葉が出てきたら出てきたで、子どもたちの内言を全面的に引き出してみよう。私の中でそう切り替えて、全力で子どもたちと向き合った。授業の手順は以下の通りである。

　①　教科書のモデル文を読解する
　②　モデル文の既習文法をピックアップして復習する
　③　おすすめの日本語を班で交流しながら考えさせる

「あんたのその言葉良いやん！」をモットーに班で交流させられたのが良かった
④　複数のお手本を参考にしながら、おすすめの日本語を紹介する英作文を完成させる

　結論から言うと、子どもたちの言葉は明るかった。「そんな良い言葉、あんたが言う〜笑」「その日本語、たしかに○○さんにとってピッタリ！」「△△くん、いつも努力してるもんな！」等、子どもたちは未来について暗く考えていないことに驚かされた。子どもたちから出てきたおすすめの日本語として

「前を向く」「あきらめない」「努力は報われる」「夢をもつ」「七転び八起き」「明日がある」「エモい」「筋肉は裏切らない」「今を楽しむ」「アオハル」「上を向いて歩こう」「挑戦」「失敗を失敗で終わらせない」「知らんけど」「好きなことを好きという」「未来」「日々前進」

等があり、私たち大人以上に、子どもたちは将来に大きな希望を持って人生を歩んでいた。こんなにもちゃんと日本語を考えたことがなかったという生徒や、英語の授業を通じて良い言葉に出会うことができましたという生徒もおり、協同学習を通じて、新たな言葉に出会うことができた生徒たちは、学びが「発達の最近接領域」につながった実践ができたと言えよう。

（4）「学びの協同体」を目指した、Kahoot アプリの実践
　新型コロナウイルスの影響もあってか、義務教育における1人1台端末が実現した。ICT と協同学習の実践を報告するとともに、「発達の最近接領域」についての考察を述べていく。
　ジャンプ課題として、Kahoot というアプリを使って毎回の授業で同じ問題を解かせた。Kahoot は一度解いた問題を復習することが可能であるため、間違えた問題を周りの人に教えてもらう時間を与え、正答率の推移をデータ化す

ることとした。子どもたちへは次のように声をかけた。

① 最初は習っていないことしか問題にないから、間違えて当たり前
② 間違えた問題をしっかり復習することを大切にする
③ 分からないことが分かるようになることが勉強だと分かること
④ 分からない問題を、周りの人に教えてもらうこと

これらを前提に、子どもたちの学びがどのように発達したか、12回の授業を分析した結果を参考にしてほしい。次の表は全体の正答率を表したものである。

全体の正答率					
1回目	2回目	3回目	4回目	5回目	6回目
51.2%	65.6%	69.5%	76.2%	80.2%	77.5%
7回目	8回目	Ver.2 1回目	Ver.2 2回目	Ver.2 3回目	Ver.2 4回目
78.5%	85.6%	65.5%	74.8%	74.7%	84.5%

3択ないし4択の早押しクイズとして、和文英訳問題、語句補充問題、肯定文を疑問文や否定文に変える問題等を解かせた。5回目から6回目は休日を挟んだため正答率が下がってしまったが、それ以外は8回目まで確実に正答率が上昇した。9回目からは、満点を取る生徒が半数以上になったため、マンネリを防ぐために別課題を作成した。

回答時の押し間違い（私も時々参加するが10回に1回は押し間違えてしまう）や、Wi-Fiの不具合による通信障害があるため、実際の正答率より10%ほど低い結果であると考えられる。それでも、8回目とVer.2の4回目は85%近い正答率であることから、全ての生徒がジャンプ課題に取り組むことができ、分からない問題の「発達の最近接領域」化、さらに一人でできることを目指した日々の協同学習が結実した結果だと言えよう。初めは分からない問題の

嵐だった子どもたちは、こんなにも一気に新しいことを教えないでほしいという顔に見えたが、分からない問題を共有し解決して成長していく姿は教師としての喜びを再認識させてくれた。

　話は逸れるが、Kahootの問題を生徒に作成させた実践も非常に面白かった。テンポよく授業が進み、10分ほどの自習・復習する時間になり、Eにふと「Kahoot、作ってみる？」と尋ねると、首を縦に振ってくれた。Eは、残りの時間と休み時間を使って、10問の4択問題を作ってくれた。その子の名前を借りて「Koharoot!」として先生役までやってもらった実践は、子どもたちから絶賛の嵐だった。「もはや先生やんすげ〜」「勉強頑張ってるのが問題見て分かった、私も頑張りたい」「難しい問題もあったけど、Eとの差を感じた。もっと私も頑張らないと」等、子どもたちの心に火をつける生徒の存在に、こうやって学習者の「発達の最近接領域」が広がっていくこともあるのかと心がときめいた。

第5節　おわりに

　様々な事例から、教育現場における「発達の最近接領域」の見解を述べた。本稿をまとめていく中で、「発達の最近接領域」は揺れ動く存在ではなかろうかという発想が頭に浮かんだ。学びは人と人との間で発生する。つまり、人との出会いやつながりの中で、学習者の「発達の最近接領域」はダイナミックに変動し、広がっていく概念的存在なのだ。学習者が心の琴線に触れるような学びに出会えたとき、「発達の最近接領域」は、静かな水面に1滴の雫が描く波紋のように広がっていく。学校とは、そのような「発達の最近接領域」の波が絶えることなく広がり続ける場であることを願っている。

　本稿で述べたのは、私の教師人生で光が当たったほんの刹那の場面であり、日々の授業の実践は泥臭く、失敗の連続である。うまくいかないことが起きると心が折れそうになる。私自分のやってきたことが正しいことなのか急に不安になる時がある。このまま教師をやっていくことに自信を失う時がある。そのような思いに心をかき乱されないように、信念を持ち、言霊として私の心を支

えてくれるように私の思考を言語化した。

- ◎ 子どもたちから学び、気持ちに寄り添える autonomous learner であること
- ◎ 感動と笑いと幸せを共感できる happy sympathizer であること
- ◎ 失敗（挫折・後悔）を成長へと導かせる passionate person であること
- ◎ 愛される人間に成長させられる lover であること
- ◎ 夢を応援する respecter であること
- ◎ 人生の先輩として encourager であること

これらの信念を胸に抱いて、教師としてさらなる成長を目指して頑張っていきたい。

（高瀬翔太）

参考文献
- 今井むつみ（2016）『学びとは何か―〈探究人〉になるために』岩波書店
- 江利川春雄（2012）『協同学習を取り入れた英語授業のすすめ』大修館書店
- 小部修（2020）『「子ども力」をひきだす学校づくり』せせらぎ出版
- 田中茂樹（2011）『子どもを信じること』大隅書店
- 柴田義松（2006）『ヴィゴツキー入門』子どもの未来社
- 佐藤学（2018）『学びの協同体の挑戦』小学館
- 園田雅春（2013）『自尊感情を高める学級づくりと授業』雲母書房
- 滝口優（2003）『「苦手」を「好き」に変える英語授業』大修館書店
- 土井捷三（2016）『ヴィゴツキー［思考と言語］入門』三学出版
- 土井捷三・神谷栄司（2003）『「発達の最近接領域」の理論』三学出版
- 鳥飼久美子（2016）『本物の英語力』講談社
- 苫野一徳（2014）『教育の力』講談社
- 西川純（2014）『『学び合い』入門』明治図書

- 中室牧子（2015）『「学力」の経済学』ディスカヴァー・トゥエンティワン
- 諸富祥彦（2013）『教師の資質』朝日出版
- 柳瀬陽介・組田幸一郎・奥住桂編（2014）『英語教師は楽しい』ひつじ書房
- 柳瀬陽介・組田幸一郎・奥住桂編（2011）『成長する英語教師をめざして』ひつじ書房
- Newman, F. & Holzman, L. (1993). *Lev Vygoysky : Revolutionary scientist.* Routledge.［ニューマン＆ホルツマン（2020）『革命のヴィゴツキー： もう一つの「発達の最近接領域」』伊藤崇・川俣智路（訳）新曜社］

第4部　高等学校の実践

はじめに—この部の年齢期と新形成物とZPD

　思春期の新形成物は、第3部でも述べたように「思春期の第一の相（危機期）」と「思春期の第二の相（安定期）」がある。この安定期である思春期の第二の相は、日本の学齢期では概ね高校時代に充てることができる。

　この時期に、新しい興味と興味の多様化や創造的想像が新形成物となる。この時期はまた、概念的思考（抽象的思考）が可能となり、真の概念形成が進み、自覚や自己意識が形成され、人格の完成へと至る。

　この時期は思春期から「社会」に入って行く前のつなぐ「環」であり、社会への「発達の最近接領域」と捉えることができる。

（村田純一）

第 1 章　高校英語授業における『発達の最近接領域』
　　　　ー人格発達を志向する実践例ー

第 1 節　はじめに

　「発達の最近接領域」は、「大人の指導や援助のもとで可能な問題解決の水準と、自主的活動において可能な問題解決の水準とのあいだのくいちがいが、子どもの発達の最近接領域を規定します。」(ヴィゴツキー ,2003:18)という有名な定義に拠って理解されるのが一般的である。この定義だけを基に理解をした場合、発達の最近接領域とは、学習者が自分一人ではできないが、少し補助を受ければ解決できるレベルの「問題」や「課題」のことであり、そのような少し難しいレベルのことを授業で実施するべきだと主張する理論であるという解釈が可能である。このような解釈に基づく指導によって学習者は今よりも多くのことができるようになるので、教師と学習者の協働が重要視される傾向が続いてきた。

　しかし、筆者はこのような解釈については懐疑的な立場をとる。つまり、このような解釈は、ヴィゴツキーの「発達の最近接領域」の理論を部分的にしか捉えていないのではないだろうか。麻美(2010:184)は「一般的には、ヴィゴツキーといえば、『発達の最近接領域』＝『子どもは、共同と社会の中で発達する』というように紹介されることが多いのが現状です。」と述べている。筆者はこの現状の捉え方について賛同する。これは一般的な理解の話であり、より専門的な知見を踏まえてヴィゴツキー理論全体を理解した上で捉え直すことが必要である。そのような知見については他の章や節に譲るとして、ここでは「発達の最近接領域」理論の根幹について要点のみを確認しておく。

　ヴィゴツキーの理論の核心について、柴田(2006:122)は「ヴィゴツキー理論の核心といえるもの、＜発達の最近接領域＞論などで繰り返し強調されていることは、―中略―学校で体系性をもった科学的概念を学ぶことによって、子どもの精神機能の発達全体に起こる根本的変化への着目であり、その心理学的意義の解明にあります。」と述べている。つまり、ヴィゴツキーの理論を俯瞰

的に見ると、科学的概念の教授‐学習を通して学習者の精神機能における発達が引き起こされることこそが重要なのであり、各教科や各科目の少し難しい問題が解けるようになることが目的ではないということである。

そして、本章で扱う思春期においては、概念の形成が特に重要である。ヴィゴツキー（2001:212）によると、「概念は、一連の抽象された特徴がふたたび総合されるとき、―中略―抽象的総合が思考の基本的形式となり、それによって子どもが周囲の現実を把握し、意味づける時に発生する。」と説明されている（下線部は筆者による）。この「意味づける」行為を「意味生成（sense-making）」とすると、意味生成により、概念の形成が促進され、自己意識が発達していく中で、人格が形成されていくのである。

ヴィゴツキー（2004:85）によると「内的現実、自分自身の体験の世界への洞察において決定的役割を演ずるのは、またもや思春期において発生する概念形成の機能」である。つまり、自分自身の体験の世界への洞察＝自己意識は科学的概念の教授‐学習を媒介とした概念の形成により発達するのである。自己意識は高村（1994:22）により「自己意識とは、未来において本来あるべき自己を客観的な＜われわれ＞として措定し、現在の＜われ＞に欠けているものを見出し、それをわがものとして獲得しようと自己の外にある世界に働きかけながら未来に向かって活動する意識である。」と定義されている。この現在の＜われ＞には不足しているもの見出し、＜われわれ＞に向けて自己を変容させていくためには思春期の新形成物とされる概念の形成が不可欠である。このような自己意識の発達によって、筆者の考える人格発達が促進される。

一例を挙げると、大学生を対象に、外国語である英語で座右の銘を語る課題を実施し、アンケートとインタビューの内容を詳細に分析したところ、自己の経験と座右の銘とを結びつける意味生成（sense-making）が確認された（長尾,2021）。さらに、この課題を終えたときに、自己のコナトゥス（*conatus*）が増大したことも示された。コナトゥスとは、スピノザ（1951:214）により定義された概念であり、「おのおのの物が自己の有に固執しようと努める努力はそのものの現実的本質に他ならない」ものである。ヴィゴツキー自身も、コナトゥ

スへの関心を『情動の理論』(ヴィゴツキー,2006a:341) や『芸術心理学』(ヴィゴツキー,2006b:346) に記している。

　思春期(高校)における学校教育では、自己の経験を科学的概念である教科等の内容と結びつけ、個人的意味を生成することで自己意識を持つようになることこそが求められており、人格発達を志向した実践が重要である。そして、このような実践を考える上で重要な役割を果たすのが「発達の最近接領域」理論なのだ。

第２節　人格発達を志向する授業の実践例

　ヴィゴツキーの「発達の最近接領域」理論によると、高等学校での教科教育においては、各教科に横たわる科学的概念の教授・学習を通して、生徒の人格発達につながるように授業実践をしていくことが重要である。これは、１回の授業、あるいは１つの単元で人格発達を促進するべきであるということではない。また、１つの科目、１つの教科で達成できることでもない。したがって、本稿で紹介する実践においても、実践の結果生徒の人格が発達したと主張することはできない。しかし、人格発達という大きなゴールを達成するためには、生徒が教科内容、授業内容に自分なりの意味を見出していくことが重要である。その結果、人格発達はトータルで見た時に達成される(かもしれない)ものだ。

　そこで、本稿では２つの実践例を紹介する。２つとも2022年度の英語コミュニケーションⅠの授業実践である。また、英語コミュニケーションⅠで使用している教材は FLEX ENGLISH COMMUNICATION Ⅰ (以下、FLEX) である。本稿で紹介する実践は、このうち Lesson 2: The Jar of Life と Lesson 6: Thomas the Tank Engine and SDGs である。なお、実践の紹介は①教材の概要、②授業のねらいと手順、③生徒のアウトプットと分析の順で行う。

（1）Lesson 2: The Jar of Life の実践例

①教材の概要

　Lesson 2: The Jar of Life の本文は、以下のようなものである。紙面の都合上、一部省略したり、言い換えたりしている。

　One day, a professor came into a classroom with a large glass jar, some rocks, pebbles, and sand. In front of the students, he filled the jar with some large rocks. He then asked, "Is the jar full?" The students said, "Yes." Next, he put small pebbles into the jar. He asked again, "Is the jar full now?" The students again said, "Yes." Then the professor poured sand into the jar. All the empty spaces were filled with the sand. He then asked, "Is the jar full now?" The students agreed that it was completely full.

　He wanted them to consider their priorities in life. The jar represents your life. The rocks, pebbles, and sand represent things in your life. The rocks are very important things. The pebbles are important, too, but living a good life is possible without having them. Your "rocks" will support you even if your pebbles are gone. The sand represents the smaller things in your life. They aren't really important, but some people tend to spend too much time on them.

　After putting your sand into the jar first, you will not be able to put all the rocks and pebbles into it. There will not be enough room for them. This is also true for your life. If you do too many unimportant things first, you will not have enough time to do important things. To have a good life, you should pay attention to your "rocks" first. Pebbles come next, and then sand. This order of priorities is really important.

　Everyone's time is limited. People always have to make choices about how they should use their limited time. Think about what your "rocks," "pebbles," and "sand" are in your life. When you want to put everything into the "jar," remember this: first rocks, then pebbles, and then the sand!

（FLEX, pp. 42-43、筆者一部改変）

本文内容を簡単に紹介すると以下のようになる。
　ある大学の教授が「石 (rock)」「小石 (pebble)」「砂 (sand)」を「びん (jar)」に入れていく実験の紹介をする。教授はまず「石」でびんを埋め、学生に「びんは満タンですか？」と問いかける。その質問に対して学生たちは「はい」と答える。次に、教授は「小石」をそのびんに入れていく。すると、小石は隙間に入り込んでいく。教授はまた学生たちに「びんは満タンですか？」と質問する。学生たちは「はい」と答える。すると最後に教授は「砂」でさらにびんの隙間を埋める。そして同じように学生たちに「びんは満タンですか？」と尋ねる。学生たちは満タンであることに同意する。
　なぜ、教授がこの実験を紹介したのかというと、彼は学生たちに「人生の優先順位」について考えさせたかったからだ。「びん」は人生を、「石」は人生における大切なこと、「小石」は大切だがなくても良い人生を送れるもの、「砂」はそんなに大切ではなく無くても良いものをそれぞれ表す。そして、仮に最初に「砂」を入れると、その後ではすべての「石」と「小石」をびんに入れることはできないということから、この優先順位がとても大切であることを教訓として伝えている。だからこのストーリーのタイトルは "The Jar of Life" なのである。

②授業のねらいと手順
　本教材の内容は、「人生の優先順位」を考えるということが根幹となっている。これは、高校生である生徒にとっても重要なことである。なぜなら多くの生徒は3年間で高校を卒業し、それぞれの進路に向かっていくわけであるが、この3年間でその後の人生に大きな影響を与える進路選択をすることになるからだ。この3年間の過ごし方を1年生の1学期に考えさせることは大きな意味がある。
　高校生の中には、人生の優先順位について考えたことがない生徒が少なくない。また、人生の中で最も大切な「石」にあたるもの、大切だが、なくても良い生活をできる「小石」にあたるもの、そして、それらに比べて大切ではない小さな「砂」に当たる物について意識的に考えている高校生もほとんどいない

と思われる。

　そこで、本教材を通して生徒に「人生の優先順位」の重要性を本文理解の中で意識させ、理解をした内容をもとにして、「人生の優先順位」について考えさせ、自己表現させることをねらいとした。これにより、単に本文を理解するに留めるのではなく、教材の内容について個人的意味が生成されることを期待して授業実践を行った。

　本単元の大まかな流れは以下のようになる。なお3講座担当しているため、授業進度に多少の差があるため、授業回数で分けた表記はしていない。

第1次	＜本文理解＞ 1. 本文に関する内容でスモールトーク 2. Part 1 の新出単語確認 3. Part 1 のリスニング（4枚の絵を聞いて並び替える） 3. Part 1 のリーディング（3～4人のグループで内容に関する英問英答） 4. Part 1 の音読練習 5. Part 1 の Key Sentences 解説 ★以下、2~5 を Part 2-4 にかけて繰り返していくことで本文理解を図った。
第2次	＜ライティング＞ 1. Brainstorming 　生徒自身にとっての Rocks, Pebbles, Sand をできるだけ多く書き出す。 2. Outlining 　以下の5つの質問に英語で答える。 　（1）What are rocks, pebbles, and sand for you? 　（2）Why do you think they are rocks, pebbles, and sand? 　（3）Which do you spend most of your time on? 　（4）What do you feel about spending time? 　（5）What will you do from now on? 3. Drafting 　1回目の下書きをする。その際に評価のルーブリックも理解する。 4. Improving 　暗示的フィードバックを与えられた後、書き直す。教師によりルーブリックで評価される。

また、生徒に提示した評価用ルーブリックは以下の通りである。

	A（4points）	B（3points）	C（2points）	D（1point）	E（0point）	
動詞 *1	be動詞を含めて、動詞の種類が4つ以上ある。be動詞は全てを合わせて1種類と数える。	be動詞を含めて、動詞の種類が3つある。be動詞は全てを合わせて1種類と数える。	be動詞を含めて、動詞の種類が2つある。be動詞は全てを合わせて1種類と数える。	be動詞を含めて、動詞の種類が1つある。be動詞は全てを合わせて1種類と数える。	be動詞を含めて、動詞の種類がない。be動詞は全てを合わせて1種類と数える。	/4
内容1（R, P, S）	―	―	Rocks, Pebbles, Sandの3つとも自分のことに置き換え英語で表現している。	Rocks, Pebbles, Sandの1つ以上、自分のことに置き換え英語で表現している。	Rocks, Pebbles, Sandのいずれも表現していない。	/2
内容2（理由）	―	―	Rocks, Pebbles, Sandの3つとも理由を述べて説明できている。	Rocks, Pebbles, Sandの1つ以上、理由を述べて説明できている。	Rocks, Pebbles, Sandのいずれも理由を説明していない。	/2
内容3（時間とこれから）	―	どれに最も時間を費やしているかが明確であり、今後することを説明できている。	どれに最も時間を費やしているかが明確だが、今後することは説明できていない。	―	どれに最も時間を費やしているかが明確ではない。	/3
情報量	―	―	―	60語以上	59語以下	/1
正確さ *2	―	文法的なミスがない。	文法的なミスが2つ以下	文法的なミスが3つ以上6つ以下	文法的なミスが7つ以上	/3
					合計	/15

*1 be動詞を含めて、動詞の種類が2つある。be動詞は全てを合わせて1種類と数える。
*2 正確さは冠詞＆前置詞のミスはカウントしない

③生徒のアウトプットと分析

　生徒のライティング例は3種類に分類できた。タイプ1はこれまでの人生を振り返り、習慣を変えようという記述をしているものであり、タイプ2は同じくこれまでの人生を振り返り、これまで続けてきた習慣を今後も続けようとするものである。タイプ3はその他、英文の意味が伝わらないものやタイプ1・タイプ2の両方を兼ね備えた記述をしているものである。筆者が担当していた生徒は合計84名で、そのうち提出しなかった17名を除く67名のうち37名

がタイプ1、20名がタイプ2、10名がタイプ3であり、半数以上（約55％）がタイプ1に分類された。

　以下に回答を5つ紹介する。なお、それぞれの回答は生徒が実際に書いたものであり、少し間違いを含むものも見られるが、そのまま紹介する。

タイプ	生徒のライティング作品	筆者の解釈
タイプ1	"The rocks represent my family, studying, my friends, and relationship with people. The pebbles represent my home, and my favorite things. The sand represents using my smartphone. The rocks are necessary for my life. The pebbles always support me. I spend most of my life on the sand. I tend to spend much time on using my smartphone. I feel that time is wasted. So, I will spend much time on the rocks for my life."	"I tend to spend much time on using my smartphone" と日常生活を振り返り、自信がスマートフォンに多くの時間を費やしていることをここで自覚している。そして "I feel that time is wasted" とスマートフォンに多くの時間を費やすことで時間が浪費されているという認識を示している。最後に "I will spend much time on the rocks for my life" と「石」に多くの時間を費やすという意思表示をしている。
	"The rocks are my family, friends and my pets because the rocks are very important things in my life. The pebbles are my dream and my school life. It represents important things in my life. The sand are playing games and reading comics. It represents important things for me. But the rocks are more important than the sand. I spend most of my time on sand and pebbles. So, I should spend time on the rocks."	"The sand are playing games and reading comics. It represents important things for me. But the rocks are more important than the sand." と「砂」が自分にとっては大切だが「石」の方がもっと大切だと表現している。そして最後に "I should spend time on rocks." と "will" ではなく "should" で意味づけをしている。この生徒にとっては、「砂」も大切であるが、より大切な「石」に多くの時間を費やす「べき」だと感じているのだ。"should" を使っているところに生徒のやりたいこととやるべきこととの間に葛藤を見てとることができるが、ライティングをする中でこれを自覚することができ、優先順位をつけることができた一例と言えよう。
タイプ2	"I think rocks represent family and friends, pebbles represent school life, sand represent piano and TV. I think rocks are the most important. I can't live without them. Pebbles are school life because I need them for the future. Sand are piano and TV because I can live without them but I like them. I spend most of my time on rocks. I feel it's important to spend time doing what I need, not what I like. I will spend my time with my family and friends."	"I think rocks are the most important. I can't live without it." "Pebbles are school life because I need them for the future." "Sand are piano and TV because I can live without them, but I like them." のように「石」「小石」「砂」をそれぞれ定義している。「石」は「なくては生きられないもの」、「小石」は「将来に必要なもの」、「砂」は「なくても生きられるが、好きなもの」という定義をした上で、"I spend most of my time on rocks." と日常生活を振り返り「石」に時間を費やしていることを認識している。"I feel it's important to spend time doing what I need, not what I like. I will spend my time with my family and friends." と締め括っている。「好きなこと」よりも「必要なこと」に時間を費やすべきだという認識を持ち、「石」である家族や友人に時間を費やすという決意表明をしている。タイプ1とは異なり、これまでの習慣を改めて続けていくという例である。

		"The rocks are family and friends. The pebbles are home and money. The sand is smartphone and game. I think rocks should be the most important thing. I think pebbles are a little important. I think I could live without sand. I spend the most time on rocks. I will keep spending time with family and friends. I will continue to cherish my time with the rocks."	"I think rocks should be the most important thing." と「石」が最重要なものであるとの認識を示し、"I spend the most time on rocks." と日常生活を振り返ると「石」に時間を費やしているのだということを自覚している。そして、"I will keep spending time with my family and friends. I will continue to cherish my time with the rocks." とこれまでの習慣を継続することを意思表示するとともに、「時間を大切にする」という教材の本質的なテーマを個人的意味として生成していることが確認できる。
	タイプ3	"The jar represents my life. The rocks are my family, friends and my health. They are very important things, because they are the only ones in the world. The pebbles are house, job and studying. The sand are comic books, games and my hobby. They are not important things, I can live without them. I spend most of my life on sand. We should spend time on rock. I will spend more time with family than now. But I need sand to live happily."	"We should spend time on rock. I will spend more time with family than now. But I need sand to live happily." と「石」に時間を使う「べき」であると本教材の本質的テーマに触れた後で、この生徒は「しかし『砂』も幸せに生きるために必要である」と締めくくっている。つまり、本文のテーマから考えると、「石」に時間を費やすべきであると意味づけする傾向が他の生徒には見られるが、この生徒の場合は、「砂」も必要であると意味づけしたのである。

　このような生徒のライティングの中に、それぞれの個人の意味生成が確認できる。英語で読んだ文章を要約するなどの練習も英語学習において必要ではあるが、このような教材そのものに自分の意味を見出し、それを表現する活動は生徒の人格形成においてはより重要である。

　次にこのライティングについて、生徒が振り返りシートに記入した感想を紹介する。紙面の都合上全てを紹介することはできないので、一部を紹介する。

・<u>人生の優先順位をきちんと考えることが大事</u>だと思った。
・<u>一番大事なことに、時間をついやすようにする。</u>
・びんに砂を入れると小石と石が入らないし、これは、人生にも当てはまるので、<u>優先するものをまちがってはならない。</u>
・人生をびんの中に入れた<u>石と小石と砂で表現していることがおもしろい</u>と思った。

- 人生におけるより小さなものより、もっと大切なものに時間を使おうと思った。
- これからの人生は大事だと思うことからこなしていこうと思った。
- とても大切なものがあれば、いい人生を送ることができる。それほど大切でないものに時間をかけるのではなく、優先順位を考える。
- 石、小石、砂で人生の大事なものとかを表すことが最初なに言っているのかわからなかったけど、勉強していくうちに分かることができるようになったところ。
- 今、高校生になったばかりで大変なことがたくさんあるけど、そういう時こそ、人生について考えるのは大切なんだと思った。
- とても大切な物（健康、友達など）を一番大切にして、失ってもまた新しくできたり、なくても大丈夫な物（車、家など）は石が支えてくれる。より大切な物に時間を使う！！

（下線は筆者）

　生徒の感想の中には、本文の本質的なテーマへの理解を示し、自分の人生においてはどうかと省察していることが確認できる。特に下線部にはそのような記述が見られる。

　また、任意でとったアンケートの結果も紹介する。アンケートの回答者数は28名である。質問項目と回答は以下のようになっている。質問1～9は量的に分析し、質問10、11は質的に分析した。

＜量的分析＞

質問番号	質問	回答結果
1	初めてこの話を知った時に感動したか？	感動した 22/28（78.5％）
2	The Jar of life の面白さ	面白かった 25/28（89.2％）
3	The Jar of Life は自分にとって役に立ったか	役に立った 28/28（100％）
4	The Jar of Life を聞いたり読んだりして、やる気が出たか	やる気が出た 24/28（85.7％）
5	The Jar of Life を自分のことに置き換えて書いたことで内容の理解度は深まりましたか？	深まった 27/28（96.4％）

6	The Jar of Life の話を学習し、自分の人生についても考えてみた。	考えた 27/28（96%）
7	The Jar of Life の話を学習したが、これは理想論であり、自分には関係ないと思った。	いいえ 26/28（93%）
8	The Jar of Life を他の人にも話してあげたいと思った。	はい 18/28（64%）
9	The Jar of Life の Rocks, Pebbles, Sand を自分のものに置き換えて英語で書くことは、考えを整理する上で役立った。	はい 26/28（93%）

　分析の結果質問この話に感動し（質問１）、面白いと思い（質問２）、役に立つと感じ（質問３）、やる気が出たように感じた（質問４）生徒が多く、自分のことに置き換えると理解が深まったようである（質問５）。また、自分の人生について考えるきっかけとなり（質問６）、自分にも関係があると思い（質問７）、それは英語で書くことで整理された（質問９）。中には人に話したいと思った生徒もいた（質問８）。

＜質的分析＞
質問 10　内容をどのようにすれば活かせると思いますか。（自由記述）

①抽出語（使用頻度の高い順）

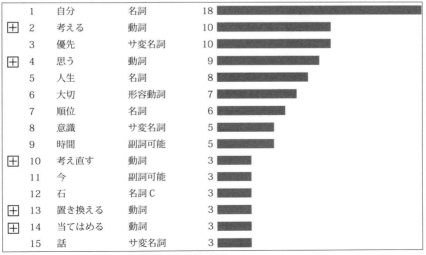

図１　振り返りアンケート質問 10 の抽出語

図1は、質問10の自由記述の頻出語をKH coderにより分析した結果である。出現頻度が高かった順位15位までを示している。分析結果には、「自分（1位）」についての記述が最も多かったことが示されている。また、キーワードである「人生（5位）」、「優先（3位）」「順位（7位）」、「考える（2位）・考え直す（10位）」などが上位に現れているため、どのように使われているのかを分析することで、ねらいが達成されていたかを確認することができる。

②共起ネットワーク

次に、KH coderによる分析結果の共起ネットワークを図2に示す。

図2の通り、「優先」と「順位」、「改めて」と「考え直す」がそれぞれ強く結びついており、また前者には「人生」という言葉が緩やかに関連している。そして、「優先」「順位」と「改めて」「考え直す」が緩やかに結びついているので、全体と

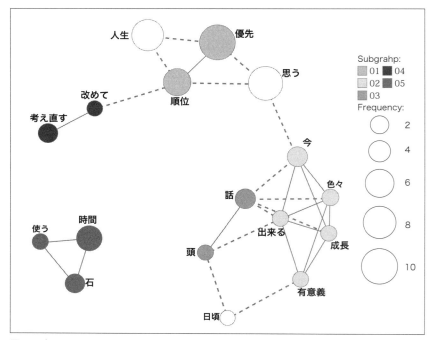

図2　振り返りアンケート質問10の共起ネットワーク

して「人生の優先順位を改めて考え直す」という記述の傾向が見られる。

また、「石」「時間」「使う」の間にも強い結びつきが見られることから、「石に時間を使う」という考えが記述されていたことが確認できる。

質問11　この話を読んでから、実生活で何か気をつけたり、行動に移したりしたことはありますか？（あれば書いてください）

回答結果は以下のようになっている。

回答番号	回答内容
1	ゲームなど「砂」にあたるものは、できるだけ早く切り上げています！
2	小さいゴミを拾う
3	まだ何も実行できていないので、これから実行できるようにしたいです。
4	ゲームの時間を家族との会話の時間にした
5	ゲームの時間を減らす
6	いつでもできることより、家族や友達との時間を優先すること。
7	自分の石に気を使うようになった
8	物事のやる順番を石にあたるものからやっていてすごく効果が出てる気がするからもっと続けようと思う。
9	家族とたくさん話している
10	友達を大切にしたり部活も疲れてても楽しんだり本気で頑張ったりできた
11	家族はこれからも大切にしたい
12	時間の使い方について考えることがふえました。

「砂」に費やす時間を短くしたり（回答1、5）、「石」への時間を長くしたり（回答4、6、9）活力が湧いてきていたり（回答8、10）、そのほかのポジティヴに作用した回答が多く見られる。

分析結果をまとめると、この Lesson 2: The Jar of Life の実践を通して、生徒は自分の人生の優先順位について振り返ることができ、それによって本教材への個人的な意味を生成してきたと結論づけることができる。

（２）Lesson 6: Thomas the Tank Engine and SDGs の実践例
①教材の概要

Lesson 6: Thomas the Tank Engine and SDGs の本文は、以下のようなものである。紙面の都合上、一部省略したり、言い換えたりしている。

Thomas the Tank Engine is a blue steam engine in a British children's book series. This series is still read by children in more than 160 countries today. Thomas also appears in an animated television show called Thomas & Friends TM. In the show's 22nd series in 2018, Thomas leaves Sodor for the first time. In that year, the United Nations (UN) decided to work with a US toy maker which has Thomas' brand and makes its animation. They incorporate some of its 17 Sustainable Development Goals (SDGs) into the storylines of several episodes from that series.

The 17 SDGs were adopted by the United Nations General Assembly in 2015. They are what the UN created to help achieve a better and more sustainable future for everyone. The UN has a hope of meeting the goals by 2030. The UN and the toy company see great value in the goals. They chose six of the SDGs that were a natural fit with the kind of stories that are often seen in Thomas & Friends TM: Quality Education (Goal 4), Gender Equality (Goal 5), Clean Water and Sanitation (Goal 6), Sustainable Cities and Communities (Goal 11), Responsible Consumption and Production (Goal 12), and Life on Land (Goal 15).

Here are examples of how three of the goals were brought into the world of Thomas: Goal 11: Thomas talked about living in cities. He said, "Cities need good transport networks to help people get from their homes to school and work." Thomas also said that more people should use public transport, instead of private cars, to help clean the air. Goal 12: Thomas talked about reusing and recycling. He gave the example of his friend Reg. Reg works at a scrap yard and knows if waste can be reused or recycled. Thomas said, "When something is broken and can't be repaired, Reg recycles it! Once, he even made a Christmas tree from scrap!" Goal 15: Thomas said that it is especially forests that we should take care of. "Nearly all the insects, plants, and animals on Earth live in forests," he said. "When I visited China, I traveled through a bamboo forest, and I was really lucky to see a panda

in the wild! When I went to India, I saw monkeys in the coconut trees."

　The world today is quite different from how it was when Thomas the Tank Engine was first created. People's values have greatly changed. There are also new problems that people face today. The SDGs in Thomas & Friends TM are an important response to these changes. It is very early in their lives that children form ideas about the world around them. The messages in the SDG episodes are easy to understand, and they give life lessons. They can help children learn important values at an early age.

（FLEX, pp. 110-111、筆者一部改変）

　本教材の内容について要点を説明すると、2015年に国連で採択された17個あるSustainable Development Goals（持続可能な開発目標：以下、SDGs）について、「きかんしゃトーマス」がどのように寄与しているのかについての文章である。具体的には、国連がアメリカのおもちゃ会社と協力し、目標4（質の高い教育をみんなに）、目標5（ジェンダー平等を実現しよう）、目標6（安全な水とトイレを世界中に）、目標11（住み続けられるまちづくりを）、目標12（つくる責任　つかう責任）、目標15（陸の豊かさも守ろう）の6つの目標を取り上げ、アニメのストーリー・ラインの中にうまく組み入れることで、小さな子どもたちにもわかりやすいように広めている。子どもたちはとても小さな頃から周りの世界について考えを形成し始めるため、アニメで伝えるのはとても重要である、というのが本教材の内容である。

②授業のねらいと手順

　本教材の内容は、「SDGsの理解とその運動を広めていくためのアイデア」を考えることが根幹となっている。近年SDGsに関する取り組みは、学校のみならず、さまざまな国や地域、業界においても注目されており、目標達成に向けてもさまざまな取り組みがなされている。例えば、国単位ではオーストラリアでは政府の支援を受けGlobal Compact Network Australia（GCNA）が個人や団体の取り組みを投稿できるようなサイトを運営していたり、ハワイではAloha

+Challenge と称して、ハワイで実現を目指す6つの目標を掲げていたりする。このような世界的な広がりを見せる運動について、高校生が知り、自ら考えようとすることは、社会の中の自分という自己意識を抱くきっかけとして重要である。本教材を通して、社会的な話題についても個人的な意味を生成していくことを期待し、以下の手順で授業を実施した。なお、3講座担当しているため、授業数には多少の差があるので、授業数については記載していない。

第1次	＜本文理解＞ 1. 本文に関する内容でスモールトーク 2. Part 1 の新出単語確認 3. Part 1 のリスニング（4枚の絵を聞いて並び替える） 3. Part 1 のリーディング（3～4人のグループで内容に関する英問英答） 4. Part 1 の音読練習 5. Part 1 の Key Sentences 解説 ★以下、2~5 を Part 2-4 にかけて繰り返していくことで本文理解を図った。
第2次	＜スキット作成＞ 1. 4人前後のグループでSDGsから1つを選択し、それに関するスキットを作成する。 2. 作成したスキットの動画を撮影し、Google Classroom で提出する。 3. 別のグループの動画を見て、リフレクションシートを記入する。

③生徒のアウトプットと分析

第1次における生徒の振り返りシートにある感想の一部を紹介する。

感想番号	質問
1	子ども向けのアニメにSDGsを組み込み、教育をできるようにしたのはすごいと思った。
2	SDGsは誰か一人が目標を達成しようと思っても達成できないので、世界中に何らかの形で広めていくべきだと思った。女性の差別や教育格差をアニメなどでわかりやすく広めること。

3	SDGsの中でも少しずつ達成できそうなものが出てきていると思うので、これから大人になる私たちがしっかり学んで、達成できるようにしたいです。
4	SDGsの内容を、アニメに入れる発想がすごいと思った。
5	トーマスにSDGsの話が書かれているのは知らなかったので、見てみたいと思う。それを見て多様性の大切さなどを知りたいと思う。
6	トーマスは森に気を配ってほしいと強く思っている。『地球上のほぼすべての昆虫、植物、動物が森に住んでいる』←大切だと思った。忘れないようにする。
7	子どもたちの『身の回りの世界についての考え』が形成されることにSDGsの大切さを知ってほしい。SDGsのメッセージは簡単に伝わるから、子どもたちにもわかってもらえる上、人生でも役に立つこと。
8	きかんしゃトーマスでSDGsのことを表しているのは、小さい子どもにも理解しやすく、さらに考えさせているなと思った。トーマスを通して、いろんな人が多様性の大切さについて理解できるようにしているのがすごいと思った。
9	2030年までに達成すべき目標だけど、結局みんなが協力しないと解決できないと思うから、私は、トーマスは知名度が高いと思うので、SDGsに少しでも関心が持てるようにトーマスを通してもっといろんな人に知ってほしいなと思いました。

（下線は筆者）

　生徒の感想を分類すると、「アニメ（トーマス）を通してSDGsの重要性を広めていることについてすごいと思った」という種類の感想（感想1、2、4、7、8、9：下線）と、生徒自身がSDGsについての重要性を確認したもの（感想3、5、6：二重下線）が見られた。

　いずれも、本教材の内容について生徒自身が個人的な意味を生成したといえる。中には、「SDGsの大切さを知ってほしい。（感想7）」のような、自らも社会に対してSDGsの重要性を積極的に広めていきたいという意見も見られた。

　第2次では、SDGsの17個の目的から特に関心がある1つを選択し、3～4人グループでスキットを作成し、発表する活動を実施した。スキットの作成をすることで、さらに深く個人的な意味づけしていることがアンケート結果から見出された。ここでは、スキットのスクリプト例と活動後のアンケート結果

を紹介する。
① スキット例

＜スキット例１＞

役割	セリフ
A	It's summer , so I want to go to the beach.
B	I understand! I want to go to the beautiful sea!
C	Wait! There is so much garbage in the ocean!
B	I've heard of it.
C	We are killing sea life with the garbage such as plastic bottles.
B	Do the fish eat it by mistake?
C	Yes. You know me well!
A	Then we need to clean up the garbage!
C	Yes!
A	Let's clean up the ocean.
B	Maybe we will (meet) some cool people at the beach! Hmmm, I prefer (meat) to fish!
A	I'm not talking about the (meat)!

　この班は、SDGs の目標14である LIFE BELOW WATER（海の豊かさを守ろう）について、日常的な会話のやりとりを使ってスキットを作成した。スキットを通して伝えたいことは、海にたくさんのゴミがあり、魚はそれを食べてしまうという問題点であり、解決方法の１つとしてまずはゴミをきれいに掃除するということを提案している。

　なお、スキット中の(meet),(meat)は同じ発音の別の意味の単語をかけており、ユーモアを交えて伝えようとしていることが見てとれる。

＜スキット例２＞

役割	セリフ
so	We going to be a doctor to care my mother`s illness.
haru	But we can`t go to a proper school because we don't have money .

take	I`m here!!
take	In sub-Saharan Africa, West Asia and South Asia, one is in five people cannot attend elementary school!!
yu	Oh, I see!!
yu	We should make facilities where children can study!

　この班は、SDGsの目標4であるQUALITY EDUCATION（質の高い教育をみんなに）を取り上げ、海外には小学校に通うことができない子どもがいるという事実に対して、子どもたちが勉強できる施設を作ろうという1つの解決策を提示している。

　＜スキット例3＞

役割	セリフ
トーマス	Today's meal looks delicious
アレクサ	Thank you
全員	Thank you for the meal
トーマス	Why are you leaving a meal?
ジュン	Because I hate it so much. Why should I eat this carrot?
ジェシカ	That's right
アレクサ	Some children in the world cannot eat.　So you shouldn't leave food.
ジェシカ	I'll try not to leave anything. I will do my best from now on!

　この班は、SDGsの目標12であるRESPONSIBLE COMSUMPTION AND PRODUCTION（つくる責任　つかう責任）を選択し、好き嫌いだけで食べ残しするジュンに対して、責任を持って食べるように声かけをする形で、フードロス問題に切り込んでいる。また、全員で声を揃えて"Thank you for the meal"と生徒たちなりの表現で食べ物への感謝を表しているところが、この班のスキットの特徴であった。
　以上のように、各班がさまざまな目標についてそれぞれの切り口からスキッ

トを作成し、動画を撮影していた。驚いたことに、授業中に動画撮影の時間が十分あったにも関わらず、「もう一度撮り直したいから昼休みに集まろう」などと生徒自身が授業外の時間を使って撮影に取り組んでいた。このことは、生徒たちが自ら伝えたいと思うような活動であったことを表している。

②アンケート結果

Lesson 6の授業全体に対するアンケートの結果を以下にまとめる。アンケートに回答した生徒は91名であったが、そのうち研究への同意を得られたのは67名だった。今回の結果はこの67名の回答を量的、質的に分析したものである。

＜量的分析＞

質問番号	質問	回答結果
1	Lesson 6を学習する前に、SDGsについて知っていましたか？	知っていた：65 知らなかった：2
2	Lesson 6の授業全体を通して、前よりもSDGsが身近なものになったと思いますか？	とてもそう思う：28 少しそう思う：37 あまりそう思わない：0 全くそう思わない：2
3	Lesson 6の授業を通して、今後自分でもSDGsに関する取り組みを実践したり、広めたりする活動をしていこうと思いますか？	とてもそう思う：20 少しそう思う：41 あまりそう思わない：4 全くそう思わない：2
4	英語でスキットを作成する活動は、英語の学習において効果的だとおもいますか。	とてもそう思う：21 少しそう思う：40 あまりそう思わない：6 全くそう思わない：0

質問3の回答について、なぜそう思うのかと理由を聞く質問への回答を「とてもそう思う」と「全くそう思わない」のものを1つずつ紹介する。前者については「このままにしておくと、地球が崩壊していくので、僕の後の世代も生存していけるような世界を作るためにSDGsに取り組みたいと思うから」と次世代を視野に入れた理由を取り上げる生徒がいた。反対に後者については「よく知らないから」という回答が見られた。今回の単元ではSDGsのそれぞれの目

標や内容については詳しく触れることができなかったことが、このような結果につながったと推察される。

質問4についても理由を聞く質問をしたので、「とてもそう思う」と「あまりそう思わない」の理由を1つずつ紹介する。前者では「みんなで協力するから、より英語力とかが高まると思うから」と他者とのインタラクションを通してより英語学習にも良い効果を感じている生徒が見られた。一方で、後者では「試験にスキットは無いから」と試験を念頭においた意見が見られた。生徒の中には英語を学習する動機が入試や定期試験などの場合があり、そのような生徒にとっては学習効果があまり感じられなかったことが明らかとなった。

＜質的分析＞

アンケートの最後に、「質問11　Lesson 6 の授業全体の感想を書いてください。」という質問を設けた。この回答を質的に分析した。

①抽出語（使用頻度の高い順）

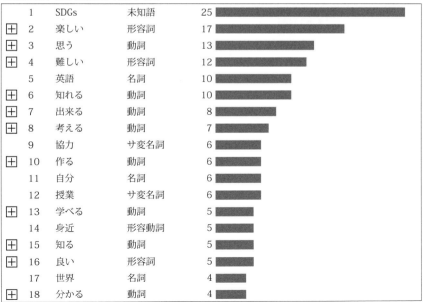

図3　振り返りアンケート質問11の抽出語

最も多かったのは今回のテーマである「SDGs」であった。続いて、「楽しい」という語が多かったことが確認された。全体的に楽しく学習できたと捉えることができる。これらの語の関係性については次の共起ネットワークでより明らかとなった。

②共起ネットワーク
　Lesson 2 と同様に、KH coder による分析結果の共起ネットワークを示す（図4）。
　まず本単元のねらいの1つである「SDGs について知る」ことが、中央の2つの円が結びついていることから達成できたと結論づけられる。さらに、「自分」と「広める」との間にも関連が見られ、「自分で広めて」いくことを考えた生徒

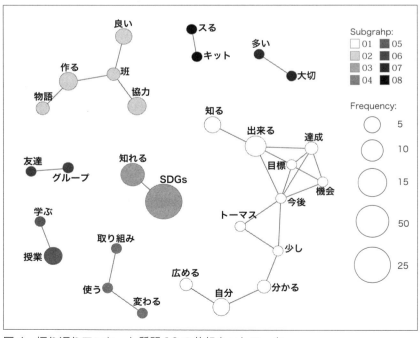

図4　振り返りアンケート質問10の共起ネットワーク

が見られたと推察できる。

　生徒の感想を分析すると大きく2つのタイプに分類することができた。タイプ1はSDGsについて理解を示すものであり、タイプ2はこれらの学習を通した英語学習への影響について言及するものであった。以下、生徒の感想を例示する。

感想番号	タイプ	感想
1	1	SDGsについて詳しく知れてとても良い機会になりました。今後の生活でも<u>SDGsを達成するために一人一人が意識し、行動することが出来れば目標を全て達成できるのではないかなと思いました。</u>
2	1	<u>授業でSDGsのことを学んだことでより身近に環境のことを考えれるきっかけになった。</u>
3	1	<u>SDGsを考えれる機会になった</u>
4	1	SDGsを広めるためにトーマスとコラボして子供にも分かり安いようにしていたことを知った。今後、<u>自分も地球環境改善に少しでも協力出来たらなと思う</u>ことが出来ました。
5	1	Lesson6の授業をして改めて<u>SDGsについて考え</u>させられました。
6	1	SDGsの話が身近なところに使われていることがわかり、取り組みも知れたので<u>これから自分の出来ることはしたい</u>と思えるようになった。
7	1	SDGsに対する<u>見方が変わった</u>と思いました。
8	2	<u>世界の問題と英語どちらも学べて嬉しかったです</u>
9	2	<u>英語をよく考えた</u>
10	2	知らなかった<u>単語や既存の文を英語に直す大変さを学ぶ事が出来た</u>授業でした。
11	2	みんなに向けて<u>英語で発表することは自分の英語の世界を広めることに繋がる</u>と思いました

　タイプ1では、SDGsという世界的な取り組みへの個人的意味の生成が見られた（下線参照）。特に、「身近に環境のことを考えるきっかけとなった（感想2）」や「自分も地球環境改善に少しでも協力出来たらなと思う（感想4）」な

ど、自分ごととしてSDGsを捉えるようになった生徒が見られた。このように、今回の授業実践を通して社会的な話題についても意味生成が引き起こされた。

タイプ2については、SDGsに加えて、本来の教科指導である英語についても学べたことが「嬉しかった（感想8）」や、「英語の世界を広めることに繋がる（感想11）」など、肯定的な感想が見られた（二重下線参照）。このような授業実践が教科指導をおろそかにすることはないことが実証されたと言える。

以上の分析をまとめると、このLesson 6: Thomas the Tank Engine and SDGsの実践を通して、生徒はSDGsについての理解を深めることができ、それによって社会的な問題への個人的な意味を生成してきたと結論づけることができる。

第3節　おわりに

本稿では英語コミュニケーションⅠの2つの実践例を紹介した。それぞれの実践は、「自分」について関わる意味生成とSDGsを通じた「社会」に関わる意味生成を読み取ることができた。これは、言語教育としての英語科教育にとって重要な意味をもつ。子どもは、言語を基にした概念の形成によってはじめて自分の内的世界を理解し始める。ヴィゴツキー（2004:86）は以下のように述べている。

「自己意識は、はじめからあるものではない。自己意識は、人間が言葉のおかげで自分自身を理解しはじめるのにしたがいじょじょに発生するものである。自分自身を理解することはさまざまの程度で可能となるが、子どもは、発達の初期段階ではほんのわずかしか自分を理解しない。」子どもの自己意識は、思考の発達に厳密に依存して、極めてゆっくりと発達するのです。自分自身の理解、意識の発達と形成への決定的な前進は、思春期において概念形成とともにはじめて起こるのです。（下線は筆者）

ヴィゴツキーが「発達の最近接領域」理論の前提としていた子どもの精神発

達ともいえる人格発達を除外して、子どもが一人で解決できない少し難しい問題を協働の中で解決するという作業は、ヴィゴツキー理論を根底とした実践とは言い難い。

　授業者は、意識的に生徒の人格発達を志向した授業実践を積み重ねていくことが重要である。筆者のこの実践が、そのような実践の契機となり、さまざまな実践が積み重ねられていくことを願う。

（長尾拓実）

　参考文献
- 麻実ゆう子（2010）『教育実践とヴィゴツキー理論―授業展開とヴィゴツキー解釈の混迷に抗して―』一光社
- 柴田義松（2006）『ヴィゴツキー入門』子どもの未来社
- スピノザ,B.D.（1951[1667]）『エチカ（倫理学）（上）』畠中尚志（訳）岩波書店
- 高村泰雄（1994）「自己意識と科学的認識の形成過程」『北海道大學教育學部紀要』第63号, pp.1-38
- ヴィゴツキー,L.S.（2001）『新訳版　思考と言語』柴田義松（訳）新読書社
- ヴィゴツキー,L.S.（2003）『「発達の最近接領域」の理論―教授・学習過程における子どもの発達』土井捷三・神谷栄司（訳）三学出版
- ヴィゴツキー,L.S.（2004）『思春期の心理学』柴田義松・森岡修一・中村和夫（訳）新読書社
- ヴィゴツキー,L.S.（2006a）『情動の理論―心身をめぐるデカルト、スピノザとの対話』神谷英司・土井捷三・伊藤美和子・竹内信宜・西本有逸（訳）三学出版
- ヴィゴツキー,L.S.（2006b）『新訳版　芸術心理学』柴田義松（訳）学文社

第2章　高校英語における協同学習と主権者教育の実践

第1節　思春期の二つの相

　思春期という発達段階を、ヴィゴツキーは、危機期と安定期に分けている。中学・高校は思春期にあたり、ヴィゴツキーは、「思春期の第一の相（危機期）」と「思春期の第二の相」に分けている（詳しくは第3編第1章「『発達の最近接領域』と年齢期と環について」を参照）。

　「危機期」としての「第一の相」では、学習活動における困難も指摘されている。また、「学校の方針が『直観性や知識』から『演繹法』へと変化」し、「具体的操作期」から「抽象的操作期」へとするピアジェの指摘とも重なることもある。こうした発達段階の違いは、ヴィゴツキーが指摘する「生活的概念」と「科学的概念」の違いの問題でもある。

　その時期は個人差もあるが、抽象的概念思考への10歳の壁問題として、そこを乗り越えることは、重要なポイントと考えられる。小学校高学年から中学校の間に抽象的概念思考の獲得が求められるが、高校に入ってからも、その壁を乗り越えることができないで、高校中退問題となる場合も生じる。

　また、それを「克服した相」として、安定期とも呼ばれる「第二の相」があり、「興味の多様性が始まり、それの分化を通して興味のある種の核が選びとられ、強化される」過程が存在する。第二の相は、安定期として、高校が主な時期となる。

第2節　英語教育におけるハードル

　抽象的概念思考の獲得の問題は、英語においては、特別なハードルがある。下に示す（1）と（2）は、他教科にも共通するが、（3）と（4）は、英語に特有な問題である。

　（1）　生活的概念と科学的概念の違い及び誤概念
　（2）　発達課題として形式的操作、抽象的概念の獲得は個人差もあり、数年かかることもある

（3） 母語と外国語の習得過程の違い
（4） 英語と日本語との構造上の違いと言語の距離

　本論は、こうした問題を踏まえて、思春期の生徒が、ハードルを乗り越えるために、実践上必要なことは何かを問題意識とした。とりわけ移行期としての思春期における発達課題として、形式的操作、抽象的概念思考の獲得を獲得している生徒とそうでない生徒で学習上の違いが出る。それまでの生活的概念も個々の生徒により違い、誤概念も生徒によって違う。また、英語と日本語との構造上の違いにより生じている問題を指導することが、英語学習のポイントとなる。そうした視点も持って実践を行なってきたのが、紹介する実践（A）、実践（B）、実践（C）である。

注）誤概念という用語に関して、ヴィゴツキーは「（前知能的ことばと前言語的思考の段階）の後に実際的知能の研究者が『素朴な物理学』と呼んでいることの類比からわれわれがかりに『素朴な心理学』の段階と呼ぶところの段階があらわれる。『素朴な物理学』というのは、自分自身の身体や自分のまわりの対象、物や道具の物理的性質に関する動物や子どもの素朴な経験、こどもにおける道具の使用や子どもの実際的知能の最初の操作を基本的に決定する素朴な経験を意味する。」（『思考と言語』, p.134）と指摘し、素朴な心理学という用語を使っている。

　これに関連して次の指摘がある（秋田, 2010『授業研究と学習過程』pp.45-46）。

　学習過程における生活的概念と科学的概念の違い」の問題は、以前からヴィゴツキーにより指摘されているが」（同上）「学習過程において、『乳幼児も独自の特徴や構造を持つ領域に区切られた知識を有している。物理学、心理学、生物学、数、言語など、知識内容に独自の領域固有性がある』（同上）

　そして、さまざまな内容領域で、私たちは生活経験の中で学問知識とは異なる知識を自ら作りだしていることが指摘され、「地球は円盤形でその上に人が住んでいる（Vosnaidou&Brewer,1992）」などが「学習者のもつ誤った知識の例」とされている（麻柄他, 2006, p.6）。

また、拙論（村田, 2016「『学習者の誤った概念（誤概念）』と『ヴィゴツキーにおける概念』との関係に関する考察」ヴィゴツキー学別巻第 4 号, pp.33-44）に於いて、誤概念の根源として、素朴概念の他に混同心性の関連も指摘している。

第 3 節　主権者教育とヴィゴツキー

　主権者教育について、ヴィゴツキーは主権者という用語を使ってはいないが、以下のように言及な表現がある。

> 思春期には人格や世界観がどのように発達していくのか、どのように作られ形成されてしていくのかということを丹念に調べていくならば、私たちがこれまでに述べてきた、思考の形式と内容における変化に基づいて、また概念的思考への移行に基づいて、子どもには人格の基礎が築かれていくことが分かるでしょう。内言は、思春期に最終的に形成され社会化されるということ、（中略）自分の内的操作を使いこなせることが論理的思考の前提になっているということを私たちは見てきました。そのことによって、人格の内的意識が体系化され、整えられた世界が発達し作り上げられるのであり、私たちが意志の自由と呼ぶところの特別な形式の必然性が生じるのです。（柴田・森岡・中村訳, 2004）

　ここで述べられている「人格」や「世界観」は、主権者教育の理念と共通し、その理念は、下に示す新英語研究会が大切にしてきた「外国語教育の四目的」にも表されている。

1. 外国語の学習をとおして、世界平和、民族共生、民主主義、人権擁護、環境保護のために、世界の人々との理解、交流、連帯をすすめる。
2. 労働と生活を基礎として、外国語の学習で養うことのできる思考と感性を育てる。
3. 外国語と日本語とを比較して、日本語への認識を深める。
4. 以上をふまえながら、外国語を使う能力の基礎を養う。」（新英語教育

研究会編『新英研ハンドブック第5版』)

　さらにヴィゴツキーの「内言」理論と「外国語教育の四目的」との関係も、同書の中の「外国語教育の4目的と新英研」(柳沢, 2015, pp.8-9)において、指摘されている。
　また、主権者教育について以下の三点が指摘されている(杉浦, 2015)。

1．権利を行使する主人公であるという自覚、
2．地域・国・世界の出来事をよく知っており、そのことに当事者意識をもっていること
3．地域に育まれて、地域と共に生きることを考える市民」

　こうした外国語教育と関連する主権者教育の意義と、ヴィゴツキー理論の世界観は、思春期の発達と教育に求められるものと考えられる。その理念を目的として、筆者が実践してきたことを以下紹介したい。

第4節　紹介する実践とその目的について
実践(A)「誤概念を修正するインタビュー指導」
　　　2013年度の三学期、実践校：大阪府立A高校1年生
　　　(誤概念と抽象的概念の関係の指導を目的とした実践)
実践(B)「発達の最近接領域における協同学習の実践と考察―SOVとSVOの違いの発見」
　　　2016年度の一学期、実践校：大阪府立B高校、1年生
　　　(英文と日本文の構造上の違いの理解と協同学習の意義を目的とした実践)
実践(C)「協同学習と主権者教育の実践と考察」
　　　2017年度の三学期、実践校：大阪府立B高校、1年生
　　　(協同学習と主権者教育を目的とした実践)

本章で、まず高校に入ってからも抽象的概念思考を獲得できにくい状況にある生徒に対する誤概念を修正する指導として、（Ａ）を、同じく抽象的概念思考と英文と日本文の構造上の違いに関して協同学習を利用した実践として（Ｂ）を、さらに主権者教育と関連した協同学習の実践として（Ｃ）を紹介する。

　なお、実践したＡ高校もＢ高校も、困難校というほどではないが、英語を始め勉強の苦手な生徒も比較的多い学校である。

第５節　実践の内容（Ａ）

実践（Ａ）「誤概念を修正するインタビュー指導」

はじめに

　英語教育におけるハードルについて、（１）の（あ）～（え）で示したように、４つのハードルが存在する。この実践は、そのうち、中でも誤概念に焦点を当てたものであるが、他のハードルと結びついたもので、英語と日本語との構造上の違いや、ヴィゴツキー理論の「生活的概念と科学的概念」の違いや、母語と外国語の習得過程の違いとも関連する。

　その上で、この実践は、英語学習における誤概念を修正するめにどんなことが求められるかという問題意識から出発した。上記のハードルを乗り越えるために、まず、英語を比較的苦手する生徒の多い学校の高校一年生の実態調査を行なった。その実態調査は、予習力チェック課題プリントというものを作って、それで生徒のつまずき（誤概念）のポイントを調べ、つまずいている部分を個人指導（インタビュー指導）するという取り組みである。それは、放課後や休み時間を利用して当該クラス全員に行なった。多忙化の中で、大変であったが、意義を感じて、生徒の参加状況は良かった。

（１）予習力チェック課題プリントとそのコンセプト
　①　プリントは年明けの授業で進む予定の教科書の内容に、読解練習用プリントにヒントとして単語の意味をつけたものを作成した。それを「予習力チェック課題プリント」と名付けた。
　　（教科書の出典；WORLD TREK English course Ⅰ L9 "A Plastic That

Returns to the Earth " Part2 ; 桐原書店）
② 授業中に年明けの最初の授業で進む範囲の「予習力チェック課題プリント」を、やりとげるという課題を課した。
③ 間違ってもいいから、プリントをやり終えさせて、提出させ、添削し、後日間違った理由を日本語で聞き取る（日本語でインタビューする）という趣旨を述べて取り組ませた。
④ 単語や熟語が分かれば、予習ができるということも、つまり何につまずいて予習ができないかを探ること意義として説明した。そこで、予習する力が計れる意味もあるので、「予習力チェック課題」と名付けた。
　全部で十三文の課題で教科書の内容からの連続した文章であるが、ここでは、その抜粋を示す。

（2）生徒に課題として与えた「予習力チェック課題」プリントの内容
　予習力チェック課題
　次の各文を単語の意味をヒントにして、和訳しなさい。
ヒント①　In order to 〜するために /solve 解く /the problems of その問題 /plastic プラスチック /we 私たち /need 必要とする /to 不定詞（〜すること、ために、ための）/make 作る /a new and different type of 新しくて違うタイプの /plastic プラスチック
問題①　In order to solve the problems of plastic, we need to make a new and different type of plastic.
ヒント②　Please どうぞ〜 /look at 〜を見る〔命令文〕（〜しなさい、〜して下さい）/this CD このCD
問題②　Please look at this CD.
ヒント③　It それ /be made of 〜で作られている /plastic プラスチック /but しかし /a very special kind とても特別な種類
問題③　It is made of plastic, but a very special kind.
ヒント⑧　It それ /will 〜だろう /return 戻る /to 〜に /the earth 地球
問題⑧　It will return to the earth.

ヒント⑨ Normal plastic 普通のプラスチック /which 関係代名詞 /be made from 〜でできている /oil 石油 /remains 残る /in 〜の中に /the ground 地面 /forever 永遠に

問題⑨ Normal plastic which is made from oil remains in the ground forever.

ヒントと問題④〜⑦⑩〜⑬はこの原稿では略

（３）予習力チェック課題を使ったインタビュー（日本語での聞き取り）指導について

　予習力チェック課題プリントを、１年生１クラスで行ない、提出させ、添削した。生徒にはテストではないが、テストのつもりでやるようにと指示し、生徒は真剣に取り組んだ。

　その目的は以下のようなことを意図した。

① 予習をしたり、英文読解をしたりする上で、各自がつまずいている、ポイントを見つけて、そこを克服できるよう指導すること。
② それを克服することによって、各自が今後、予習や読解がよりやり易くなるようにすること。
③ 生徒がつまずき易いポイントや、わかりにくい点をインタビューすることで、今後の授業や指導及び先生の研究上にも参考にすること。

（４）予習力チェック課題の誤答例とその原因分析（一部略）

　予習力チェック課題の誤答例を列挙し、その原因分析を行なった。原因の多くは、後置修飾や関係代名詞節など英文と日本文の構造上の違いの認識があったが、他の文法事項や、単語力の問題もあった。

　それらを各生徒の場合どのつまずきポイントかを確認しながら、生徒に個別にインタビューしながらつまずきの修正方法を指導していった。もっとも３年生の卒業前の授業がなくなって、１クラスだけの１年生を３学期に担当しているという余裕のあるシチュエーションだからできたということも好条件としてあった。

問題①　In order to solve the problems of plastic, we need to make a new and different type of plastic.

誤答例（　）内の数字は人数	原因
その問題を解くために、私たちは新しくて違うタイプのプラスチックを作ることを必要としました。	前置詞の後置修飾の見落とし。時制のあいまいな認識。
プラスチックのその問題を解くために私たちは新しくて違うタイプのプラスチックを必要とするために作る。（２）	不定詞の用法の区別ができないで、名詞的用法を副詞的用法で訳そうとした。不定詞を to の前から訳すまちがい。
プラスチックの問題を解くために、私たちはプラスチックを新しく違うタイプを作ることができる。	new と plastic が離れているので、修飾関係がつかめていない。
プラスチックの問題を解決するために、私たちは新しくそして異なったタイプのプラスチックを作らなくてはならない。	must と need の混同
新しくて違うタイプのプラスチックを作るためにその問題を解くことが私たちにとって必要となる	コンマの意味の理解が不十分。of~ は後置修飾の理解ができていない。主語動詞の関係の把握ができていない。

問題③　It is made of plastic, but a very special kind.

誤答例（　）内の数字は人数	原因
それは作られているプラスチックです。しかしとても特別な種類。	後置修飾の形と混同。
それはプラスチックですしかしとても特別な種類でつくられています。	等位接続詞 but の訳し方があいまい。
プラスチックはとても特別な種類でつくられている。	同上
それはとても特別な種類のプラスチックで作られている。	同じような意味なら文法的におかしくても気にしようとしない。
（コンマの後半とつなぎにくくて、どうしたらいいかわからなかった。）	コンマと接続詞の役割の認識不足。

問題⑤ I'm sure you have eaten it.

誤答例（　）内の数字は人数	原因
私はあなたはきっとそれを食べる物と思うでしょう。 私はきっとあなたはそれを食べるのがいいと思います。	現在完了の形の未認識。過去分詞の概念の未獲得。経験の訳し方がわからない。
私はきっと食べていたと思う。（5）	過去と現在完了の判別の問題。
私はきっとそれを食べていると思う。	経験と継続の違いがわからない。食べているを「ずっと～している」のつもりで訳している。進行形の～しているとの混同。
私はきっとあなたがそれを食べると思う。（6）私はそれを食べると思う（1）	現在完了と現在形の混同。現在完了の概念の獲得の困難さ。
私はきっとそれをあなたが食べ終わったと思う。	完了の訳し方で訳した。四用法の不十分な理解。
私はきっと食べたのはあなただと思う。	接続詞 that の文の訳し方がきちんと理解できていない。

問題⑦ This type of plastic has a good characteristic that no other type has.

誤答例（　）内の数字は人数	原因
このタイプのプラスチックには、他のタイプにもない良い特徴がある。（2） このタイプのプラスチックは他のどんなタイプよりも良い特徴を持つ。	「no other＝他のどんな～も…ない」という熟語がつかみきれない。否定語 no の訳し方の困難性。
このタイプのプラスチックの良い特徴は他のどんなタイプももたないものがあります。	関係代名詞 that の訳し方がわからない後置修飾の把握が困難。
このタイプのプラスチックには、他のタイプにもないという良い特徴がある。	that が関係代名詞とわかっていない。接続詞 that と関係代名詞 that の見分けの問題。
このタイプのプラスチックには良い特徴があって、他のどんなタイプもないものだ。	関係代名詞の後置修飾関係が理解できていない。

問題⑨ Normal plastic which is made from oil remains in the ground forever.

誤答例（　）内の数字は人数	原因
普通のプラスチックは石油でできていて、永遠に土の中に残るでしょう。（11）	主語と動詞の不一致。関係代名詞の後置修飾の関係の不理解。名詞と形容詞の修飾関係の未理解。関係代名詞節が主語を修飾する時、動詞までの主語の部分がながくなることによる主語の判別の困難さ。
普通のプラスチックは永遠に地中の中に残る石油からつくられていた。（4）	同上
普通のプラスチックは永遠に地面の中に残る石油でできている。（4）	whichが何のwhichかわからなかった。関係代名詞の訳し方がわからない。
普通のプラスチックは永遠に地球でできている地球の中に残る。	2と同じ、文型全体の理解不足。

問題⑮ I'm sure youc an understand the difference between these two plastics.

誤答例（　）内の数字は人数	原因
私はきっとこれらの二つのプラスチックの間の違いを理解できると思います。（3）	主語が二つ出できたら、二つ目の主語も訳すこと。 接続詞thatの省略文で省略されたthatの役割が理解できていない。I think that she loves you. などの文で、接続詞thatは「〜と、」〜ということをと訳すことの認識不足。複文の理解の困難さ。
私はあなたはこれらの二つのプラスチックの違いを理解することができると思う（2）	きっと〜と思うの熟語をあてはめきれない。（2）
私はきっと。白紙。	1、2、がわからず訳しきれない。
私はきっとあなたは違いを理解することができると思う、これらのプラスチックの間	文が長くなると文型が把握できなくなる。

私はきっとあなたがこれらのプラスチックの間の違いを理解できたと思います。	うっかり過去形にして訳してしまった。時制の一致はよくわかっていなかったが、この場合はそれとの混乱ではない。説明されると時制の一致のルールは理解できる。
私はきっとあなたならこれらの二つのプラスチックの違いを理解できると思う。	主語が理解できていない。文型の理解が不十分。

＊その他：単語力が低い、文を繋げるのに時間がかかる、同じような意味なら文法的に間違っていてもおかしくないという頑固な信念

（5）英Ⅰの授業に関するアンケート

　一応このつまずき克服インタビュー指導と歌を使った授業の感想をアンケートを行なった。歌を利用することは情動とも関係し有効との考えがある。

　英Ⅰの授業に関するアンケートとその集約（提出者31人）

質問内容1－1

　予習力チェック課題プリントを作り、単語さえわかれば英文を理解できることを考えておこないましたがその感想について、（記号に○をつけて下さい）

　　あ）単語がわかれば、英訳がよくできた　4人

　　い）単語がわかれば、ある程度英訳できた　24人

　　う）単語がわかっても、英訳は少し難しい　1人

　　え）単語がわかっても、英訳は全然できない　0人

　　お）その他（白1人）

質問内容1－2　感想

　　あ）とても良かった　4人

　　い）ある程度良かった　12人

　　う）まあまあ　13人

　　え）あまり良くなかった　1人

お）ぜんぜん良くなかった　0人

質問内容1－3
　予習力チェック課題プリントの後で、単語以外につまずいているところを理解するためのインタビュー指導をしましたが、そのインタビュー指導についての感想（記号には○をつけて下さい）
　　あ）とても良かった　3人
　　い）ある程度良かった　12人
　　う）まあまあ　13人
　　え）あまり良くなかった　1人
　　お）ぜんぜん良くなかった　1人（白1人）
　　（理由があれば書いて下さい）

質問内容1－4　理解度1
　　あ）わからないところがよく理解できた　5人
　　い）わからないところがある程度理解できた　21人
　　う）わからないところがあまり理解できなかった　1人
　　え）わからないところが全然理解できなかった　0人

理解度2
　理解できたところを具体的に書いて下さい（現在完了など）
　関係代名詞（4）、関係代名詞など、現在完了（6）現在完了をちゃんと分かれた、現在完了のかたち。受身とか、特になし、文の構成など、接続詞、長い主語の訳し方、不定詞、無答13

理解度3まだよく理解できないところを具体的に書いて下さい。
　特になし（5）、ない、接続詞の使い方、関係代名詞、関係代名詞など、現在完了、いろいろ、経験12、無答19

質問内容1－5　興味度
予習力チェック課題プリントとインタビュー指導を行なって
あ）英語がとても好きになった　1人
い）英語が少し好きになった　4人
う）あまり変わらない　24人
え）英語が少しいやになった　0人
お）英語がきらいになった　0人　その他（白2人）

質問内容1－6　その他の感想
予習力チェック課題プリントとインタビュー指導について、他に何か感想があれば書いて下さい。
指導は自分がよく分からない部分を理解できるのでよかった。特になし。（7）やってよかった、一つ一つ教えてくれたのでよく分かった！このやり方はとても良いと思いましたが、肝心の授業があまり好まないので、やる気が出ず、寝てしまいます。どうしたら自分の力になりますか？（無答31）

＊全体として、好意的な評価が多く、力を入れた甲斐があった。ただし、すぐに大好きにすることは難しい。（筆者感想）

質問内容2－1
歌を使った授業をしましたが、感想を書いて下さい。
よかった（6）、楽しかった、（6）特になし、（2）中学のときにもしていたけどう歌は好きです。意味を訳しやすかった。普通の授業より楽しかった。知っている歌もあったので良かった。訳し方がわからなかった。気分転換になって良かった。知っている曲もあった！わかりやすかった。必要なかった。授業という感じしなかった。とてもよかった。とても良い考えだと思いました。とても楽しかった。

質問内容2－2
　歌を使った授業をしてどうでしたか。(記号に○をつけて下さい)
　あ)英語がとても好きになった　5人
　い)英語が少し好きになった　7人
　う)あまりかわらない　19人
　え)英語が少しいやになった　0人
　お)英語がきらいになった　0人

質問内容2－3　歌を使った授業の頻度について(記号に○をつけて下さい)
　あ)もっと歌を使った授業をしてほしい　18人
　い)歌を使った授業はこれくらいでいい　8人
　う)歌を使う授業を減らしてほしい　2人(代わりにしてほしいことがあれば書いて下さい)

注)今回3学期に使用した歌は、Take me Home Country Road のオリビア・ニュートンジョン版と「耳すませば」版の比較、Yesterday Once More で使役動詞 let の使い方を学ぶものの二つであった。私にとって定番化しているものである。基本的に私は、学期に2曲程度の歌を利用した。

(6) ヴィゴツキーの観点からの評価
　この実践(A)は、誤概念に焦点を当ててその修正を第一の目的としたものであるが、英語と日本語との構造上の違いや、ヴィゴツキー理論の「生活的概念と科学的概念」の違いや、母語と外国語の習得過程の違いを認識するのに効果があったと考えられる。ゲーテの「他国語を知って、初めて自国語を知る」という格言の意義もあるように、この実践によって、自国語の認識が深まり、外国語の習得の助けになったものと考える。

第6節　実践の内容（B）

実践（B）「発達の最近接領域における協同学習の実践と考察―SOV と SVO の違いの発見」

（1）はじめに

　第1編第1章にあるように、発達の最近接領域の協同学習に関して、ヴィゴツキーは、次のような指摘をしている。

　二人の子どもの知能年齢を調べ、二人が同じように八歳だったと仮定しよう。だが、それにとどまらず、この二人の子どもが自分で自主的には解くことのできない、その後の年齢の問題を、かれらに教示、誘導質問、解答のヒントなどを与えながら行なわせたときに、どのように解くかを明らかにしようと試みるならば、かれらのうちの一人は共同のなかで助けられ、指示にしたがいながら十二歳までの問題を解くのに、他の子どもは九歳までの問題しか解けないことがある。この知能年齢、あるいは自主的に解答する問題によって決定される現下の発達水準と、子どもが非自主的に共同のなかで問題を解く場合に到達する水準とのあいだの相違が、子どもの発達の最近接領域を決定する。（『思考と言語』, p.298）

　つまり、ヴィゴツキーは、子どもの発達の最近接領域において、教師に教えてもらったりすることだけでなく、仲間との協同の学びで、子どもの知能年齢の現下の水準を超えた未来に向けた学びが成立することの意義を指摘している。実践2は、そうした、ヴィゴツキーの発達の最近接領域の協同学習を取り入れた指導として取り組んだ。

　高校一年生の「発達の最近接領域」として、「英語の構造の概念と日本語の構造の概念」を、協同学習を通して学んだB高校における実践を紹介したい。中学校でも五文型は指導されるが、最近の流れのなかで、軽視され、五文型を十分理解できずに、高校に来る生徒が増えている。日本語と英語はもちろん発音や単語も違うが、文の基本構造の違いが大きな違いとなる。

母語話者は文法を意識せずに、母語を習得する。しかし英語に対する外国人としての日本人が、文の基本構造の違いの理解なしに、英訳も和訳も表現も会話も、熟達するのは困難なことになる。

　そのことを、ヴィゴツキー心理学では、概念の獲得の問題として説明している[1]。

　ヴィゴツキーが、思考と言語の中で指摘していることはたくさんあるが、その中に母語の発達（『外言（社会的言語）→自己中心的言語→内言』）という下からの過程に対して、上からの体系を持った科学的概念の教授を行うことによって、概念が自覚される、つまり「自覚は科学的概念の門を通って現われる」ということがある。これは「まさにこの意味において、ゲーテの格言を理解する必要がある。『外国語を一つも知らない人は、自国語も本当にはしらない。』」（『思考と言語』,p.321）という言葉に集約できる。外国語という構造上の違いのある言語を、科学的概念として教えることによって、はじめて自分の国の言葉を本当の意味で理解するのである。

　そうした問題意識から、英語の苦手な生徒にとって母語と外国語（英語）の構造上の違いを対照することによることが、その克服に重要と考え、実践に取り入れることを試みた。日本語は「SOV型言語」で、英語は「SVO型言語」という点に着目し、文を「主語①＋動詞③＋その他②」の三つのパートに分けることで、五文型を更に単純化して訳の公式（私家版）というものを作り活用した。そして、主語（〜は）を①とし、その他（C、O等）を②とし、動詞を③とする表を作成した。

　この表により、例えばThis is a pen. を日本語に訳す時、主語（〜は）①⇒その他（C、O等）②⇒動詞を③の順番に訳すルールを公式化した。その際に動詞の部分を○で囲むことで留意させて、動詞に助動詞がついたり、進行形になったりする場合も動詞（句）として一括した。そうすることで、英語では二番目に来るが日本語では三番目になるという構造上の違いがあることを練習させながら、定着させた。そのことが、自分の国の言葉を客観視する気づきになると

考えた。
1 文法重視が過去に批判され、最近の英語教育の流れは、インプットやコミュニケーション重視ということがある。ヴィゴツキーは「外国語のこのような意識的・意図的習得が、母語の発達の一定の水準に依拠する」(同 .p.321)と述べている。つまり、母語の発達の一定の水準が、意識的・意図的習得に必要であり、それを踏まえた上で、インプットやコミュニケーション活動を考えていくことが求められる。

(2) 訳の公式(私家版)

　訳の公式は①〜④まであり、最も単純化したものが①で、②以下で少し複雑な文にも対応できるように工夫した。

訳の公式①

第一文型	S (主語)	V (動詞)			前置詞句など
第二文型	S (主語)	V (動詞)	C (補語)		
第三文型	S (主語)	V (動詞)	O (目的語)		
第四文型	S (主語)	V (動詞)	O (目的語)	O	
第五文型	S (主語)	V (動詞)	O (目的語)	C	
	〜は①	〜する、です③	〜　その他②		
	This	is	a pen.		
	これ　は	です。	ペン		
	I	study	English.		
	私　は	勉強する	英語を		

訳の公式②

　その他の部分が長いとき→前置詞に注目→かたまりごとに後ろから訳す。

　(Vの後ろ)

Vinci is the name of a village in Italy.
　　　　　　　3　　　2　　　1
S は V 　　(その他)
① ③　　　②

訳の公式③
　　主語が長いときも―前置詞に注目―前置詞のうしろから、かたまりごとに訳す。
　　<u>In</u> <u>the case</u> of <u>Aung San Suu Kyi</u> in <u>Myanmar</u>, "Aung San Suu Kyi" is her given name.
　　　　　3　　　2　　　　　1　　　　　　①　　　　　③　　　　　②
　　ミャンマーのアウン・サン・スー・チーさんの場合、アウン・サン・スー・チーは下の名前です。

訳の公式④
　　動詞が二つあるとき（接続詞、関係代名詞など）が二つの文を結んでいる。
　　接続詞などを□で囲うこと
　　　　接続詞とは Before, that, when, but, and など
　　文を前半と後半に分けて結びつけること
　　Takahashi realized　②〔 that 　　　children really needed shoes.〕
　　①　　　　　　　　は③　～ということを　①　　は　③　　　　②
　　高橋さんは、子どもが本当にくつを必要としているということを理解した。

（３）英Ⅰ授業の概要（基本形）
　　授業の展開は、2時間で1セクションを取り組むようにした。
　　まず、1時間目は、
　　予習ノート（本文写し＋α）随時チェックから始めて、
　　⇒単プリ（発音と意味、チャンク練習）
　　⇒訳の公式（板書）
　　⇒動詞に○（SVO型とSOV型の違いは、動詞の位置にあり、動詞を○で囲うことにより、それを意識し視覚化できると考え、この指導の中で動詞に○という作業を取り入れた。）
　　⇒協同学習（4～5人班）で訳の公式を理解しながら、班による訳の完成（協同訳）

2時間目は、
　音読と訳の発表から始めて
⇒発表訳、修正とポイントの解説
⇒印象に残った文（日、英）
⇒リスニングプリント（意味を頭に入れてからリスニングすることに発達の
　　最近接領域の意義があると考えた）
⇒教科書のＱ＆Ａ等の練習問題（時間のあるときはこれも協同で解く）
⇒答合わせ
　という２パターンを繰り返して進めた（発達や進度により、バリエーションあり）。

（４）英文法
　（１学期少人数、２学期習熟度別）の英文法の授業も、協同学習を取り入れた
⇒板書説明後、
⇒ペアまたは班による教え合い
⇒（協同）による問題練習タイムの設定

（５）アンケートとその結果
　質問１「協同学習を取り入れたことはどうでしたか」

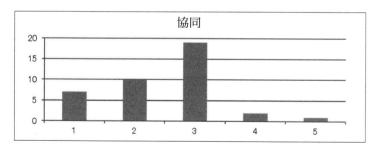

　上（協同）の棒グラフ（Ｎ＝39）を百分率化すると、
　１　とても良かった　18％、

2 ある程度良かった 26％、
3 まあまあ 49％、
4 あまり良くなかった 5％、
5 全然良くなかった 3％ となった。

4と5の合計が8％であるのに対して1と2の合計が44％と大きく上回り、協同学習の効果を感じた生徒の割合が結果に反映していると考えられる。

質問項目が少し違うが（江利川春雄編著, 2012）に、和歌山県立高校、田中智美実践がある。田中実践での「グループでの英語学習は効果的だ」とする回答は、「そう思う31％、ややそう思う43％、あまり思わない19％、思わない7％」で、3（まあまあ）の選択肢がないことを考えると、協同学習の効果という点では似た傾向がある。

また、中学校三年生の協同学習の実践（O中学校）で、「グループ学習に効果がありますか？」というアンケートで、「効果がある36％、わりと効果がある50％、あまりかわらない12％、ほとんど効果がない2％」というデータもある（根岸恒雄, 2019）。中学校の方が協同学習に好意的という傾向もこのデータでは、考えられる要素である。

質問2「訳の公式を取り入れたことはどうでしたか」

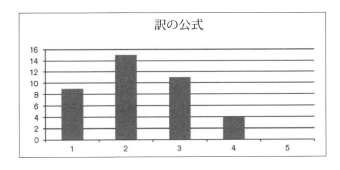

上（訳の公式1）の棒グラフ（N＝39）を百分率化すると、
1 とても良かった 23％、

2　ある程度良かった　35％、
3　まあまあ　28％、
4　あまり良くなかった　10％、
5　全然良くなかった　0％であった。

　訳の公式をメインとしたの質問方法を取ると、4、5の合計が10％であるのに対して、1と2の合計が58％となり、協同学習の効果の44％より大きかった。訳の公式と協同学習の相乗効果も考えられるが、共に意義があったととらえることができる。より詳しい追分析も必要と考えられる。

　なお、英文法の（1学期少人数、2学期習熟度別）の授業の違いについては、統計はとらなかったが、習熟度別でない少人数学級は、比較的英語のできる生徒も含まれているので、生徒同士の教え合いは授業進行上順調であった。

　また、習熟度別のクラスの習熟度の上位クラスの生徒同士の教え合いは、同様に授業進行上順調であった。

　しかし、習熟度の下位クラスの生徒同士の教え合いは、英語を特に苦手とする生徒同士なので、生徒だけでの教え合いは困難もあり、教師が補助する必要のある場面の頻度が多かった。このことにより、協同学習に関しては、習熟度によらない少人数クラス分けの方が意義があると考えられる。

注）訳の公式（私家版）と共通点のある実践で、センマル○セン方式が、記号づけという名前である程度広がっている（寺島, 1980）。記号づけという方法が、概念の理解という点で、どうなのかということが私の実践との違いで議論の余地があると考えている。

(6) ヴィゴツキーの観点からの評価

　この実践（B）は、「英語と日本語との構造上の違い」の理解を深めることを一つの意図としているが、ヴィゴツキーの「発達の最近接領域」における協同学習を取り入れて、そのことが学びの効果となったことを、アンケート調査によっても確かめることができた。

第7節　実践の内容（C）

実践（C）「協同学習と主権者教育の実践と考察」

（1）はじめに

　高校生は、過渡的とはいえ、抽象的概念思考や世界観を獲得していく発達段階にある。本章第3節主権者教育とヴィゴツキーで述べたように、その段階で、発達の最近接領域として、未来に向けた世界観と主権者教育は人格の完成とも関連する教育的課題になる。

　主権者教育について、既出の定義がある（杉浦, 2015）。また、「『学びの共同体』としての学校は、一人残らず生徒を学びの主権者として育て、一人残らず教師たちが専門家共同体（同僚性）を築くための改革のヴィジョンであり、哲学であり、活動システムである。」（佐藤・和井田・草川・浜崎, 2013）という指摘もある。

　それらの定義も踏まえて、外国語（英語）教育において、そうした未来に向けた世界観の獲得と主権者教育の課題を、協同学習を通じて取り組んだ実践を基に引用し、発達の最近接領域と主権者教育と情動の問題について考察を行う。

（2）実践年度

　2016年度の三学期、実践校：大阪府立B高校、1年生

　科目：コミュニケーション英語I、使用教科書："MY WAY" 三省堂

① 教科書にオバマ大統領のノーベル平和賞の話を扱った課がでてくることから、世界観や主権者教育として平和をテーマとした関連学習を行なうことを目的とした。

② その中で、発達の最近接領域の協同学習を取り入れることで、協力・協同の大切さを学ぶことも目的とした。

③ 関連学習の教材

（あ）オバマ大統領のノーベル平和賞演説と広島演説のＤＶＤ

（い）マララさんのノーベル平和賞演説のＤＶＤ

（う）ノーベル平和賞を受賞したキング牧師のI have a dream.の演説ＤＶＤ

（え）ノーベル文学賞を受賞したボブ・ディランの「風に吹かれて」のＣＤ
＊「風に吹かれて」のＣＤと歌詞
出典：BOB DYLAN / DYLAN THE BEST bobdylan.com SONY MUSIC 版

ボブ・ディラン　ディラン・ザ・ベスト　歌詞カード（p.16）
BLOWIN' IN THE WIND　風に吹かれて

How many roads must a man walk down
Before you call him a man?
Yes, 'n' how many seas must a white dove sail
Before she sleeps in the sand?
Yes, 'n' how many times must the cannon balls fly
Before they're forever banned?
The answer, my friend, is blowin' in the wind,
The answer is blowin' in the wind.

How many years can a mountain exist
Before it's washed to the sea?
Yes, 'n' how many years can some people exist
Before they're allowed to be free?
Yes, 'n' how many times can a man turn his head,
Pretending he just doesn't see?
The answer, my friend, is blowin' in the wind,
The answer is blowin' in the wind.

How many times must a man look up
Before he can see the sky?
Yes, 'n' how many ears must one man have
Before he can hear people cry?
Yes, 'n' how many deaths will it take till he knows
That too many people have died?
The answer, my friend, is blowin' in the wind,
The answer is blowin' in the wind.

④　以上の鑑賞に役に立つ背景知識を加えた教科通信 'Imagine' の発行

（３）教科通信 'Imagine' について

第一号掲載内容

　ノーベル平和賞について

　今日の言葉　Knowledge is power.（知は力、F・ベーコン）

　今日の単語 imagine 想像する、ジョン・レノンの Imagine の紹介

　訳の公式①（復習版）

　教科書に関連するノーベル平和賞のオバマ氏の演説の抜粋

第二号掲載内容

　ボブ・ディランの紹介

　今日の言葉　How many times must the cannon balls fly, before they're forever banned?

　今日の単語 blow 吹く、吹かれる、風に吹かれて動く

　世界の核の現状　2012 年（SIPRI）報告、世界で約 1 万 9,000 個

　BLOWIN' IN THE WIND の原文

第三号掲載内容

　マララさんの紹介

　今日の言葉　The pen is mightier than the sword.（ペンは剣よりも強し、英国の劇作家リットン）

　今日の単語 may, might, mightier,

　訳の公式②（復習版）

　マララさん国連演説の抄と抄訳

　前置詞の練習

第四号掲載内容

　キング牧師の紹介

　今日の言葉　I have a dream that my four little children will one day live in a nation where they will not be judged by the color of their skin but the content of their character.（キング牧師）

　今日の単語 character 人格、キャラクター、登場人物

訳の公式③（復習版）
　　訳の公式④（復習版）
　　キング牧師と公民権運動などの背景
　　キング牧師演説の抄と抄訳
第五号掲載内容（節末資料１ 教科通信 'Imagine' 第五号参照）
　　BLOWIN' IN THE WIND の協同訳について
　今日の言葉　Now is the time for us to believe in the power of words.（教科書の当該課の結びの文）
　　今日の単語 grade 学年、成績、等級
　　協同訳の作品紹介

（４）協同学習の感想
　ボブ・ディランの「風に吹かれて」を、協同学習し、協同訳を、班を使って取り組んだ。その結果、協同訳という協同学習をすることが、色々な意義を持つことを、生徒自身が感想に書いてくれた。また、その感想には、主権者教育の意義も含まれている。
　　以下、生徒自身が書いた色々な意義の感想例である。
（あ）主権者教育や世界観と結びつきの強い感想例
　「この歌の意味を訳して Bob Dylan の平和への願いや思いを読みとることが
　　できた。」
　「戦争について考えさせられた。」
　「みんなで訳を効率がいいように分担してやった。とても大変だったけど勉
　　強になった。」
　「死ぬことについて書いてあってかなしくなった。」
　「大変だったけど、一人でやるより楽しいし、協力してできたから良かった！
　　訳していていつ平和になるのだろうかと考えさせられました。」
　「このような歌があるというのを知れて良かった、勉強になった。」
　「訳を書くとき、カタコトな文じゃなくて、歌詞としての文を作るのが難し

くて大変だったけど、皆の意見を聞いて完成させたときとても気持ち良かったです。」
「意見を出し合って最良の訳し方がどれか教え時間短縮に貢献した。」
「みんなで訳したことをまとめてつながるようにした。全員で協力して訳したのでそれぞれの訳し方がわかってよかった。」

(い) 協同学習が広い意味での主権者教育と考えられる感想例
「協力することを教えてもらった。分担することで早く終わった。」
「自分が訳せる部分は発言したりする人もいて、協力できている部分もあった。」
「分かる人がいたら単語の意味を教えてもらい、分からないところはきちんと調べ、協力することができた。」
「協力が楽しかったです。」
「歌の雰囲気と考えた訳と合わせるのに苦労した。完成したときうれしかった。」
「単語がたくさんあって、訳すのに大変だったが、みんなで協力してしっかり訳せたと思います。」
「笑顔を作った！みんなの。」
「比較的英語ができる人は訳し、苦手とする人は単語を訳してもらった、直訳はめちゃくちゃだったが、それを意味の分かるように意訳するのは楽しかった。」
「長かったけど、みんなで協力して、勉強になった。」
「楽しかったです。」
「難しかったけどできて良かったです。」
「絵を付けたり、分かりやすいように工夫しました。」

　(あ)(い)の感想例は、実践を目的とした発達の最近接領域としての未来に向けた協同学習が、世界観や概念形成や主権者教育や総合的な学習と結びついていると考えられる。
　また、感想にいくつかあるように、「楽しい」という情動がこの発達段階でも関係することが見て取れる。

（5）ヴィゴツキーの観点からの評価

　この実践（C）は、思春期の第二の相における発達の最近接領域として、未来に向けた世界観と主権者教育を目的とした。その中で、ヴィゴツキーの「発達の最近接領域」における協同学習を取り入れて、情動とも関係しそのことが学びの効果となったことを、アンケート調査によっても確かめることができた。この実践はまた、協同学習が、教育基本法の教育の目的である人格の完成への意義も持つものと考えられる。

第8節　おわりに

　ヴィゴツキーは、科学的概念と体験の両方の意義を述べている。そして、概念形成を基本としつつ、体験の意義も重視している。そして何か本質的なことを理解したとき「ははあ体験」としてその両者が結びつく。実践（A）の概念に関する教授が、実践（B）や（C）の協同学習の体験も経て、真の概念へとつながる。

　またヴィゴツキーは、環境の問題も重視している。環境は、生活を通じて、子どもに影響する。その環境の問題は、家庭環境もあれば、社会環境や学校の環境もある。貧困化の問題は、家庭環境とも結びつく。さらに競争教育や早期教育の問題も社会的環境の問題であり、そのことにより、子どもの学力格差や落ちこぼれ問題も生じ、思春期の荒れの原因ともなる。

　日本における英語教育は、外国語教育の中でも英語が特に重視されるなどの「英語偏重教育」の問題がある。そこにも英語の落ちこぼれや生徒の「つまずき」の根がある。そうしたことを乗り越えることを問題意識として三つの実践を行なってきた。本章の目的は、高校英語に関するものであるが、体験という点では、協同学習以外に、総合的な学習や、文化祭などの特別活動も意義を持つ。それらすべてを思春期の第2の相の「発達の最近接領域」と位置づけられて、未来の人格形成への概念形成が発達するものと考える。

　また、ヴィゴツキーの協同の理論は、協力や参加や民主主義という理念も含んでいる。環境の問題の理念は、平等な環境や平和を希求する世界観でもある。

その点でも、日本国憲法の理念や主権者教育とも通じるものがあると考える。

（村田純一）

参考文献
- 秋田喜代美（2010）『授業研究と学習過程』放送大学教材, 放送大学教育振興会
- 池田真澄（2018）『現場発！人間的な英語の授業を求めて』高文研
- ヴィゴツキー,L.S.（2001）『思考と言語（新訳版）』柴田義松（訳）p.298, 新読書社
- ヴィゴツキー,L.S.（2003）『「発達の最近接領域」の理論』土井捷三・神谷栄司（訳）p.23, 三学出版
- ヴィゴツキー,L.S.（2004）『思春期の心理学』柴田義松・森岡修一・中村和夫（訳）p.256, 新読書社
- 江利川春雄（編著）（2012）『協同学習を取り入れた英語授業のすすめ』pp.134-144, 大修館書店
- 佐藤学（2010）『教育の方法』左右社
- 佐藤学・和井田節子・草川剛人・浜崎美穂（2013）『「学びの共同体」で変わる高校の授業』明治図書
- 柳沢民雄（2015）「外国語教育の４目的と新英研」新英語教育研究会編『新英研ハンドブック第５版』三友社
- 杉浦真理（2015）「主権者教育とは何か」おまかせＨＲ研究会『これならできる主権者教育実践＆プラン』pp.94-95, 学事出版
- 寺島隆吉（1980）『英語にとって授業とは何か』三友社
- 根岸恒雄（2019）『英語授業全校での協同学習のすすめ』高文研
- 麻柄啓一・新藤聡彦・工藤与志文・立木徹・植松公威・伏見陽児（2006）『学習者の誤った知識をどう修正するか：ル・バー修正ストラテジーの研究』麻柄啓一（編）p.6, 東北大学出版会
- 村田純一（2016）「学習者の誤った概念（誤概念）と「ヴィゴツキーにおける概念との関係に関する考察」『ヴィゴツキー学別巻第４号』pp.33-44.

資料1

Imagine

想像してみよう自分の未来と世界の未来
教科通信　発行　村田（1年2,3,5組担当）
第五号

ノーベル平和賞関連のビデオを鑑賞しました。①オバマ平和賞演説、②オバマ広島演説、③マララさん平和賞演説、④ Martin Luther King（キング牧師）演説です。感想はみんな真剣に考えてくれたものが多く、英語の勉強は世界平和のための勉強と改めて、感じました。

また、ノーベル文学賞のボブ・ディランの「風に吹かれて」の協同訳も取り組みました。とても真剣に取り組んで、良い訳続出でしたが、その中でも特に良かったと思われるものを掲載します。

<u>最優秀協同訳作品</u>
<u>1年3組6班　意訳するのが楽しくなったというコメントがありそれが特に良いですね。</u>

人は一人前として認められるまで、一体どれほどの試練を乗り越えねばならないのだろう？
ハトは安息の地を求め、いくつの海を渡らねばならないのだろう？
永遠に禁止されるまで、一体どれほどの砲弾が飛ばねばならないのだろう？

今日の単語
grade 学年、成績、等級
学年末考査が近づきました。
これをクリアして、学年を2年に進級してほしいものです。
つまり、二年にグレードをアップさせてということで、grade が学年、成績、等級という意味を理解してください。

今日の言葉（4）
Now is the time for us to believe in the power of words.
今こそ、私たちが言葉の力を信じる時です。
＊ believe in~ ～を信じる
「ペン、つまり、ことばが、平和を築く最大の力という言う意味を込めて、lesson7 の最後の結びの言葉を引用しました。その趣旨をこの課では、理解しておいて下さい。

その答えと私の友は今も風の中に舞っている。
その答えはいつも私たちのそばにある。

山が海に削られながらも、そこにいられる時間はあとどれだけ残されているのだろう？
人間が自由でいられる時間はあとどれだけ残されているのだろう？
彼は何度自分に嘘をつけば、真実に目を向けられるのだろう？
その答えと私の友は今も風の中に舞っている。
その答えはいつも私たちのそばにある。

彼は青空を見れるまで、何度空を見上げるのだろう？
人々が泣き叫ぶ声を聞けるようになるためには、いくつの耳を持たねばならないのだろう？
一体どれだけの人が死ねば、人々は死のつらさを思い知るのだろう？
その答えと私の友は今も風の中に舞っている。
その答えはいつも私たちのそばにある。

第5部　大学（教職課程）の実践

はじめに―この部の年齢期と新形成物と ZPD

　「思春期の第二の相（安定期）」については、第4部でも述べたが、新しい興味と興味の多様化が発達する。その安定期の新形成物がさらに発達し、概念形成が進み、自覚や自己意識が形成され、人格の完成へと至る。ヴィゴツキーは青年期を十八歳から二十五歳と捉えており、大学時代はその時期である。しかし、ヴィゴツキーは、それで子どもの発達段階が終わりと単に捉えるだけでなく、成熟期の始まりという意味も下のように言及している。この点で、成人の発達も視野に入れたものであり、大学での教育の意義もここに存在する。概念と世界観が人格の完成と社会生活と関連し、新しい時代（成人期）となっていく。

> 青年期は、子どもの発達段階の終わりというよりは、むしろ、成熟期のはじめとしてとらえられるべきなのです。この時期が持つ意味の基本的法則によれば、十八歳から二十五歳までは、成人期の鎖の最初の環であり、子どもの発達の鎖の最後の環ではありません。（土井・神谷, 2012）

（村田純一）

第1章　大学（教職課程）における理論と実践

第1節　はじめに―この章の年齢期と新形成物とZPD

　思春期の新形成物は、第4部でも述べたように「思春期の第一の相（危機期）」では、古い興味の死滅と情熱の成熟が原因となり、第二反抗期となり、分裂的傾向（схиник）も生じる。この時期に弁証法的には「対他から対自への関係性」の変革が焦点となる。この時期をヴィゴツキーは、概念形成上の第五の相と位置づけており、その相は、擬概念的複合の時期とされ、それは、複合的思考と概念的思考の連結環であり、科学的概念の門を通って自覚と制御へとつながっていく。

　「思春期の第二の相」では、新しい興味と興味の多様化が新形成物となる。この時期は安定期であり、概念形成が進み、自覚や自己意識が形成され、人格の完成へと至る。しかし、ヴィゴツキーは、それで子どもの発達段階が終わりと単に捉えるだけでなく、成熟期の始まりという意味も下のように言及している。この点で、成人の発達も視野にいれたものであり、大学での教育の意義もここに存在する。

　　青年期は、子どもの発達段階の終わりというよりは、むしろ、成熟期のはじめとしてとらえられるべきなのです。この時期が持つ意味の基本的法則によれば、十八歳から二十五歳までは、成人期の鎖の最初の環であり、子どもの発達の鎖の最後の環ではありません。（土井・神谷,2012）

第2節　ヴィゴツキー理論における「特別活動・総合的な学習論」の意義
（1）概念形成と心的体験との関係

　ヴィゴツキーの発達段階論によると、中学校・高校の時期は、思春期であり、それは、第一の相（主に中学校）と第二の相（主に高校）に分類される。この時期は過渡期とも言われ、概念形成上擬概念から真の概念の形成が行なわれる時期でもある。また、ヴィゴツキーは、本節はじめにで「十八歳から二十五歳ま

では、成人期の鎖の最初の環であり」とも述べており、大学生も含めて過渡期と考えることができる。

ヴィゴツキーは、『思考と言語』(柴田訳、2001, p.266)において、概念の形成を詳しく述べており、「自覚は科学的概念の門を通って現れる」という言葉のように、科学的概念の教授の重要性を述べている。それは、学校では主に教科教育が発達段階に応じて行なわれている。

一方、ヴィゴツキーは、心的体験[1]の意義を述べ、環境や情動と関連した体験の重要性を指摘している。それは学校教育においては、主に特別活動として実践されてきた。それに加えて、総合的な学習の時間や総合的な探究の時間も、日本の戦後教育の中で、提起されてきた。総合的な学習は、科学的概念の積み重ねを踏まえて、その発展として体験的な趣旨や探究的な趣旨が加えられてきている。

ヴィゴツキーは、本質的なものを習得することを「子どもは何かを完全に理解し、何かのもっとも本質的なものを習得し、その「ははあ体験」[2]で、一般的原理が明らかにされる。(同, p.294-295)」と述べている。

これは、科学的概念の教授による概念発達と、心的体験と関連した情動発達が、結びつき、学びが真の概念となることを示している。このことについて、以下のような指摘がある。

> 普通の大人がパフォーマンスできる環境(つまり舞台)を創造すること(中略)は、人々がパフォーマンスできるということを発見する機会となった。この「アハー」体験は、新しい活動である。(ロイス・ホルツマン『遊ぶヴィゴツキー』茂呂訳.2014, p.49)

『遊ぶヴィゴツキー』は情動発達の領域を創り出すためのセラピーの意義や創造的模倣と他者の受け入れなどを趣旨の一つとしているが、もう一つ演劇活動や学校外活動の問題意識も扱っている内容となっている。ここで重要となる点は、概念発達の過程だけでなく、心的体験と関連した「アハー(ははあ)」体

験などの情動発達の過程もあることである。両方の過程により、本質的に重要なことの発見や理解と、新しくできることの発見が創り出されるのである。これは、思春期の新形成物の一つである創造的想像でもある。

　それは、演劇も含む特別活動や総合的な学習の時間における実践を通じて得られるものである。

　本節本項は、教職を学ぶ大学生が中学・高校での演劇活動等の実践の体験を含めて学ぶことにより、その意義をより深く認識することを目的の一つとしている。

（２）「集団と協同」と発達の最近接領域について
　発達の最近接発達領域は、単に一つの発達段階の中の最近接領域のみを表すのではなく、各発達段階においても見られるものであることを、ヴィゴツキーは次のように表している。

　　われわれの研究は、ある年齢のある発達段階で、発達の最近接領域にあるものは、次の段階で現下の発達水準に移行し、実現するということを明瞭に示している。言いかえるなら、子どもが今日共同でできることは、明日に独立でできるようになる。それ故、学校における教授と発達は相互に。発達の最近接発達領域と現下の水準との関係と同じように関係するというのは、真実に近い思想である。（『思考と言語』p.302）

　このことは、新形成物とも関連してくる。思春期（第二の相）の新形成物は、概念的思考（抽象的思考）・概念・自己意識などが挙げられる。更に、成人において、概念と世界観が人格の完成につながり社会生活へと発展する。そこに至る前に、下のヴィゴツキーの指摘がある。

　　子どもは集団活動における模倣によって、大人の指導のもとであるなら、理解をもって自主的にすることのできることよりもはるかに多くのことを

することができます。大人の指導や援助のもとで可能な問題解決の水準と、自主的活動において可能な問題解決の水準とのあいだのくいちがいが、子どもの発達の最近接領域を規定します。(『発達の最近接領域の理論』土井・神谷監訳,2013. p.18)

　上記においてヴィゴツキーは、協同とは別に「集団活動」[3]という言葉を用いている。子どもの集団活動を大人の指導の下に組織すると、集団の中の子ども同士の模倣や理解やコミュニケーションを通じて、集団ではない場合に比べてはるかに多くのことを学ぶことができる。ここに集団活動の意義があり、特別活動や総合的な学習の時間で、班活動や演劇などの集団活動を組織する教育的意義が存在する。つまり、協同(共同)や集団活動が、発達の最近接領域の重要な意義を持つという意味でもある。

第3節　大学の教職課程における「特別活動・総合的学習論」の意義

(1) 特別活動の戦後学習指導要領上の変遷

　特別活動は、戦後学習指導要領上歴史的には表のように意義が強調されてきた。

1947	自由研究
1977	ゆとりの意義
1998	総合的な学習の時間
2008	道徳の強化、体験活動、
2017	主体的・対話的で深い学び・アクティブ・ラーニング
2018	道徳の教科化（小）
2019	同（高）
2022	高校での「総合的な探究の時間」

(2) 特別活動と総合的な学習の時間の現場における対応

　文科省は、教科外活動を、ホームルーム活動とまとめている。しかし、現場では、特別活動は、教師主導のHR（講演等）もあるが、自主性を育てることを主眼とする「自主的（行事等）や自治的（生徒総会等）HR」[4]も存在する。また、教科と教科外活動との違いがある。科学的概念を教授する教科に対して、特別

活動は、体験的に交流や協同や話し合いによって学ぶことが中心になる。教科と教科外活動は、対立するものではなく、真の概念の獲得には、科学的概念の教授と特別活動等の体験の両方が必要である。それによって本質的なものを獲得していくのである。

「総合的な学習の時間」は、教科の学びで積み重ねてきた基礎を、対話や討論や協同という体験を加えて、学びの深化を目指すものと考えられる。総合的な探究の時間もその延長線上に存在する。それらを踏まえて真の学びとなり、人格の完成へと至る。

第4節　大学の教職課程における「特別活動論」の実践例

(1) A大学における特別活動の実践

　大学の教職課程における「特別活動論」の時間と「総合的な学習の時間論」は、合わせて単位とされる場合が多い。その両方共、講義形式で行なわれる場合も一般的に存在するが、私の特別活動論実践では、寸劇づくりなどを体験しながら学ぶことを趣旨として、行なってきた。

　尚、筆者はA大学以外にB大学とC大学でも同様の実践を行なって来た。B大学はコロナ禍後の時期には対面でも行なった。しかし、コロナ禍の最初の年に、対面が完全にできなくなり、寸劇づくりもできず、学生の提案で寸劇動画の作成を行なった。C大学は、コロナ禍の二年間は、やはり、オンラインで、動画なども取り入れて行なった。

　A大学も昨年はオンラインがほとんどで、寸劇活動は難しかったが、2022年度に対面でできるようになり、対面での寸劇やグループワークをほぼ完全に行なうことができ、これまでの集大成のような実践を行なうことができた。その特別活動（半期の前半）の詳しいシラバスが下の表1である。

表1

	シラバス	詳しいシラバス	
第1回	ガイダンスキャリア教育の視点、	オリエンテーション、特別活動とは＋特別活動と総合的な学習とＨＲの関係　文化祭実践と学級通信と学級活動、キャリア教育と進路指導	学習指導要領 学事村田資料表
第2回	特別活動の目標・内容について	文化祭を例に、 班編成、学級通信の作成について 企画（出し物）決めロングＨＲ	文化祭資料 企画決定資料 寸劇資料
第3回	特別活動の特質を踏まえた教育課程	集団と協同について実践例 自主性と集団づくりの実践 寸劇つくり劇実践―タイコミュージカル討議―発表―台本	タイコミュージカル実践資料 ①アイディアの出し合い寸劇資料と内容決定に向けて
第4回	集団活動の意義―話し合い活動	生徒会活動について、生徒会実践と文化祭巨大企画 生徒の要求と生徒会活動 体育祭	巨大企画本 ②寸劇づくり 内容承認とワイワイキャスティング
第5回	学級（ホームルーム）活動の指導計画と工夫	寸劇発表にむけて（1） 通信の作成に向けて	③脚本例練習、劇を脚本にする。（原稿用紙8枚） ④（劇練習）＋　プレゼン用通信作成
第6回	生徒会活動・部活動の指導計画と工夫	寸劇通信発表 プレゼン通信 寸劇プレゼン優秀班の決定	⑤寸劇練習続き、班別プレゼン宣伝→学級通信風で劇の宣伝作成（部活動と教師の多忙化）同僚性資料
第7回	学校行事の指導計画と工夫	寸劇プレゼン優秀班 脚本又は実演発表	⑥寸劇通信優秀班の実演発表
第8回	特別活動における評価の方法及びその留意点	修学旅行① 事前指導と人権行事 戦争と人権	さとうきび畑の歌ビデオ優秀班の評価

（2）取り組みの内容

　シラバスにあるように、最初の2回は、特別活動の意義に関する講義を行ない、第3回と第4回は、筆者自身の実践として、「タイコミュージカルは成功

するか」という演劇実践と、生徒会とも協力した「巨大企画」という取り組みを紹介した[5]。「タイコミュージカルは成功するか」(巻末資料参照)は、授業内に全体での輪読を行ない、その内容を討論もしてもらった。ここで重視したことは、学生の高校時代の経験とは別に、教員の視点を理解してもらうことである。その点、タイコミュージカルの実践記録の読み合わせを行なうことで、実際の教育現場の取り組みに学び、自分達が教員になった時にどのような取り組みをしたいかを考えるえることができて有効であった。これは学生の感想からも読み取れる。

　このことから、教職希望の学生にとって、実践記録を読み合わせて討論することも協同の学びであり、教員になるための発達の最近接領域でもあると考えられる。

　5回目から7回目は、実際に教員となった時、特別活動の中で大きなウェイトを占める文化祭の実践に役立てるために、班ごとに寸劇づくりに取り組み文化祭を模擬体験した

　実際の取り組みは、班編成⇒ワイワイキャスティング[6]⇒学級通信風プレゼンによる全班の企画の紹介⇒プレゼン優秀班を投票により五つ決定⇒優秀班による寸劇実演練習⇒寸劇実演(対面)発表⇒最優秀班と準優秀班についてもその後投票により決定した。

　学級通信風プレゼンによる全班の企画の紹介を経て、北風と太陽、大きなかぶ、特殊詐欺、現代解説桃太郎、桃太郎(鬼の視点)、桃太郎(協力のテーマ)の六つの班が優秀班として決まり(同票も含む)、寸劇を実演することになった。他の班も、浦島太郎、かぐや姫、ジャスミンなどの昔話を演じる班が多く、特に桃太郎は複数あったが、それぞれ違う視点が入っていて興味の湧く実演であった。

　事前に、テーマ性とオリジナリティをできれば入れるように指示をした。タイコミュージカルの実践にオリジナリティがあって良かったという感想もあったおかげか、それぞれの班の発表もオリジナリティの工夫が期待以上に内容のあるものであった。

（3）大学生の発達課題と演劇活動の意義

　発達の最近接領域は、単なる模倣ではなく、特に大学生では、創造力や想像力があり、ヴィゴツキーも「想像的創造」という言葉を使って次のように表現している。

> 創造的想像の中で、青少年の情動的側面と知的側面がどのように複雑に総合されるのか、創造的想像の中で、抽象的モメントと具体的モメントがどのように総合されるのか、愛着と思考は新しい統一の中で－この創造的想像活動の中で－どのように複雑に組み合わされるのかを理解するのです。（『思春期の心理学』柴田・森岡・中村訳,2004,p.285）

　つまり、創造的想像は、思春期において、それまでに築かれてきた愛着などの情動的側面と思考などの知的側面の新しい統一として、高校・大学などで発達し、思春期後の世界への発達の最近接領域となるのである。
　大学の教職課程における寸劇づくりの活動は、青少年の情動的側面と知的側面が統一的に発揮される活動という点で、まさにヴィゴツキーの言う「創造的想像」であったと考えられる。それを班活動で行なうことは、発達の最近接領域の協同学習として考えられる。

（4）劇発表優秀班準優秀班

　以下、学級通信風プレゼンの内容のうち、最優秀班と準優秀班のものを編集して掲載する。大学生らしいオリジナリティ（法律や方言）がそれぞれ特徴的である。

学級通信風プレゼン　最優秀班 10 班　＊実物はイラスト付き

寸劇のテーマ、決定しました!!

　３年３組は、総合的な学習の時間に、「文化祭の寸劇のテーマ」を何にするか話し合いました。たくさんの案が出ましたが、最後にクラス全員で投票を行い、
　<u>「現代解説ももたろう〜これだめです〜」</u>に決定いたしました！

どんな感じ？

　ここで内容のすべては書きませんが、ざっくりいうと「ももたろうのやったことを現代の法律で裁いてみたらこうなった！」みたいな感じです。
　登場する人物は、ももたろうはもちろん、おばあさん、おじいさん、サル、イヌ、キジ、鬼、そして、昔話ポリスが登場します！昔話ポリスは、その名の通り昔話を専門とした若手エリート警察官で、今まで「かちかち山の狸の逮捕」や、「おむすびころりんのおじいさんの贈与税脱税の現行犯逮捕」など、多くの手柄を立てました。
　今回、昔話ポリスがももたろうの潜入捜査をしていると、、、
　そこはもう犯罪の温床！！！今も昔も関係なし！
　昔話ポリスは治安を維持するために出動します！

みどころは？

　ずばり！「ももたろうの犯罪の瞬間を昔話ポリスが発見！犯した罪についての説明シーン」です！少しも見逃さない昔話ポリスの熱演にも注目してみてください。主演ももたろうは〇〇君、昔話ポリスは〇〇君が務めます。是非とも文化祭の寸劇に足をお運びください！！

おねがい

　昔話ポリスのセリフは難しい上にとても長いものになっています。間違えてしまったり噛んでしまったりすることもありますが、温かい目で観ていただきたけたら幸いです。そして、寸劇をやるクラスのメンバーは、劇団四季のメンバーではありません。人前で緊張してしまい、上手に劇をすることができないかもしれません。その時は心の中で「がんばれ！」と応援してあげてください。

学級通信風プレゼン　準優秀班4班　＊実物はイラスト付き

○演劇発表
　総合的な学習の時間・特別活動論において今回私たち4班は『大きなかぶ』を発表することになりました。この作品を選んだ理由は、小さいころ誰もが読んだことがあり、親しみが持てるというのと、一つの大きなかぶを抜くためにみんなで協力するという単純明快な物語だからです。

○作品紹介
　この『大きなかぶ』という作品はもともとロシアの民話の一つであり、大きくなったかぶをみんなの力を合わせて引き抜くという童話です。ちなみに、『大きなかぶ』という名は日本語名であり、原語はアブラナ属の原種である野草「ブラッシカ・ラパ」のことを指し、栽培品種である「蕪」ではないという説もあります。

○キャスト
　・おじいさん：大阪（Eさん）・おばあさん：三重（Hさん）・孫：東京（Gさん）
　・犬：石川（Bさん）・猫：宮崎（Fさん）・ねずみ：石川（Dさん）
　・裏方兼監督：大阪（Aさん）・ナレーション：京都（Cさん）

○オリジナリティ
　「大きなかぶ」という有名な作品にオリジナリティを出すために、私たちは、各々の出身地の方言を使い、役に落とし込もうと考えました。なぜ「方言」に着目したかというと、班員の出身地がたまたまバラバラであったという点と、「方言」を使うことによって地域文化についての学習もできるのではないかと考えたからです。そこで私たちは、従来の「大きなかぶ」のストーリーに、各地の特徴の出る内容を創作で盛り込むことにしました。発表ではその点にも注目して見てもらえると、より楽しんでいただけるかなと思います。

(5) 寸劇の感想

　この授業では、合計9回の授業通信（Imagine 通信）を教員（筆者）が発行した。各回30〜50人分掲載した。同じ受講生の意見を知るという対他的内容から、自分の意見を見つめるという対自的内容の両方の意義を持つものがあり、良い感想のものがほとんどであった。典型的な感想を掲載する。

Imagine 通信、2022 第 1 号　感想よりの抄

（本稿では⇒のコメントで各感想の内容とヴィゴツキーの視点との関係を指摘した。）

　1)「どの班も完成度が高くてびっくりしました。銃規制についての劇は脚本がすごかったし、カブの班は後ろのパワーポイントと連動させるというアイデアがすごいなと思いました。また、方言をテーマにするのは全国各地から人が集まってくる大学という場所の利点を最大に利用した良い発想だと感じました。昔話ポリスの班は、演技がすごくて、特殊詐欺はおじいさんの動き、声のシンクロ、鬼目線の桃太郎はBGMにこだわりが感じられました。とにかくどの班もこの短期間でどうやってまとめたのだろうなと不思議でした。どの班も良かったですが、よかったなと感じる班のほとんどは班員同士のコミュニケーションが取れているのだろうなと感じました。実際に中学や高校で劇をやる場合にも、クラス間の仲が良くないと、変に恥じらいが出たりして、いいものは作れないと思います。だからこそ、自分が教師という立場になったら、そこに気を配れば良いのかなという気づきがありました。」

　⇒自分が教師になった時に必要な気付きとして、班員同士コミュニケーションなど、体験の中での学びが指摘されている。また、他班の発表の参考になる点がまとめられており、対他[7]の学びがある。

　2)「非常に短い期間でありながらも、制作物や構想がしっかりとしている班がたくさんあり、非常に面白かったです。文章だけでは伝わらない言葉も、感情を込めて寸劇することで、意味を持つ動きを持った言葉になると感じた。また、全てを語ることなしに人に考えさせるような終わり方をする班もあり、

児童生徒が行う寸劇とはまた視点が違い、これから自分が指導する立場になったときにいい視点の基準になる学びを得たと感じました。また、個性を生かした発表が多くあり、多様性を重んじるこの現代社会において、また様々な地方から学びにくる大学という学びの場を生かした発表であり、非常に興味の湧くものばかりでした。自分の児童・生徒時代を思い返し、懐かしい感情が湧いてきました。また、面白いだけでなく様々な学びのある発表であると感じました。ただ発表をしているだけでなく、何か伝えようとしていることが鮮明に伝わってくるいい発表であったと思いました。」

⇒「言葉の意味」に注目した感想である。それはヴィゴツキーの指摘する「言葉の意味の作用」と関連する。児童生徒時代を思いだして自己の学びとした点は、対自的視点を持ったということでもある。地方出身者も集まる大学での出会いによるコミュニケーションも意義がある。大学生だからできるというクオリティーは、それまでに獲得してきた世界観が発達の最近接領域となり、実現できたものと考えられる。

3)「私たちの班は、『大きなかぶ』を演じました。結果は、とりあえず今回発表した班の中では準優勝ということになりましたが、方言という特殊性を元から掲げていただけに、もう少し練習を重ねれば優勝も狙えたのではないか、というのが率直な感想です。実際、ちゃんと通しで練習できたのは2回ほどで、当日の発表直前でも脚本について議論をしていました。少し焦りもありましたが、この時間が一番班の中で一体感が生まれていました。しかし、発表が始まると、他の班も色々と工夫を見せており、特に10班の現代版桃太郎では、会場も笑いで包まれており、前に立って演技をした身としても、参考になる点がたくさんありました。こうした演劇は中学生以来やってこなかったので、久々に楽しんで取り組むことができました。私が先生の立場で生徒の演劇をサポートするときも、この自分たちで作っていく楽しさを思い出して指導したいと思いました。」

⇒自分たちで作っていく楽しさこそ発達の最近接領域の協同の意義であり、

その中で一体感も生まれたことも含め情動も重要であることが理解できている。それをさらに教員になった時に生かすという点も、対自的気づきとして意義がある。

第5節　大学の教職課程における「総合的な学習論」実践例

（1）A大学における「総合的な学習の時間」論の実践
　まず、後半のシラバスは次の表になる。

表2

第9回	総合的な学習の目標・意義について	修学旅行② 沖縄・相良・さとうきび畑 総合的な学習と人権で深める 人権・道徳・平和。主権者教育	相良倫子；「生きる」修学旅行企画例：総合的な学習；実践例
第10回	教科を越えて必要となる資質・能力の育成	総合と海外修学旅行 テーマ決定実践チャップリンの「独裁者」紹介英社コラボ	班探究企画案 テーマの出し合いと決定 発表者役割分担
第11回	主体的・対話的で深い学びを実現する総合的な学習	英文日本国憲法比較の英社コラボ実践を例に探究的な見方・考え方の討議 班探究の具体化	グループ（班協同）と探究企画：教科横断探究
第12回	総合的な学習の指導上の留意点	指導計画の発表1 班ごとにパワポ発表1（6枚）作成	パワポ班探究
第13回	総合的な学習のカリキュラム・マネージメント	指導計画の発表2 班ごとにパワポ発表2（6枚）作成 18班×6分＝108分÷2＝54分	パワポ班探究続き
第14回	総合的な学習の時間における評価の方法及びその留意点	指導計画の発表3 個人探究紹介パワポ1～2枚	パワポ個人探究
第15回	特別活動・総合学習における家庭・地域住民や関係機関との連携	個人探究紹介パワポ1～2枚	パワポ個人探究 地域格差、家庭環境、貧困問題などとの関連

「総合的な学習の時間」[8]の取り組みでは、まず、修学旅行の実例、特に沖縄修学旅行の例を動画なども使って示した。また特別活動とも関連する平和・人権問題を「さとうきび畑の唄」を鑑賞して学んだ。感想は、大学生の発達の最近接領域として意義あるものがほとんどであった。

> Imagine 通信、2022 別巻2号　感想より

さとうきび畑の唄について

1）「今回私は初めてこの作品を見ました。作品の中で戦争というものに対する人々の葛藤が登場していました。生きたい、戦争に関係のない生活を送りたいという本音を言い出せず命を散らした次男の死亡シーンは印象的でした。当たり前のように自分のしたいことが出来る今を生きられていることを改めて考え直す機会になりました。そして、お父さんが最後に外国人を撃てなかったシーンを見た際に命の尊厳、命の重みを私たちは軽く捉えすぎているのではないかと考えました。現在の人がよく『むかつく、死ねや』『お前に生きる価値はない』など相手に対し発言している場面を学校やネット上で見ます。しかし、その発言は命の危機に晒されることなく自分の意思で生活が出来ているからこそのものだと思います。このようなことは過去の人たちが教えてくれることから考えたとしても起きてはいけないことであり、途絶えさせてはいけない内容だと強く思いました。そして、この思いを胸に学校教育の場で子どもたちに伝え考える機会を作りたいと思いました。」

⇒人権の最大の課題が命の大切さである。戦争は最大の人権問題である。それは主権者教育の課題でもある。その上で、現実のネットいじめなどの問題も自分事として見つめ、学校現場での教員としての対自的あり方を問う感想となっている。

2）「初めて全編を見た時と今回改めて大学生という大人になり、知識がついた状態で見た時で自分の中で共通する視点とまた違った点を感じることができた。初めて見た時はまだ中学生であったが、純粋に戦争に向かう兵士たちが可哀想、戦争はしてはいけないという漠然としたイメージしか感じていなかっ

たが、今になって日本はそこまでして周りの国との関係、立ち位置にこだわったのか、特攻隊を出動させることで何を得ることが出来たのか、日本はこの戦いで何が得られたのかなど少し視野を広げて考えることが出来たと感じた。そして現代でも多く国際的な問題が起こっているがこの映画のような、そして当時のような悲惨さを二度と起こさないためにはどうすれば良いのか考えていかなければいけない。これが自分達が学び、与えられた課題なのではないかと感じられた。戦争を単純な哀れみなどという簡単な感想、イメージで終わらせてはいけないと考えられた。」

⇒「初めて見た時」と「大学生という知識がついた状態で見た時」という発達段階の違いによる視点の違いを認識された感想になっている。その上で、自分たちに与えられた課題を対自的に自分の事としてもとらえ、悲惨な戦争を二度と起こさないためにどうすれば良いかということを、大学生の発達段階の世界観の中で問いを立てる感想になっている。

（２）テーマ決定と予備知識

次に、「総合的な学習の時間」のテーマを決める取り組みを行なった。

予備知識として、戦後（1950年代）日本の教科中心主義（系統主義）と経験主義の論争を説明した。デューイ（1859-1952）の経験主義は、「興味から出発」や「問題解決学習」など総合的な学習の原点的な理論として位置付けられることを説明した。デューイは、興味からという点について下のように指摘している。

四つの興味－談話、すなわちコミュニケイションの興味、探究、すなわち事物を発見する興味、物を制作すること、すなわち構成の興味、および芸術活動表現の興味を念頭に浮かべながらわれわれは、次のようにいうことができる。これらの興味こそ自然の資源であり、投資されざる資本であって、子どもの活動的な成長はこれらの興味をはたらかせることにかかっている、と。」（デューイ・J『学校と社会』, 宮原訳 1957, pp.55-56）

ヴィゴツキーにおいては、「興味から」という点について、思春期の第一の相から第二の相に至る過程で「新しい興味」が重要となるという指摘がある。その点でも、「総合的な学習の時間」において「興味」がまず出発点となる。ヴィゴツキーは興味に関して、幼児からの遊びに自己教育の意味があり、それが発達と教育の様々な過程を経て、欲望的なものから転化して、思春期において新しい「興味」を創り出すことを、『思春期の心理学』第一章第7節「思春期における興味の発達」の第13節で、以下のように説明している。

　遊びは、自己教育です。青少年においてそれに対応するのは、欲望を人間的欲求と興味に転化させる長い過程です。それらの算術平均ではなく、両者の複雑な実際的総合、欲望の興味への転化が、思春期の問題を解く鍵なのです。(『思春期の心理学』柴田・森岡・中村訳、2004, p.54)

(3) 班探究のテーマの議論と決定
　第9回に班内の各自の興味・専攻の卒論テーマなどを出し合い、その次に「興味から」を基本とて班探究のテーマ決定方法を3種類示した。

① 「総合的な学習の時間」と「総合的な探究の時間」とは、共通する趣旨と発達段階による趣旨の違いもあるが、基本的には以下のキーワードにまとめることができる。(『三訂　キーワードで拓く―新しい特別活動』日本特別活動学会編, 2019)を参考に筆者が総合的な学習の趣旨例として、13のキーワードにまとめたもの)
　1 探究的(探求的)、2 教科横断的、3 問題解決(学習)的・発見学習的、4 協同的(共同的)(共働的)(集団的)、5 主体的(自主的)、6 対話的、7 体験的(経験的)・地域的(国際的)、8 調査的・地域的(フィールドワーク的)、9 相互作用的(言語・道具・技術)の使用(ICT含む)、10 計画的・プロジェクト的、11 社会参画的・主権者教育的、12 人間形成的、13 アクティブ・ラーニング的

以上の13のキーワードと自分の興味とを比べて、自分の興味の探究を拡大させ、班探究のテーマを決める。
② 自分の専門や興味を持った本から問題意識を広げて、探究テーマを考える。
③ ①②で決めにくければ、教員希望なので教育に関する何かをテーマにする。
例、「教育格差」「偏差値問題」「いじめ」「愛情」「友情」「外国語」「地域社会」「コロナと教育」「修学旅行企画」「文学探究」「専門と関連したこと」など、班で議論して興味を持てそうなテーマを決める。

(5) 班探究の発表方法
班探究の発表方法については、以下のように大枠を示した。
探究内容を班内で分担してパワーポイントを使って発表する。
① テーマ、はじめに、問題意識(目的)等、2枚程度
② 調査研究探究内容等、4枚程度
③ 考察とまとめ、2枚程度
④ 合計8枚程度、1枚1分程度の発表時間で、6～8分程度　長くても10分以下を目安

(6) 個人探究と期末レポートについて
第10回から班探究を行ない順次講義内に発表してもらうが、それとは別に個人探究の紹介を全員にしてもらい、それは期末レポートの課題となることを示した。また、各班から代表者1名を選び、期末レポートに向けての問題意識をパワーポイント2枚で第15回の講義中に紹介発表してもらうことにした。

それに加え、全員個人探究＝期末レポートをパワーポイント6～8枚も提出締切までに行なってもらうことにした。この課題は、大学生の興味は卒論に集約されるという傾向もあり、それに向けてのステップとしても良いし、班探究で拡げた問題意識を更に深堀しても良いし、それらとは離れて趣味的問題意識からの探究でも良いことにした。

以下は、各探究で発表されたテーマである。（重複は除く）

班探究テーマ

「部活について―ブラック部活を無くすには」「いじめについて」「教育格差―経済資本」「学歴に焦点を充てて」「日本とフィンランドの教育の違い」「イエナプランについて―日本の教育に生かせるのか」「ブラック校則について」「修学旅行の意義、歴史の転換点〜古代・中世・近世・近代〜」「文学」「コロナ禍教育格差―コロナの影響の教育変化」「コロナ禍における高校の教育実態について（ICT等情報環境について）「コロナと教育・教師の多忙化」修学旅行企画」

個人探究紹介テーマ

「ブラック部活について」「いじめについて」「神の存在証明」「シュタイナー」「コメニウス」「自尊感情がwell-beingに及ぼす影響」「チャップリンとヒットラー」「和田義盛と和田合戦」「科挙―中国固有の官僚制度」「スズランの毒性―エディブルフラワーとは」「忍性の弱者救済」「教育とスポーツ」「仮名手本忠臣蔵」「修学旅行企画・北海道」「『源氏物語』の心理描写より　千年前と現在の関連性」「撥音（ん）の学説史（本居宣長〜明治）」「自傷行為をする生徒に対応できる教育」

Imagine通信、2022 第8号　15回感想

1）「15回全体を通していろいろなことを学べました。特に演劇でも班研究発表でも準優秀賞を取れたので嬉しかったし、また班の人と楽しく交流でき、協力して何か一つの課題をクリアしてくいくという流れがとても勉強になりました。教職を通して大学での仲良くなったメンバーや友達も増えたし、同じ教職を目指してメンバーなので、会話したりするのも楽しかったです。コロナ禍の中、社会でもそうですが、大学での授業形態がオンラインやオンデマンドなどのリモート形式でいろいろと変わってきている中、こうしてたくさんの人の意見を聞けたり、フィールドワークを通して沢山の学びができてとても勉強になりました。また、私たちは、来年4回生になる人が多く、文学部では卒論を書き上げなければいけないのでそれのテーマや調査方法などについて特に最後の班研究や個人探究の班の発表を聞いてとても勉強になりました。短い間でし

たが、お世話になりました。ありがとうございました。」
　⇒ 15回の授業が、演劇にしても、班活動にしても、個人探究にしても、心的体験となり、楽しかったという感想になり、その学びが卒論という自己の課題に参考になり、未来に向けて発展する動機となっている。コロナ禍の問題の指摘もコミュニケーションの問題の指摘にも意味がある。それらは、15回の授業で目的としたことであり、こうした感想は、講義した立場でも励まされるものである。

　2）「個人探究発表の感想：個人の発表を聞くことによって自分が卒論（期末レポート）で取り上げる内容を客観的に見直すことができ、期末レポート作成のイメージが頭に浮かんだ。また、専門分野がそれぞれ違う中で、皆さんが細かく探求しておられて自分も頑張ろうと思うことができた。前期を通しての講義の感想は、最初は寸劇を班で行うと聞いてとても不安になったし、やり切る自信がなかったが、同じ専攻、科目履修の方と同じ班になってからは講義を受けにくることが楽しみになって、劇にも積極的に取り組むことができ、毎回講義や将来のことなど情報を共有することが自分の励みになっていった。対面授業のありがたみと良さを実感した今学期の講義であった。教職課程を履修する上で、教員になってから横のつながりが大切であるということがよく言われているが、講義を通して横の繋がりを感じてみんなで協力することができてよかったと思う。これからも、教職を目指す友人達と寸劇発表での協力を思い出して色んなところで切磋琢磨しながら頑張っていきたいと強く思う所存である。」
　⇒他の人や他の班の探究発表を聞くことで、自分の卒論などの創造的想像につながり、対他から対自の学びになったという点。寸劇等の班活動で、協同の学びになり、協同のコミュニケーションの楽しみとなったという点。将来のことなどの情報の共有が未来に向けた発達の最近接領域であるという点。またコロナ禍で分断された学生にとって、横のつながりによるコミュニケーションの重要性が理解された感想である。

3)「1班の個人発表はブラック部活の内容であり、とてもしっかりとまとめられておりよかったと感じました。3班の個人発表は神の存在証明という内容であり、日常の中で触れることがない内容だったので興味深いものでした。5班の個人発表はなぜ沖縄への修学旅行が多いのかという内容でしたが簡潔に述べられていてよかったと感じました。8班の個人発表は講義の中でも取り上げていたチャップリンとヒトラーについてでとても興味深く面白いと感じさせる内容でした。10班の個人発表は中国の科挙についてで、言葉くらいは知っていましたが中身はあまり知らなかったので知ることができよかったと感じました。11班の個人発表はスズランの毒性という内容でこのことについて全く知らなかったので新しい知識としてとても学びになりました。13班の個人発表は教育とスポーツについてで、教育の中でのスポーツの意義ということについての内容はとても面白く感じました。15班の個人発表は修学旅行ということについてしっかりとした内容だったと感じました。16班の個人発表は源氏物語から心理的関連性という内容であり、内容の視点が興味深いものであると感じました。17班の個人発表は撥音の学説史についての内容で面白い卒論のテーマだと感じました。18班の個人発表は自傷行為をする生徒に対応できる教育については、理解しやすくよかったと感じました。」

⇒「総合的な学習論」の抽象的な意義などを学び、その具体的実践として行なってもらった各個人発表の感想がよくまとめてある。こうした具体的な学びが「新しい知識」や「理解し易さ」の対他としての体験となり、あらたに対自の認識として、自己の卒論への発達の最近接領域となっていると考えられる。

第6節　ヴィゴツキーの視点による実践の意義の考察

（1）心的体験と動機と思想

　本章第2節でも述べたが、概念形成と心的体験の積み重ねにより、ははあ体験も経て、内言や自己内対話を通じて動機と思想へと到達する。

　また、人格の完成や世界観に関して、ヴィゴツキーは以下のように述べている。

思春期には人格や世界観がどのように発達していくのか、どのように作られ形成されてしていくのかということを丹念に調べていくならば、私たちがこれまでに述べてきた、思考の形式と内容における変化に基づいて、また概念的思考への移行に基づいて、子どもには人格の基礎が築かれていくことが分かるでしょう。内言は、思春期に最終的に形成され社会化されるということ、（中略）人格の内的意識が体系化され、整えられた世界が発達し作り上げられるのであり、私たちが意志の自由と呼ぶところの特別な形式の必然性が生じるのです。(『思春期の心理学』柴田・森岡・中村訳, 2004 p.256)

特別活動においては、文化祭などの協同の体験が生徒の心的体験の一つとして生きてゆく。総合的な学習は、科学的概念の学びを多様な教科・科目を総合して、それをさらに協同で学ぶことにより、その意義が生きる。

総合的な探究については、高校・大学の発達段階に応じてそれをより深めることができる。

本論の班探究で実践したことは、内言の社会化でもあり、論理的思考から、人格の完成と世界観や思想の形成を経て、意思の自由を獲得する過程での発達の最近接領域である。それを班という形式で協同学習することで、より意義ある実践となったと考える。それは学生の感想によく現れている。

（２）弁証法の視点

ヴィゴツキーは、弁証法の視点を随所で取り入れている。即自―対他―対自の視点でとらえると、高校までの対他の過程を経て、大学生は対自の時期となり、それは自覚と自己意識の時期である。教職課程を学ぶ学生は、高校での対他の学びに加えて、大学での講義の中でも対他的に学ぶ内容がある。

特別活動論や総合的な学習の時間論で、探究の意義を対他的にとらえ、そのあり方を討議し協同し、体験的に学ぶことにより、対自に至る。その認識によっ

て、より良い教員としての自覚や自己意識が深まる。本実践で、学生もその意義を感じた感想も多く書いてくれた。

（３）本節の結語
　ヴィゴツキーの次の言葉がある。

後に概念の形成をもたらす過程の発達は、その根源を深く児童期に発してはいるが、概念形成の過程の心理学的基礎をその独自な組み合わせにおいて形成する知的機能は、過渡的年齢（思春期）においてはじめて成熟し、形成され、発達する。子どもが少年に変わるとき、はじめて概念的思考の領域への決定的移行が可能となる。（『思考と言語』柴田訳 , 2001,p.161）

　大学生は、「概念的思考」に移行が可能な思春期の最後の環の時期である。科学的概念を小学校から学んで来た結果、概念的思考が可能となり動機や思想が形成される。そして、概念や世界観の獲得につながる。
　「科学的概念の教育」と、「心的体験」と関係する特別活動や総合的な学習の両方が、教育において重要な役割を果たす。それまでの科学的概念の教授である教科教育による概念形成を基本としつつ、実践においては、「科学的概念」と「体験」の両方の意義を踏まえて取り組むことが重要である。両方の実践が、本質的なものの理解としての「ははあ体験」を通じ、真の概念や自覚や自己意識への発達の最近接領域ともなる。そのことを意識して本節の取り組みがあり、その意義も学生の感想で確認できた。
　また、本章第１節もあるように、「十八歳から二十五歳までは、成人期の鎖の最初の環であり、子どもの発達の鎖の最後の環では」ない。大学時代は、成人期の鎖の最初の環でもある。その後教員になるにしても、別の道に行くにしても、成人期はまだ終わらない。人格の完成や世界観の形成は、生ある限り続くのである。

（村田純一）

1) 心的体験（переживание）は、『人格発達の理論』によると、ことばの意味を「ことばと思考に関する統一体の単位をつかみ取ること」（同, p.81）であり、「心的体験の中では、つまり一方では、環境は私に対する関係において与えられ、私がこの環境をどのように体験するかという点において与えられていますが、他方では、心的体験において私の人格の発達のあらゆる特質が形作られます。（同, p.83)とヴィゴツキーは述べている。
2) 'ага-переживание' のロシア語の訳では「アハー体験」もあるが、柴田義松訳では「ははあ体験」と訳されている。もともとビューラーが使用した用語である。
3) 集団活動は 'коллективной деятельности' が原語。集団的は 'коллективной' で、協同は、'сотрдничесво' である。
4) HR の教師主導（講演等）と自主的（行事等）と自治的（生徒総会）等の区別については、『クラスを盛り上げる　担任のアイディア 100 連発』（おまかせ HR 研究会編, 2002) 第三章論考編④「HR とはそもそも何か」pp,143-148（村田純一執筆部分）の中の「2) HRの実際の運用 pp.144-145」において筆者が分類したものである。
5) 本節末に「タイコミュージカルは成功するか」の抄を掲載しているが、授業で読み合わせたのは、抄の3倍の量で詳しく実践記録したものである。巨大企画については、夢と感動の巨大企画」（村田・戸山・佐藤, 1996）を参考文献にされたい。資料「タイコミュージカル成功するか（抄）」は、大阪高生研の例会発表内容の要旨を一部修正したものである。
6) ワイワイキャスティングは、『学級を変える文化祭—考え方からアイデアまで—』（副島・森田・渡辺茂 1987）の中に出てくる用語で、クラス討論の組織の方法として、①どんどんアイデアを出し合う②中心メンバーが密談する③ワイワイキャスティング④劇を脚本にする⑤けいこは熱っぽく⑥そして本番という段取りが書かれている。（同, pp.64 - 78）この本は、筆者の実践に参考になる点が多かった。
7) 即自―対他―対自については、第1編第1章「発達の最近接領域の概要」の章末注を参照されたい。
8) 1998 年以前には、民間教育団体を中心に「総合学習」という言葉が提起されてきた経過がある。1998 年に「総合的な学習の時間」を文科省が提起されその言葉が中心になっているが、「総合的な学習の時間」と「総合学習」の違いについて、次の指摘による区別が当時行なわれた。
　　前者は『国際化』『情報化』に適合した国家の国民を教育することを目的とすることに対して、後者は、平和と人権と民主主義の実現を追求する市民・国民を教育することを目的とする。（『総合学習と学校づくり』竹内・高生研, 2001, p.24）
本論は、大学における授業実践として、当該大学のシラバスに使われている「総合的な学習の時間」を使用している。本論の実践は、「総合的な学習の時間」というシラバスの枠組みの中でも、上記「総合学習」の目的の趣旨を最大限生かすことを問題意識とし、実践したものである。

資料
実践記録「タイコミュージカルは成功するか？」(抄)
第一章　出し物決定
6/20　出し物決定 HR：担任の希望―こんな文化祭に
　①　どんな出し物でもクラス全員が気持ちよく参加して盛り上がっていけるように
　②　皆の意見を聞いて、決まったら全員が協力できるようにする
　③　積極的に参加する気持ちを持とう
　④　内容をよくするよう考えよう、三年生を意識して、質の高いものを
　⑤　社会に出てから、進学してからも何かの役に立つことも考えてよう
　司会：委員長と文化委員。横道にそれかけたら少し助言する。生徒が自分達で決めることを最大限尊重しつつ助言するというスタンス。
　「先生、ステージが多そうです」「一部の盛り上がりでは問題がある」「全員の意見を聞きたいので投票したいと思います。」圧倒的多数で3年5組は、ステージ部門に決まる。
6/21　実行委員会
　文化祭実行委員を募集。委員長のA男とB子、文化委員のC子とD子、他にE子F子の6人で実行委員で始まり太鼓案も検討し始めた。1組で太鼓を頑張っていた生徒が「5組も太鼓やるかもしれないのは真似ちゃう？」との声。さあどうしよう。
6/27　HR
　I子が「ルパン三世の歌に太鼓が出てくるので、それと劇をからめて作るのはどうですか」と発案。「タイコミュージカル・ルパン3世」圧倒的多数の賛成の手が挙がった。
7/17　実行委員会
　内容1．太鼓の数　2．夏休み中3回、集まることを確認　3．シナリオ作成・太鼓・音響・台詞の分担　4．クラスの役割分担　配役、太鼓打つ人、大道具、垂れ幕、他
7/19　一学期終業式
　劇の配役が決定。ルパンM男，次元N男，五右衛門O男，不二子J子，ナレーションE子ら。太鼓はB子C子D子I子ら合計11人。大道具、小道具、垂れ幕はT子中心。

第二章　シナリオ原案作りと真夏の大激論
　7月中の実行委員会は、実行委員でなかった人も、できるだけ参加するように呼びかけ、大道具、役者等含め合計10人が参加しシナリオ原案を作成。
8/1　人数が少ないので、別の日に声をかけて集まり直そうと提案し、8月9日に再度集まることに。
8/9　夏休みの真ん中に、ふたを開けるとクラスの3分の2が集まるという予想を越えた集まりに。
　I子「私の案はタイコがメインのつもりで、劇の部分が多いのは違うと思ってるんです。」C子らはとまどった。
　「お互いに少しずつ考え直して、両方が納得いく中身にしては。」と担任は助言。
　C子とI子が相談し、「苦労して考えたシナリオなのでそれも生かし、タイコを増やして劇を減らす案を作ったのでそれでいいですか。」とI子が発言。参加者は全員賛成した。

第三章　太鼓サークルの指導と音符作り

8/18　地域で太鼓指導を行っているサークルがある。18日に丁度1組の三回目の指導があり、合流することに。この時担任と実行委員は、サークルの指導は太鼓の打ち方の基本をやる内容だと誤解していた。ところが実際は、実践練習を中心だった。5組の出し物の実践練習を指導してもらえれば良いのだが、それはサークルの持ちネタには全くないものであった。結果的に、和太鼓サークルの伝統とはかけ離れた「ルパン3世」を持ちネタにしていることを期待しての行動のようになっていた。

　この時「ルパン3世」の和太鼓用のオリジナル音符作り」という課題を認識した。

8/21　音符作り。バチでダンボールや机を叩き、曲に合わせて太鼓用の音符を作成する。楽しそうに作っていた。「先生、一曲目が3分の1終わったところです。大変過ぎます。」「ルパン1978」など3曲を選んで、Aの曲・Bの曲・Cの曲と仮の名前をつけていた。

9/1　Aの曲とBの曲だけだが、音符はできた。サークルの指導者に相談した。すると以外な答が返って来た。「デッキに合わせて打つと太鼓が勝ちすぎるの、難しいわよ」。

　デッキは負けていた。体育館のPA装置でのBGMは10個の太鼓に合うだろうか。太鼓にBGMがかき消されると、何を打っているのか観客に伝わらない。この夏に何度も集まったのは何だったのかということになる。タイコミュージカルの行方に大きな暗雲がかかった。

第四章　始業式

　体育館のPAは文化祭の前々日に設置される。昨年太鼓をやったG先生に尋ねた。すると望外の答えが返ってきた。「私のクラスもBGM使ったの。太鼓の音が勝つ問題はステージ練習の時に分かってあわてたわ。でも10個の太鼓にPAのボリュームをいっぱいにして、ステージ上の音を拾うマイクをオフにするとBGMの音量と太鼓を合わせることができたわ。」

　昨日不安に思っていた生徒は、喜んだ。練習は、机やダンボールを叩いても練習した。垂れ幕の配布が行われ、大道具と垂れ幕係は本格的に制作に入った。しかし、まだI子らのグループは、バイト等を理由に積極的に参加しない状況があった。

第五章　混迷の10日間（9/3～13）

　始業式になってもCの曲はできていなかった。「どうする？」とC子らに聞くと「最後の幕の部分はAの曲をもう一度繰り返すことで何とか形になる」となった。「大事なことは全体で承認してきたので、確認して、それで行こう」と指示し、HRで承認された。

　演劇部分は練習を重ねていた。太鼓は、HRの時間はI子らも練習に加わるようになった。しかしこれまで中心だったC子が、18日から来るカナダの交換留学生のホストファミリーで、準備に追われ、実行委員会が機能しにくい状況があった。

第六章　最後の週

9/17　平太鼓2個の教室練習
9/18　カナダ留学生歓迎会、タイコ借り入れ、化学室練習
9/19　柔道場練習（10個での初練習）、ステージ練習
9/20　ステージ練習, 太鼓移動, 柔道場練習

Ｉ子らにどれだけ練習に残る気があるか確認した。Ｉ子らは、やる気はあると言いながら放課後になるとバイトなどを理由に休みがちだった。Ｊ子は太鼓と不二子役も兼ねている。「あなた抜きでは練習が進まないのはわかっているでしょう？」と押すと「わかってる。今週は絶対ちゃんとやる」という答えだった。Ｌ子は「ここからは前からやるつもりで、もうバイトもはずしてある」。Ｉ子もＫ子もやると言う。あとは信じるしかなかった。

　リーダーの件もあった。Ｃ子がカナダのホストで忙しすぎる。Ｂ子と話し合った。Ｂ子は委員長でで指導力もあるが、文化委員のＣ子のやる気を尊重して、サポート的に動いていた。また進学との両立に悩む部分があり、「ポイントを押さえてサポートしてくれ、勉強も頑張ってくれ」という趣旨のことを言っていたが、逆のことを要求することになる。「Ｃ子が動きにくい分全面的に頑張ってくれないか。」Ｂ子は最初「えー」と言ったが、「わかったやってみる」と言ってくれた。

第七章　二段ロケット

　カナダ人の留学生が、Ｃ子のホストファミリーの関係で３年５組に入って来た。自己紹介をしてもらい、拍手が起きた。その後で担任は留学生に "We play the Japanese drum-Taiko, for the Cultural Festival. Do you want to play with us?" と聞いてみた。"Yes." という答えだった。Ｃ子だけでなくクラスみんなが喜んでいた。導火線から発火点に至ったような役割を果した。

　柔道場練習。太鼓を初めて広い場所に並べて打てる。すべて並べると壮観である。すごいという声が上がる。Ｂ子が希望を聞きながら位置を調整していく。みんな自覚的に動いていた。２段目のロケットエンジンが点火したようだった。

　ステージ練習。ＰＡの音はどうか。結構大きく、太鼓に勝っていた。音響係がそれに合わせ練習した。

9/20　昼休みの時間帯。太鼓の音が強くなり、ＰＡに勝ち始めた。練習の結果昨年のＧ先生のクラスの音域に達した。衣装合わせ後、最後の柔道場練習。放課後にもかかわらず、帰る生徒もなく、通し練習をして、完成に近い出来を確認した。

　「先生もう大丈夫と思う。明日頑張るわ。」当日早朝練習することも決めていた。

第八章　文化祭当日

　早朝練習は、沢山集まっていた。大道具係も力作の背景を飾る準備に来ていた。これがなかなかの作品で、本番の太鼓演奏とマッチしたお祭りの風景で、立体感もあった。

　幕が開いた。完璧に近い出来だった。ＰＡと太鼓の音量も合っていた。観客の反応も良かった。「こんだけ頑張ってできるとは思ってもみなかった。」そんな声も。

　表彰式。「ステージの部優秀賞３年５組」というコール。歓声が上がった。表彰台にＣ子が、留学生と喜んで上がっていった。留学生もいい思い出になったようである。みんなが達成感と盛り上がりに満足していた。記念写真も笑顔でいっぱいだった。

　長いタイコミュージカルの取り組みが終わった。色々あったが、学ぶことも多いやりがいのある企画だった。

参考文献

- ヴィゴツキー ,L.S.（2001）『思考と言語　新訳版』柴田義松（訳）新読書社
- ヴィゴツキー ,L.S.（2003）『発達の最近接領域の理論―教授学習過程における子どもの発達』土井捷三・神谷栄司（訳）三学出版
- ヴィゴツキー ,L.S.（2004）『思春期の心理学』柴田義松・森岡修一・中村和夫（訳）新読書社
- ヴィゴツキー ,L.S.（2012）『「人格発達」の理論―子どもの具体心理学』土井捷三・神谷栄司（監訳）土井捷三・神谷栄司・伊藤美和子・西本有逸・竹岡志郎・堀村志をり（訳）三学出版
- 浅居宏充・一宮朋義・井沼淳一郎・岩崎善行・加藤都・雑賀明子・佐藤功・首藤広道・高山亨・中村貴彦・西村康悦・藤田隆介・村田純一（2002）『クラスを盛り上げる　担任のアイディア 100 連発』おまかせ HR 研究会（編）学事出版
- 副島功・森田博・渡辺茂（1987）『学級を変える文化祭―考え方からアイデアまで―』日本書院
- 竹内常一・高生研（2001）『総合学習と学校づくり』全国高校生活指導研究協議会（編）青木書店
- デューイ J.（1957）「学校と社会」宮原誠一（訳）岩波書店
- デューイ J.（2004）「経験と教育」市村尚久（訳）講談社
- 日本特別活動学会（編）（2019）『三訂　キーワードで拓く新しい特別活動』東洋館出版社
- 村田純一・戸山勝介・佐藤功著（1996）『夢と感動の文化祭巨大企画』学事出版
- ホルツマン ,L.（2014）『遊ぶヴィゴツキー、生成の心理学へ』茂呂雄二（訳）新曜社

第3編
理論編（下）

第１章　『発達の最近接領域』と年齢期と環について

第１節　はじめに

　第１編第１章で見たように、ヴィゴツキーは発達の最近接領域について、合理的模倣や協同学習などの視点でも意義を述べている。それらは、主に『思考と言語』（柴田訳,2001）や『発達の最近接領域の理論』（土井・神谷訳,2003）などで展開されたことを基本としている。

　この第３編第１章では、加えて、もう一つの視点として『人格発達の理論―子どもの具体心理学』（土井・神谷監訳,2012）において展開されている「年齢期」の問題を取り上げる。その中で、ヴィゴツキーは、弁証法と関連して「環」という概念をキーワードとして使用している。

　そして、その「環」の概念について、ヴィゴツキーは、「年齢期の発達段階上の危機期」と関連し、各年齢期における「関係性」の変化の重要な指標として述べている。また、それは、新形成物とも関連する。新形成物については、第１編第１章末の表１「ヴィゴツキーの発達段階論―年齢期と危機期と新形成物」も参照されたい。

第２節　年齢期ごとの関係性について

（１）三歳の危機と関係性

　まず、ヴィゴツキーは「年齢期の発達段階における危機期」と「関係性」について以下の指摘をしている。

　どの危機も子どもの解放、彼の活動の増大、周囲の人たちからの分離なのですが、ただし、必ずしも子どもの閉鎖性を意味せず子どものより複雑な関係を意味するような分離であり、差異化であり、活動です。（土井・神谷監訳,2012,p.97）

　この指摘は、発達段階上の危機期が、一つの年齢期だけに生じることでなく、

どの段階においても生じることとして、どの年齢期の危機も子どものより複雑な関係を意味することへと向かうという「関係性」の問題を意味している。
　具体例を挙げると、三歳の危機（いわゆる「いやいや期」）について、次のように述べている。

彼の行動をいま規定している直接的な感情の影響下から行動の上で抜け出していくとき、子どもは次のような自発性の段階に立ち現れます。(同 ,p.97)

　これは、三歳の危機期が以前の関係から自発的に抜け出す時期という意味が生じることを指摘している。
　筆者の体験でも、子どもを自転車に乗せて保育所に着いた時、子どもが自転車から降ろしてもらう際に「いやいや」と言って降りようしなかったことがあった。その時、子どもに「保育所に行くの嫌なの？」と尋ねると、「自分で、自分で」と言い、親の助けなしで、子どもが自分で自転車から降りることを試みた。これが自発性の芽生えであり、親との関係性の変革を意味していると考えた。
　つまり、「三歳の危機以前」と、「三歳の危機のなかにいる子ども」と、「三歳の危機を克服した子ども」を、「関係性」という視点で比較してみることが意義を持ち、ヴィゴツキーも比較を行なっている（土井・神谷監訳 ,2012）。
　そのポイントを整理すると

3歳の危機以前

　「関係というものは存在していますが、子どもは周囲の環境との関係を意識していない」（同 , p.97）

3歳の危機のなかにいる子ども

　いやいや期―「自発性の段階」＝以前の関係から（自分で）抜け出す時期

3歳の危機を克服した子ども

　役と結びついた遊びや諸関係を伴う遊びとして、ままごとなど、ごっこ遊びが始まる。

自分がなんらかの形で他者と関係していることを発見し、また、母親と自分の関係というものが存在し、自分自身も他者に対してそのようなものを生み出すことができることを発見しました。(同, p.98)

つまり、危機期は、関係性の変革期である。そして、三歳の危機においては、親との関係性の変革が主要な内容となる。前述の筆者の例の他に、ヴィゴツキーは次の例も挙げている。

(動物園に行きたいが、ボートを作り続ける子どもの例での持つ意味について)母親との関係の範囲で何かを行なうこと、自分は行かないという面当てをすること、つまり、さらに顕示することになるのですが、母親が自分に対してしたように自分も母親に対して振まう、ということを示すことです。要するに、関係それ自体が動機になるのです(同, p.95)

こうした例のように、三歳の危機の中の子どもには、親に対していやいやと反抗することによって、「自分で」という自発的言葉を通して、他者(親)との関係を変革しようという意図が存在する。この時期の自発性は、第一次反抗期という言葉でも表される。それは自分がなんらかの形で他者と関係していることを発見することが前提となる。

また、この三歳の危機の克服として、それ以前には行わなかった「役による遊び(ままごとなど、ごっこ遊び)」が出現する。この「役」による遊びとは諸関係を前提とした遊びであり、他者の発見と他者との関係を前提としている。ここでも他者との関係性がポイントとなる。つまり、「自分で」という三歳の危機期の過程の次に、自分が発見した状況・環境・関係を、新しい能動的な随意的自覚の対象として認識するこができるようになる。これについて、ヴィゴツキーは以下のように述べている。

「他の人たちとの関係の発見」と「他者との関係の認識」により、「三歳の危機を体験した子ども」には、関係が発生しました。（同 ,p.98）

この指摘のように、役による遊びは、3歳の危機後の新形成物でもある。加えて、環境への関係も変化し、心的体験の性格も変化する。それは、発達における環境と人格の統一体が変化することも意味する。

三歳の危機を経験してきた子どもにとって、彼の環境への関係が根本的に変化し、ある心的体験の一連のモメントは、別の性格をおびた心的体験と交替しました。（中略）新しい心的体験が到来し、古い心的体験が危機的年齢期のなかで新しいものに交替した、ということは、発達における環境と人格の統一体のあるタイプがすっかり別の統一体に交替したということを意味します。（同 ,p.99）

また、この時期の心的体験により、「記憶」という新形成物も生まれる。さらに、就学前期における「役を持たない」遊びは「役を持つ遊び」（ごっこ遊び）の発達の最近接領域であり、「役を持つ遊び」は就学前の発達の最近接領域となる。

また、一歳の危機については「足で立つこと・言語習得」（同 ,p.37）を挙げている。言語習得について、『ヴィゴツキーにおける危機的年齢の発達理論―生後1年目の危機について』（神谷 ,2002）では、以下の指摘がある

乳児期から「子どもに母語の知識が形成される」幼児前期への移行過程に、ヴィゴツキーは、「自律言語」を位置づけるのである（神谷 ,2002,p.14）

この指摘は、一歳の危機という移行過程における「自律言語（自律的ことば）」を、「言葉」になるまでの過渡期（「環」）の新形成物として位置づけていると考

えることができる。

　『新児童心理学講義』(柴田義松訳者代表,2002)において、ヴィゴツキーは、新生児の危機と一歳の危機について詳しく展開している。それによると、ダーウィンが孫を観察し、孫がカモを見てそのことを「ウーア」呼び、同じ音で、「ミルク」や「鳥の絵付きの古いお金」やひいては「お金」指して呼ぶようになったという例(同,pp,81-82)を紹介している。ヴィゴツキーは、その例に関して「発達の無言期から言語期への移行は、子どもの自律的ことばを介して行われるのです。(同,p,81)と述べている。

　これに関連して、ヴィゴツキーは、新形成物と一歳の危機について次のように定義している。

　例えば子どもは歩き始めますが、彼は全生涯にわたって歩くことになります。子どもは話し始めますが、それは全生涯に渡る獲得物です。(中略)子どもが生後六か月で最初に言葉を発したとするなら、それはたんなる新形成物ではなく、危機的年齢期に結びついている新形成物です。これはそれなしには次に続く安定的年齢の新しい形成物が発生しえないものなのです。これが危機的年齢期に固有なものなのです。(土井・神谷監訳,2012,p.90)

　ここで、ヴィゴツキーは、新形成物の意義として、それが発生する段階だけでなく、それ以後の安定期や生涯にも続くものであることも指摘している。

(2)七歳の危機と関係性
　前項で見たように、三歳の危機を克服した子どもは、親との関係性や遊びの役割が変化した。「それ以前の時期」と「危機期」と「危機を克服した時期」で、関係性が変化した。言い換えれば、危機の克服によって関係性が変革される。
　では、七歳の危機では、具体的にどうだろう。ヴィゴツキーは、「七歳の危機」以前の兆候として、次の点を挙げている。

「突然、自身の無邪気さと直接的な性質を失い、以前のように直接的で無邪気でなくなる」「もったいぶり、気取った顔つき、場違いな落ち着きのなさ」「動機のないふざけが目につく」(同, p.100)

そのような無邪気さが無くなるなどの兆候を経て、「七歳の危機期」が訪れるが、この危機期にも「関係性」の変化が問題となる。この時期の関係性の変化は、「心的体験の内面的二分化」が生じることによって生じることが指摘される。
また、この時期に、子どもは新しい心的体験の意味を問うようになる。

「心的体験と直接的な振る舞いとの間に(中略)知的モメントが挟みこまれ、(中略)それは、心的体験の意味(смысл)と呼びうるような問題です。(中略)人間の知覚の本質的な特徴は意味づけられた知覚であり対象的なものである。」(同, p.102)

ヴィゴツキーは、「知的モメントが挟みこまれ」「意味づけられた知覚」すなわち「意味的知覚」が生じることにより、それまでの心的体験と、それとは異なる「意味的な心的体験」の間で、内面的闘争が生じることを指摘しており、その過程を「心的体験の内面的二分化」と表現している。それは、環境の変化と関連がある。保育園や幼稚園や認定こども園での体験や家庭を取り巻く状況、つまり環境の変化が生じ、そうした体験により、子どもは体験とその意味を問い始める。しかも知的モメントも挟み込まれ、それらの関係を子ども自身が問うことにより、内面的闘争や心的体験の内面的二分化」とヴィゴツキーが表現する状況が生まれる。
そのように、環境と関連した「心的体験の内面的二分化」により、子どもが「それまでの心的体験」と「意味的な心的体験」の間で「(拡大された環境の中での)自分の心的体験の違いをどう理解するか」という点で、子どもの内面に二つの

「内的関係」が生まれることになる。このことにより、「七歳の危機」では、「子どもにとっての（意味的）心的体験」としての「環境との関係性」が変化することになる。

　ヴィゴツキーは、危機期と安定期の違いを軸に、発達段階論を展開している。七歳の危機の克服後の学齢期においては安定期となり、新しい環境的モメントと人格的モメントに科学的概念の教授が加わり、新しい時代の新形成物が生まれる。その新しいモメントは、幼児前期には発生しない「意味づけられた知覚」の発生と関係する。
　この過程で、「言葉の意義（語義）」と「言葉の意味」の区別が重要となる。「言葉の意味」は、心的体験を通じて、内言の発生につながる。「意味づけ」は、ことばや体験の「一般化」でもあり、同時に進行する。意味的知覚の発達に伴い、「一般化された知覚」が形成され、「心的体験の意味」を獲得することで、それ以前に不可能だった新しい諸関係が発生する。７歳のこどもは、自分の心的体験の事実そのものを発見し、意味づけられた知覚と一般化が底辺として進む。このことにより、「内言」とその中の「自己内対話」との関係も生じる。
　更に、言葉の意味から内言に至る過程は、学齢期の「発達の最近接領域」となり、学齢期の中心的形成物すなわち、知能、思考の発生へとつながる。また、「記憶や注意といった内的諸操作に関係して、意図が生まれこうした諸操作の随意的機能が可能に」なり、随意的注意が発達し、随意的記憶も発達し、論理的注意も発達し、それに伴い自覚と随意性も発達する。一般化・意味づけにより概念のシステムが発達し、自覚と随意性も発達し、他の諸機能も発達し、この年齢の基礎的機能の知能化が生じる。「自覚し意味づけられる」ということは、「子どもが自分の引き起こした活動を知っている」ということを意味する。
　注意の自覚性と随意性は、学齢期の主要な発達内容であり、新形成物となる。そうした内容を、ヴィゴツキーは下のように表現している。

　自分が喜んでいる、悲しんでいる、腹を立てている、自分は善い、悪い、

ということが意味しているものを子どもが理解し始めている（同 p.105）（就学前期に）発生消滅と生成がもたらされる環境的モメントと人格的モメントは、それらのモメントの新しい統一体へと変化しました。この統一体が学齢期という発達段階を可能にするのです。すなわち子どもにとって環境への関係が変化し、つまり環境そのものが変化し、子どもの発達の進行そのものが変化しました。つまり新しい時代が始まったのです。」（同 ,p.108）

「七歳の危機以前」と「七歳の危機のなかにいる子ども」と「七歳の危機を克服した子ども」の状態を比較整理すると以下のようになる。

7歳の危機以前

無邪気さがなくなったり、動機のないふざけや落ち着きのなさが現れる。

7歳の危機のなかにいる子ども

意味的な心的体験によって、人格にも内面的なものと外面的なものの分化が生じ、心的諸体験の激しい闘争が生まれてくる。

自分の心的体験の意味を問い、それを理解するようになる。

7歳の危機を克服した子ども

環境的な体験が人格的に影響し、新しい統一体へと変化し、学齢期という発達の段階を可能にする。

子どもにとって環境への関係性が変化し、子どもの発達の進行そのものが変化し、新しい時代（学齢期の発達段階）が始まる。

（3）十二（十三）歳の危機と関係性

本節（1）で見たように、三歳の危機を克服した子どもは、（母）親との関係性や遊びの役割が変化した。また（2）で見たように、七歳の危機も「それ以前の時期」と「危機期」と「危機を克服した時期」で、「子どもにとっての心的体験」としての環境との関係性が変化した。言い換えれば、危機の克服によって関係性が変革された。いずれの時期も、「それ以前の時期」と「危機期」と「危機を

克服した時期」で、関係性が変化し、危機の克服によって「関係性が変革」されることになる。

　ヴィゴツキーは、「三歳の危機」と「七歳の危機」の次に、「十二(十三)歳の危機」を挙げている。そこで、まず「十二(十三)歳の危機」において、関係性の変化がどのようなものかを見てみる。
　ヴィゴツキーは、思春期について、「思春期の第一の相(危機期)」と「思春期の第二の相」を区別している。「思春期の以前の状態」と「思春期の第一の相(危機期)」と「思春期の第二の相」で、何がどう変わるのかが、ここでも重要である。
　まず、「思春期以前の状態」においては、古い興味の段階が存在する。次に、「危機期」として、「第一の相」があり、「急激な疲労と回復、気分の鋭い動揺、反抗、権威の崩壊」が特徴である。それを「克服した相」として、「第二の相」があり、興味の多様性が始まり、それの分化を通して興味のある種の核が選びとられ、強化される。この中の第一の相について、『思春期の心理学』において次のように表現している。

　　古い興味の死滅と情熱の成熟は、荒野のような印象を与えます。(同 ,p.35)

　ここには、「十二(十三)歳の危機」の第二反抗期に関する下の有名なルソーの二つの記述と共通の問題意識がある。

　　私たちはいわば、二回この世に生まれる。一回目は存在するために　二回目は生きるために。(『エミール』,ルソー , 今野一雄訳 , 岩波文庫(中), p.8)
　　暴風雨に先立ってはやくから海が荒れさわぐように、この危険な変化は、あらわれはじめた情念のつぶやきによって予告される。(中略) それは熱病にかかったライオンのようなものだ。子どもは指導者をみとめず、指導されることを欲しなくなる。(同 ,p.9)

その『思春期の心理学』の指摘に続いて、ヴィゴツキーは、「十二（十三）歳の危機」についての諸理論の検討を行なっている。そこでは、ピーターズの理論を始め、様々な理論の分析を踏まえて、「十二（十三）歳の危機」の本質を引き出している。ピーターズの理論とザゴロフスキーの研究は、第一の相の研究である。クローの研究は、第一の相を乗り越える壁としての抽象的概念や演繹的思考の獲得の問題に関するものである。ザルキントとソーンダイクとシュテルンの指摘は、興味を軸としての第二の相の意義に関するものである。そして、最後にヴィゴツキーの指摘が行なわれる。

１）ピーターズの理論

　　性的成熟の初期に反抗相はむきだしに現れる（同 ,p,37）

　これは、「第二の反抗期」と言われる「思春期の危機」が、生物学的にも見れば性的成熟期と関連があるということを示している。

２）ザゴロフスキーの研究
　ザゴロフスキーの11歳半から16歳の少年の反抗癖に関する調査の内容について、ヴィゴツキーは、「思春期の第一の相（危機期）」の事を、三つのタイプに分けて詳しく述べている。（同 ,pp.42-45）
　第一のタイプの特徴として、「成績や作業能力の低下の後に突然、課題の不履行や欠席」「規律違反」「ことばでの反抗」「行動での反抗」「孤独傾向」「友情関係の決裂など（主に少年）」「消極的、無関心で眠たげな状態（主に少女）」「創造的性格の課題（作文・課題解決）において作業能力の低下」を挙げ、その上で「学校ではほとんど気づかれないような反抗現象が家庭において現れる」など環境条件との関連を指摘している。
　第二のタイプの特徴として、「反抗のより穏やかなタイプ」があり、学校の

抑圧的状況とか家庭内のいざこざなどの環境条件の否定的影響による「潜在的反抗」を挙げている。

　第三のタイプの特徴として、表面上反抗的現象はまったくみることができなかった少年の場合でも、興味の変化が生じて、生活状況に対する一定の積極的傾向性などの少年の環境条件に対する態度の変化を挙げている。

　そして、以下のようにまとめている。
　１，興味が急激に変化する時代にはより多く欠陥があらわれると考えられる
　２，反抗的構えが環境条件と深く結びついている
　また、「思春期の興味の発達における一定の相としての反抗癖が、人間の発達において」存在するとして、更に「高等哺乳動物に観察される環境への反抗的反射は、人間の社会的環境では制止され、変形させられ、独特の表現形態をとる。しかし、たいてい教育的アプローチの不足から来ていると指摘している。

３）クローの研究
　学校での学習内容が「直観性や知識」から「演繹法」へと変化することに戸惑う迷いの時期と紹介されている。このことは、「具体的操作期」から「形式的操作期」へとするピアジェの発達段階論とも重なる。形式的操作期の課題としての抽象的概念や演繹的思考の獲得は、「10歳の壁」[1]問題とも言われる。

　ここでの指摘を現代日本の教育現場の実情と関連で考えると、10歳の壁を乗り越えることの重要性は、高校に進学してからの安定期を迎えるまでの、時期は個人差もあるが重要なポイントと考えられる。これを中学校の時期にも乗り越えられない場合、高校中退問題につながる場合もある。これについては、日本の高校入試は、15歳の春なので、発達の関連でどうなのかという問題提起にもなっている。

４）ザルキントの興味論
　ザゴロフスキーは、「少年たちの成熟しつつある人格や世界観からの、（上から）の興味の再編成」（同 ,p45）を挙げている。この指摘に関してザルキント

は、「思春期における教育と教授の問題は年齢相応の興味」(同, p.47)を正しく構成することが重要と指摘している。この指摘は、(下からの)発達と(上からの)教授の接点に関する問題である。それは興味についての発達の最近接領域は、思春期という年齢においてどのようなものかという問題意識と考えられる。

5) ソーンダイクの興味論

ソーンダイクは、教育は三つの意味で興味と関連すると指摘している。

> 教育の目的は、一定の良い興味をつくりだすことと望ましくない興味を根絶すること (同 p.47)
> 授業における興味の問題は、子どもが興味をもって学ぶかどうかではなく、興味なしには子どもたちは決して学ばないということにあります。(同, p.48)

こうした興味の変革は、思春期の「第一の相」という「危機期(環)」と、それを「克服した相」として、「第二の相」という安定期への変革でもある。

6) シュテルンの「まじめな遊びの理論」

シュテルンは、移行期の遊びは、「子どもの遊びと大人のまじめな活動」の間にある「まじめな遊び」であるという指摘をしている。これは、模倣と関係があると考えられる。

例えば、高校生の文化祭の演劇は、「大人の文化の模倣」であり、社会でのまじめな人間関係への橋渡しである。また、模擬店は、お店屋の模倣であり、職業としての大人の現実的店舗経営や社会における人間関係構築の練習であると考えられる。まじめな遊びの二つの基本的領域「社会的関係の領域に関するまじめな遊び」と「生活的関係に関するまじめな遊び」という指摘も重要である。「思春期＝人間関係の問題への入門の時期」という捉え方は、「遊びにおける純粋な模倣」と「大人の現実的なまじめな関係」との間の中間的・過渡的形態

＝「環」の活動と考えられる。つまり、思春期において、「古い興味から新しい興味へ」と変革されことによって、子どもの人間関係が、社会や大人の人間関係へと関係性が変革される。ここでも、「関係性」[2]が学校と社会をつなぐ「環」として問題となり、思春期以降の「社会」に入って行く前の発達の最近接領域ととらえることができる。

7）ヴィゴツキーの指摘

　私たちは、興味を変え、その方向をある分野から別の分野に変えることができるし、変えねばならず、新しい興味を育て、つくりださねばならないのです。（同, pp.48-49）

　ザルキントとソーンダイクとシュテルンの理論による指摘から、概念形成に資する授業にも興味が重要であることがわかるだけではなく、「特別活動や文化祭」また「総合的な学習」や、「総合的な探究」などの、体験的学習の意義を引き出すことができる。そうしたことを踏まえて、ヴィゴツキーは「もっとも重要な批判」として、次の指摘をしている。

　遊びは自己教育です。青少年においてそれに対応するのは、欲望を人間的欲求と興味に転化させる複雑で長い過程です。それらの算術的平均ではなく、両者の複雑な実際的総合、欲望の興味への転化が、思春期の問題を解く鍵なのです。（同, p.54）

　ここには、ヴィゴツキーの発達段階論が弁証法的であることの指摘が反映している。即自的な自己教育としての「遊び」や欲望から、対他的な複雑な長い過程を経て、対自的興味へと転化することが思春期の問題を解く鍵ということになる。つまり、即自―対他―対自という弁証法の内容の中の「対他から対自への関係性」が、この思春期という過渡期の中で変革されていくのである。

しかも、ヴィゴツキーは、危機期（第二次反抗期）を「環」として、思春期の第一の相から第二の相への変革ととらえると同時に、第一の相も第二の相も含めて、思春期全体を思春期以降の発達への過渡期と位置付けている。思春期以降は、概念と世界観が人格の完成へと関連し、ここでも新しい時代となっていく。

第3節 年齢期の問題における「危機期」と「環」

（1）年齢期と弁証法的視点と「環」

ヴィゴツキーは、「年齢期の問題」を単に発達段階を分けるだけでなく、弁証法的視点を持って体系化しようとしている。

エンゲルスの「自然弁証法」では、「1）量より質への転化、2）対立物の統一、3）否定の否定」が、弁証法の三大法則とされるが、それとヴィゴツキーの発達段階論を対照すると、年齢期の各段階において、

1) 「量より質への転化」として「年齢に伴い発達が進むとその量が次の発達段階への質的転化となる」。
2) 「対立物の統一」として「子どもの前段階における内的に対立するものが次の段階で統一される」。
3) 「否定の否定」として「子どもの前段階における関係性が否定され、高次の段階へと止揚（否定の否定）される」。

という視点の対応を見ることができる。それに加え、ヴィゴツキーは、『人格発達の理論』の中で、次のように指摘している。

> 発達とは先行する段階では見られなかった新しいものが絶えず発生し、形成される人格形成過程という最も強い特徴をもつ、不断の自己運動過程です。この観点は、発達過程を弁証法的に解釈するのに最も本質的なものを発達においてとらえています。（同, p.25）

ここでヴィゴツキーは、弁証法の重要点を三大法則に加えて、「自己運動過

程」としてとらえている。
　その上で、ヴィゴツキーは更に同書の中で、その各段階において、前段階と次の段階の間に、両段階を結ぶ「移行期」として、「環」という言葉を使って、「危機期」の存在を位置付けている。
　１歳の危機は、乳児期と幼児期をつなぐ移行期として、
　３歳の危機は、就学前期から学童期をつなぐ移行期として、
　７歳の危機は、学童期から思春期をつなぐ移行期として、
　13歳の危機は、思春期とそれ以降の移行期として、それぞれ「環」という言葉を使っている。
　また、同趣旨として、「移行期」や「危機期」や「移行の関連」や「結び目つきの連関」や「過渡的な段階」や「連鎖」や「つなぐ環」という語も使っている。

（２）「環」звено（露）
　前項の「環」やその同趣旨の用語をヴィゴツキーの著書から、引用を次ページの表１にまとめた。
　ここまで、『人格発達の理論』で主に「危機期と関係性」に関して、「環」を使っていることを示してきた。
　表１において更に、『思考と言語』の中で、ことばの発達に関して、「自己中心的ことば」を、「外言」と「内言」を結ぶ「環」として、また、概念の発達に関して、「擬概念」を、「直観的思考」と「抽象的思考」を結ぶ「環」と位置付けているということが述べられている。この表１により、ヴィゴツキーが、「環」という概念を弁証法上の重要な内容として、複数の著書で位置づけ、その理論を展開していることが理解できる。
　こうした「環」という用語は、「関係性」と共に、危機期と対応して用いられており、その危機期としての環も認識して教育実践上にも生かしていく必要がある。これは教育方法の課題でもある。

表1 ヴィゴツキー著作における『環』の記述（各書の版は、参考文献参照）

1、『人格発達』の理論―子どもの具体心理学』
1）危機的年齢期の連鎖の完成のためにここで、最初の環として、子どもの全年齢のうちで最も特別な時期であるいわゆる新生児期を連鎖に加えるように提案したいと思います。(p.33)
2）一歳の危機は乳児期と幼児期を区別します。三歳の危機は、幼児前期から学童期への移行期です。七歳の危機は、就学前期から学童期をつなぐ環となりますし、最後の十三歳の危機は、学童期から思春期へ移行する際の、発達の転換にあたります。(p.34)
3）青年期は、子どもの発達段階の終わりというよりは、むしろ、成熟期のはじめとしてとらえられるべきなのです。この時期が持つ意味の基本的法則によれば、十八歳から二十五歳までは、成人期の鎖の最初の環であり、子どもの発達の鎖の最後の環ではありません。(p.40)
2，『思春期の心理学』
1）思考の発達は、残りすべての機能や過程にとって中心的・鍵的決定的な意味を持つものです。概念形成の機能の獲得は、思春期の少年少女たちの心理に生じるあらゆる変化のなかで、主要な中心環をなすものであるということ以上に～。(中略)残りのすべての環(後略)(pp.141-142)
2）ことばと思考の発達のあらゆる連鎖の中心環を発見し、そのことが形成物の本性を実験的・発生的に解明 (p.199)
3）現実の現象間の相互移行や関連を反映した概念間の相互移行の関連はそれぞれの概念の残りすべての概念との関連の中で発生し (p.85)
4）実際にはその間におびただしい結び目つきの連関が存在する (pp.193-194)
3，『新児童心理学講義』
1）新生児期は、胎内発達と胎外発達との連結環のようなものであり、あれこれの特徴を内包しています。この環は、真の意味で発達の一つのタイプから、それとは根本的に異なる別のタイプに移る過渡的な段階

であります。(pp.43-44)
2)危機的年齢期で生じる過渡期、特に子どもの自律的ことばは、子どもの発達の一区分であるという点で限りなく興味をそそるのです。私たちは、そこに発達の弁証法的法則性が表れるのを見るのです。(p.101)

4,『思考と言語』

1)その方法論というのは、外言と内言の過程を結びつける中間の環、二つの過程の間の過渡的な環を発見するということにある。(中略)この外言から内言への移行過程をスイスの心理学者ピアジェが述べている子どものいわゆる「自己中心的」ことばのなかに見るように思う。(p.132)
2)子どもの複合的思考の発達における特別な相としての擬概念は、子どもの思考の発達における第二段階を完成し第三段階を開けるこれらのあいだの連結環となる。それは子どもの具体的、直観的―形象的思考と抽象的思考とをつなぐかけ橋なのだ。(pp.187-188)

(3)ヘーゲル弁証法の「環」と「円環」

「環」について、ヘーゲル弁証法では、「円環構造」とは別に、「環」に近い概念として『連関による「円環」と他の「円環」の結びつき』の2種類が出てくる。『精神現象学』(熊野訳.上,2018)では以下の記述がある。

> 真なるものとは、じぶん自身への生成であり、円環であって、その円環はみずからのおわりをその目的として前提し、当のおわりをはじまりにおいて有している。だから真なるものは、ひとえにその目的を実現して、おわりに到達することによってのみ、現実的なものとなるのである。(熊野訳,上,2018, p.035)

ここでは、ヘーゲルにおいて、「円環構造」がまず示されている。それは、「真なるもの」がおわりを目的としてその実現が、「円環構造」として表されている。その上で、「円環と円環の結びつき」が次のように示されている。

円環は、それが自分のなかで閉じて安らい、実体としてみずからの契機を保持している場合には、直接的で、それゆえ驚嘆にあたいしない関係である。いっぽう偶然的なもの自身は、この円環が取りかこんでいる範囲から分離されて、〔他のものと〕むすびあわされ、かくて他のものとじぶんが連関することにあってのみ現実的なものとなるが、この現実的なものが、固有な現にあるありかた〔他のものから〕切りはなされた自由を獲得する。（同上, p.059）

こうした、「連関による『円環』と他の『円環』の結びつき」は、pp.284-285の表1に示された、ヴィゴツキーの「環」の概念と近いものと考えられる。

また、ヘーゲルの「小論理学」のロシア語版で、"взено"がどのように使われているかを、（真下・宮本訳、1996）で比較すると、以下のようになり、ヘーゲルに「環」の意識があると考え得られる。

三四「精神は魂とは別物であって、後者は肉体性と精神性のあいだのいわば中間者、あるいは両者のあいだの絆である。」（同, p.134）では、ロシア語での"связующим звеном"を、「あいだの絆」と訳されているが、「あいだの環」と意訳できる。」

一九八「形式的な機械的あり方の本来の場であるもろもろの非自立的客観のまずい個体性は、非自立性として、また外的な普遍性でもある。それゆえにこれらの客観性はまた絶対的な中心と相対的な中心との中間者でもある。」（同, p.469）では"посредствующее звено"を「中間者」と訳してあるが、「中間でつなぐ環」と意訳できる。

（円、円環）круг（露）について

一五「哲学の諸部分のそれぞれは一つの哲学的全体であり、一つのそれ自身のうちで閉じる円であるが、哲学的理念はそこでは一つの特殊な非規定性もしくは領域のうちにある。」（同, p.80）では、「円」と訳されている。

ヘーゲル[3]からダーウイン[4]そしてマルクス・エンゲルス・レーニンとの変遷のなかで、ヴィゴツキーの著書に出てくる、「環」は、それまでの概念を発展させて、「年齢期における危機期や過渡期」の意味を発達上重要な位置づけを行なうものとなっている。

　それは、発達心理学上、ピアジェやエリクソンの発達段階論もあるが、ヴィゴツキーの弁証法に基づく方法による発達段階論として、その意義を再認識するものである。その意義を、さらに検証することは、今後の探究課題である。

第4節　「関係性」と教育実践に関して

　本書のモチーフは、「はじめに」でも述べたように、ヴィゴツキーの発達段階論の精緻化ということがあった。その発達段階論については、高校現場における低学力問題に関して、その原因の一つが、つまずきの元になる「誤概念」という筆者の問題意識から発展し、概念の発達を論考したことから始まる。

　その問題意識とは別に、もう一つの問題意識も存在した。

　筆者は、一方で高校現場教員として、実践や研究会活動を、積み重ねてきた。高校現場では、知識や科学的概念の教授と並行して、特別活動や生活指導や行事等の体験を通じて様々な実践が行なわれる。

　そうした実践や研究会活動の中で、本章のテーマである「関係性」について言及された本として、『市民社会の教育―関係性と方法』(折出, 2003) とも出会った。

　同書によると、「Ⅱ　アザーリングの関係性と方法」の中で、アザーリングという用語を下のように定義している。

> アザーリングとは、自己意識が自分とは別の独立した存在である他者と向き合うことで今までの自己ではなくなり、すなわちそこに生じる否定の契機を介して自己自身を知り、自己意識として存在しつつも新たに他なる状態に移行することである。(同, p,111)

同著は、弁証法に関する深い探究と認識を基に、教育学、教育方法学、教育実践の、さらに詳しいとりわけ現代教育の諸問題との関連も言及してある著である。
　同著の指摘は、本章の問題意識であるヴィゴツキーの弁証法を念頭に置いた各年齢期における発達段階ごとの「関係性」の変革と共通の認識が存在する。
　その思春期の段階における「関係性」の問題を、「自己意識とアザーリング」という言葉で言い表したものと考えられる。それは、本章第3節の『「十二（十三）歳の危機」で、他者や社会・世界との関係性が対自的に変革された。』という考察と重なる問題意識でもある。
　また、現代教育上の問題として次の指摘をしている。

　ここで現代高校生とは八十年代以降のひとたちを指している。この時代を生きてきた若者たちは、激しい市場原理型の競争に投げ込まれ、自分を受け止め共に歩んでくれる他者の存在が見えない状況を生きてきた。現代高校生にとっては『自分探し』ではなく『他者探し』が切実な問題なのである。（同 ,p.112）

　その八十年代以降その問題は、新自由主義の影響もあり、更に深刻化して、同著では、その状況を「アトム化」とも呼んでいる。
　とりわけコロナ禍において、大学生含む学生の孤立化や孤独化がより大きな問題となっている。
　その点は、『人格発達の理論』にも触れられている「環境の影響」の問題とも関係すると考えられる。
　また、折出（2003）は、教育実践の方法として、参加や共同を重視することの重要性も指摘している。これは『自分探し』にとっても『他者探し』にとっても「アトム化」の問題にとっても意義のある実践課題であり、その実践はこれまでも積み重ねられているが、今後更にその重要性が大きくなると考えられる。
　その著の意義する「現代教育上の問題」を、ヴィゴツキーの理論や弁証法との関連も含めて考察を発展させていくことが求められている。

第5節　まとめ

① ヴィゴツキーの年齢期ごとの発達段階論は、本章第1節において指摘したように、各危機期において、子どもと環境との「関係性」の変革が行なわれることが共通に指摘できる。

② 「関係性」の変革は、弁証法における、「以前の時期」の「否定の否定」としての「新しい時期」との間の関係性の変革である。

③ 思春期の段階における「関係性」の問題は、「アザーリング」の考えと共通し、現場の実践の課題、すなわち「他者探し」や「自分探し」の実践的課題と結びついている。

④ ヴィゴツキーは、「危機期」を「それ以前」と「それ以後の安定期」という二つの時期を、「つなぐ環」としての意味を、持たせている。

（村田純一）

注
1) 『ヴィゴツキー入門』（柴田義松, 2006, p.117）において、分数計算など「概念的・論理的思考が要求されるのは、まさに思春期のはじまる小学校高学年のころだと言えるのでしょう。」という九歳の壁についての説明があり、10歳の壁と同趣旨の指摘と考えられる。
2) 関係性については、「人間の本質とは、個々の個人の内部に宿る抽象物なのではない。それは、その現実の在り方においては、社会的諸関係の総体なのである。」（フォイエルバッハに関する第六テーゼ,『ドイツ・イデオロギー』（マルクス・エンゲルス著, 廣松渉編訳・小林昌人補訳, 岩波文庫, p.237）という指摘があり、ヴィゴツキーもそれを念頭に置いて、「人間とは何か。ヘーゲルにとっては論理的主体。パブロフにとっては細胞、有機体。私たちにとっては、社会的人格＝個人のなかに具現化された社会的諸関係の総体（社会的構造にもとづいて構成された心理学的機能）」（土井・神谷監訳, 2012, pp.275-276）と述べている。
社会的諸関係の総体は、ヴィゴツキーの指摘する環境との関係性の意味を含んでいる。
3) ヘーゲルの弁証法の「即自─対他─対自」と「即自─対自─即且つ対自」の関係については、本書第1編1章「発達の最近接領域の概要」の注13の中の（ヘーゲル用語辞典1991, 島崎隆執筆部分 p.74）を参照のこと。
4) ダーウインは、「あらゆる現生種および絶滅種のあいだにおける中間的で移行的な環の数は、想像もつかぬほど多かったに違いない」（八杉訳下巻, 1990,pp,10-11）と述べている。進化に関してヴィゴツキーは「進化の連鎖のなかの多くの環が、まだ科学に知られていない。とくに、人間にもっとも近い環は、一部はまったく消滅し、連鎖から抜け落ちてしまったが、一部はまだ十分に研究されておらず、したがって私たちは、行動の生物学的発達の情景を完全に描くことができないでいる。」と、『文化的─歴史的　精神発達の理論』（柴田監訳, 2005, p.36）の中で述べている。（ヴィゴツキーの執筆時は、1930‐1931年）。

参考文献

- ヴィゴツキー,L.S.（2001）『思考と言語（新訳版）』 柴田義松（訳）新読書社
- ヴィゴツキー,L.S.（2002）『新児童心理学講義』柴田義松（訳者代表）宮坂琇子・土井捷三・神谷栄司（共訳）新読書社
- ヴィゴツキー,L.S.（2003）『「発達の最近接領域」の理論』土井捷三・神谷栄司（訳）三学出版
- ヴィゴツキー,L.S.（2004）『思春期の心理学』柴田義松・森岡修一・中村和夫（訳）新読書社
- ヴィゴツキー,L.S.（2005）『文化的―歴史的　精神発達の理論』柴田義松（監訳）学文社
- ヴィゴツキー,L.S.（2012）『「人格発達」の理論―子どもの具体心理学』土井捷三・神谷栄司（監訳）土井捷三・神谷栄司・伊藤美和子・西本有逸・竹岡志郎・堀村志をり（訳）三学出版
- 折出健二（2003）『市民社会の教育―関係性と方法』創風社
- 神谷栄司（2002）「ヴィゴツキーにおける危機的年齢の発達理論―生後1年目の危機につて」『ヴィゴツキー学』第3巻
- 神谷栄司（2010）「ヴィゴツキーにおける『危機的年齢』の理論について」ヴィゴツキー学大会発表資料
- 柴田義松（2006）『ヴィゴツキー入門』子どもの未来社
- ダーウイン,C.R.（1990）『種の起源（上）（下）』八杉龍一（訳）岩波書店
- 土井捷三（2013）「ヴィゴツキーの新形成物発達論、危機期を解明する」『人格発達」の理論―子どもの具体心理学』翻訳出版記念ヴィゴツキー研究集会資料
- マルクス,K.・エンゲルス,F.（2002）「フォイエルバッハに関するテーゼ」（六）『ドイツ・イデオロギー』廣松渉（編訳）小林昌人（補訳）p.237, 岩波書店
- ヘーゲル,G.W.F.（1961）『小論理学（上）（下）』松村一人（訳）岩波書店
- ヘーゲル,G.W.F.（1996）『小論理学』ヘーゲル全集1, 真下真一・宮本十蔵（訳）

岩波書店
- ヘーゲル,G.W.F.（2018）『精神現象学（上）（下）』熊野純彦（訳）筑摩書房
- 村田純一（2016）「『学習者の誤った概念（誤概念)』と『ヴィゴツキーにおける概念』との関係に関する考察」『ヴィゴツキー学』別巻第4号
- ルソー,J.（1963）『エミール（上）（中）（下）』今野一雄（訳）岩波書店

第2章　発達の最近接領域のとらえ方
　　　―認識論・存在論・行為論をもとに―

第1節　はじめに

　ヴィゴツキー理論は一枚岩ではない。しかし、その核心は人間の高次精神（心理）機能は記号（言語・数字等）に媒介されて発達するという考え方である。ヴィゴツキーは人間は記号操作を習得し、すなわち意識内に記号を内面化することにより、人間の認識能力や精神発達が生理的自然的な低次の思考段階から人間文化の社会的歴史的発達原理に沿って高次の発達路線をたどるようになると説いたのである（西本, 2019, pp.37-38）。たとえば、思考とは注意・知覚・記憶・想像・情動・意志等と並んで人間の高次精神（心理）機能のひとつであるが、その過程（思考過程）は記号によって媒介されている（たとえば、言語的思考）。さらに、その発生は二つの平面で経過する。すなわち、始めは社会的平面で主体と主体との精神間のカテゴリとして発生し、次に個人の心理的平面で精神内のカテゴリとして内面化されるのである。このように、思考という人間の高次精神機能は記号によって媒介されており、社会的な起源から個人内に取り込まれ発達していくというのがヴィゴツキーの文化歴史的理論の基本テーゼである。この社会的平面から個人への心理的平面への内面化こそが個人の発達の最近接領域をうみだすのである。

　さて、発達の最近接領域とはメタファーである。メタファー（metaphor）とは比喩であるから何かしらをたとえていることになる。発達の最近接領域は何をたとえているのか。人間の伸びしろである。発達の途中にある個人の能力が開花して伸長していく可能性のことを指している。

　教育という営みのなかで、可能性とは「～になる」「何者あるいは何かしらになる」という意味である。人間は教育を通して何者かになるのである。これをビカミング（becoming）の教育思想という（たとえばStetsenko, 2017; Tomasello, 2019）。ヴィゴツキー学派のステツェンコはこのビカミングの道程に知ること（knowing）・存在すること（being）・行為すること（doing）の3

つをすえている（Stetsenko, 2017, p.298）。これら知ること・存在すること・行為することは、古来、哲学研究の基本形態である認識論・存在論・行為論にそれぞれ相応している。

　本稿でも、ビカミングの教育思想にもとづいて、人間の伸びしろすなわち発達の最近接領域を認識論・存在論・行為論という3つの枠組みから考察したい。まず、認識論・存在論・行為論の基本概念を『岩波　哲学・思想事典』から確認しておこう。

認識論…知識、認識など、「知ること」「知っていること」に関する哲学的な考察仕方の総体（p.1242）。

存在論…およそあるといわれうるもの一般、いいかえれば存在するかぎりでの存在者一般、あるいは存在（あるということ）一般の意味、構造、様態等を主題的に研究する哲学の基礎分野をいう（p.998）。

行為論…たんなる物理的存在ではなく、人間、神、知的生物などのように、主体的な心的状態とそれに基づくダイナミズムとを持つとされる存在者の動作の中で、意識的、意志的、意図的、目的的などの諸側面を重視する際に多く用いられる概念である（p.481）。

　以上は認識論・存在論・行為論の包括的な記述である。発達の最近接領域との関わりを考えて、本稿ではそれぞれ以下のことに照準をしぼることにする。

認識論…教授・学習における児童生徒の科学的概念の発達
存在論…即自 - 対他 - 対自のトリアーデ
行為論…人間独自の行為、とりわけ教える側の行為

第2節　発達の最近接領域の誕生

　ヴィゴツキー理論は歴史を重んじる。何かしらの誕生には必ず前史があると考えるからである。発達の最近接領域も例外ではない。その誕生の歴史をおさえておくことに意義はあろう。土井（2017）を参照してまとめておくと、ヴィゴツキーが初めて発達の最近接領域に言及したのは、1933年3月17日のエプシュテイン名称実験障害学研究所における講演「教育過程の児童学的分析」においてであった。そのあと、同年5月20日レニングラード教育大学科学‐方法会議での速記録からマッカーシーの研究にふれていることが判明している。

　マッカーシーの研究が示すように、3～5歳で指導の下に何かをした子どもは、5～7歳にはこの同じことを自主的にするようになります。（中略）指導のもとで子どもに発生する操作や形式は、その後子どもの自主的活動の発達へのすじ道となります。このように主張する根拠となるのは、マッカーシーの実験です。概して発達の最近接領域の学説は、この実験にことごとく負っています。（ヴィゴツキー , 2003, pp.177-179.）

　続いて、同年12月23日ブーブノフ記念教育大学障害学講座の会議ではヴィゴツキーは次のように報告している。

　アメリカの研究者マッカーシーは、就学前期にかんして次のことを指摘しました。3歳から5歳までの子どもを研究してみると、子どもにはすでに持っている機能群とともに、子どもが自主的には駆使できないが、指導のもと、あるいは集団のなかや、協同のなかでは駆使できるような別の機能群があることが示されました。この第二の機能群は、5歳から7歳までの年齢であると、基本的には現在の発達水準にあることがわかりました。この研究によって、子どもが3歳から5歳のとき指導のもとや、協同や集団のなかでできることは、同じ子どもが5歳から7歳になると自主的にで

きるようになるということがわかったのです。(ヴィゴツキー , 2003, p. 65)

　この「アメリカの研究者マッカーシー」とは Dorothea McCarthy（1906-1974）をさす。アメリカの発達心理学者で就学前期の言語発達の研究がある（土井 , 2017）。ヴィゴツキーは 1929 年刊行の The Journal of Genetic Psychology 第 36 号に掲載されたマッカーシーの 2 つの論文、Note on the vocal sounds of a blind-deaf girl. と A comparison of children's language in different situations and its relation to personality traits. そして 1930 年出版の彼女の著書 The Language Development of the Preschool Child. から発達の最近接領域創出のヒントを得たと考えられる（西本 , 2004, p.2）。ちなみに、1929 年刊行の The Journal of Genetic Psychology 第 36 号（編集委員のひとりはルリアである）にはヴィゴツキーの The problem of the cultural development of the child. という重要な論文も掲載されている（pp. 415-432）。ヴィゴツキーの媒介三角形が初出する論文である。

　しかし、土井（2017）とファン・デル・フェール & ヴァルシナー（1991, p. 347）そしてザヴェルシネヴァ & ファン・デル・フェール（2018, p. 269）によれば、発達の最近接領域のふたつの発達水準を裏付ける記述はマッカーシーの一連の研究には見あたらないという。むしろ、ザヴェルシネヴァ & ファン・デル・フェール（2018）はヴィゴツキーのアーカイヴ文書を整理して英語に翻訳した労作であるが、ヴィゴツキーが「可能性の最近接領域」(the zone of proximate possibilities) という用語をメモとして遺しておいたことに注目している（ザヴェルシネヴァ & ファン・デル・フェール , 2018, p. 139）。そのメモとは以下の通りである。

10. 最も大切なこと：
可能性の最近接領域
物事を抽出することと処理することを識別すること。

量と質。差異化と統合化。
シュテルンの誤りは何か：（1）生気論、力の概念、（2）発達、（3）神学、（4）簡潔な思考など。
天賦の才とは人格の他の諸相、たとえば人格の情意的な面に応用可能な知性の性格研究的な概念である。
（ザヴェルシネヴァ ＆ ファン・デル・フェール , 2018, p. 139）

　このメモは 1930 年の年末に向けて書かれたものであり、1930 年 4 月 23-27 日にバルセロナで開催された第 5 回国際精神工学会の発表論文集に掲載されたヴィゴツキーによるフランス語論文と内容が似ている（もっともヴィゴツキー自身はこの国際学会に出席していない）。このメモでヴィゴツキーはソーンダイクへの批判を述べ、天賦の才すなわち天才（giftedness）について持論を展開している。天賦の才とはより高次の秩序の形成であり、性格研究的な形成に似ているというのである（ザヴェルシネヴァ ＆ ファン・デル・フェール , 2018, p. 137）。ヴィゴツキーは天賦の才を形成的にとらえようとして可能性に言及し、現在の可能性のすぐ隣に新たな可能性を見い出していたのではないだろうか。つまり、このメモからでは、新たな可能性とは「人格の情意的な面に応用可能な知性」ということになろう。いずれにせよ、発達の最近接領域の萌芽的なアイディアは 1930 年には生まれていたのである。

第 3 節　認識論からとらえる

　認識論（epistemology）の語源はギリシア語のエピステーメー（理性的認識・知識）である。動詞では人間が何かしらを「知る」ということになる。発達の最近接領域を認識論からとらえるということは科学的概念の形成（過程）を問うことにほかならない。中村和夫氏の研究を参照することが有益である（中村 , 1998; 2004b; 2010; 2014）。
　中村は「最近接発達の領域」という用語を使用するが（その理由は中村（2004b, pp.9-11）に詳しく述べられている）、その独創性を「学校教育におけ

る教授過程とその下で子どもに発達する知的機能との関係、科学的知識の体系の教授と子どもの思考の発達との関係を解明するキー概念」としている（中村 , 2004b, p.14）。続いて、「この概念は、広い意味での教育（文化的実践一般）と発達との関係や、教育一般の主導性を導く概念として特徴づけられるのではなく、きわめて固有に、学校教育における教授と高次知的機能の発達との関係を解明する概念としてこそ、本質的に特徴づけられる」と警鐘をならす（中村 , 2004b, p.15）。そして、「ヴィゴーツキーの議論で最も本質的な問題は、国語や理科や社会や算数その他の教科の基本を構成している科学的知識の体系が、学校教育での教授システムの中で全学齢期をとおして総体として子どもに習得される過程で、総体としての科学的概念の体系がどのように子どもに発達していくのか」というのである（中村 , 2004b, p.23）。

　さて、このことを昨今の学校教育における「探究」を例に考えてみよう。探究（活動）における真髄は科学的概念の形成である。人文科学・社会科学・自然科学・芸術等の分野において科学的概念は極めて重要である。深い学びとともに、子どもの頭のなかにいろいろな概念が生まれてくる。これらの概念を使って概念的思考が進むことが思春期の学習の特徴である。概念的思考とともに、自己の知覚、自己観察の集中的発達、自分が体験したことの世界に対する理解が始まり深まる。科学的概念に媒介された真正の思考は、その体系性を拡げることで思春期の生徒の心のなかに自覚性と随意性をもたらす。自覚性とは学んでいる自分を客観的に見つめている自分がいるということである。また、随意性とは自分で自分を調整しながら、学びを自らデザインしてうまくいかなければ反省をして修正をかけ、より高次の学びを実現できるようになることである。まさに自覚と随意は科学的概念の門を通ってやってくるのである。このように、思春期のまっただなかにいる生徒は自分自身の内面を自覚し、省察すなわち省みて反省することが可能になり、自己に対する意識、自己意識を深く分化させていく。自己意識が枝分かれして、この自己意識の分化ははるかに深い他者理解を創発し、自分と他者、自分と世界の関係について深い思考をもた

らし、思春期のうちに世界観の基礎ができあがっていくのである。そして、このような社会的発達が基盤となり、最終的にはひとりひとりの唯一無二の「人格」が形成されていくのである（中村, 2004a, p.330）。科学的概念は長い旅をして、人格をつくる、と言っても過言ではないであろう。人格発達の基礎には認識論的には科学的概念の習得が横たわっているのである。教科教育においてこそ、児童生徒の人格の発達がとらえられなければならない。

第4節　存在論からとらえる

（1）即自 - 対他 - 対自というトリアーデ

　存在論の研究対象は人間を含む万物の存在であるが、発達の最近接領域は人間に関することがらであるので、人間の位相すなわち人間のあり様について考えることになる。「人間の具体心理学」（1929年）をテキストとして考えたい。ヴィゴツキーの最大の功績は、ヘーゲルの概念である「即自」と「対自」の間に「対他」をおいたことである（ヴィゴツキー, 2012, p.294）。即自 - 対他 - 対自というセットはまさにヘーゲリアンとしてのヴィゴツキーのトリアーデ（三つ組）なのである。その過程は、「二人の人間の現実的関係が一人の人間の内部に移行する」過程であり（同, p.294）、マクロな命題としてフォイエルバッハに関するマルクスの第6テーゼを心理学的に転倒させたものである。ヴィゴツキーはいう。

> 他者を通して、私たちは自分自身となる。…文化的発達の過程の本質はここにある。…人格が即自的なものが自己にとってのもの（即自かつ対自）となるのは、人格がまず即自的な自己を他者に対して（対他的に）現すことを介してである。これが人格生成の過程である。…マルクスのパラフレーズ：人間の心理学的本性は、内側に転移され、人格の機能と人格の構造の形態となった、社会的諸関係の総体である。（ヴィゴツキー, 2012: pp. 264-268）

このように、発達の最近接領域を人格形成の過程としてとらえることもできよう。発達の最近接領域における人間の社会性は即自 - 対他 - 対自というトリアーデなのである。

(2) 即自 - 対他 - 対自のトリアーデ教材

日本の小学校英語教育において検定教科書が発行されていなかった時代、文部科学省は代替として『Hi, friends! 1』(5年生用)と『Hi, friends! 2』(6年生用)を作成し、全国の国公立小学校に配布した。筆者の眼にとまった、後者のなかの秀逸な教材を紹介しよう。まず単元目標・単元の計画・言語材料は以下の通りである。

単元目標
1. 積極的に友達に「できること」を尋ねたり、自分の「できること」や「できないこと」を答えたりしようとする。
2. 「できる」「できない」という表現に慣れ親しむ。
3. 言語や人、それぞれに違いがあることを知る。

単元の計画 (全4時間)
1. 動作を表す語や「できる」「できない」という表現を知り、言語にはそれぞれに違いがあることに気付く。
2. 動作を表す語や「できる」「できない」という表現に慣れ親しみ、できるかどうかを尋ねたり答えたりする表現を知る。
3. できるかどうかを尋ねたり答えたりする表現に慣れ親しむ。
4. 自分ができることを考え、友達と積極的に交流しようとする。

言語材料
I can/can't …. Can you …? Yes, I can./No, I can't.
play, swim, cook, ride, piano, recorder, basketball, soccer, baseball,

badminton, table tennis, unicycle

　筆者が注目したのは、第 4 時間目にあたるコミュニケーション活動「自分を紹介しよう」である（『Hi, friends! 2』p.13）。豊かな挿絵とともに女子児童 A と男子児童 B の会話が以下のように音声提示される。

A: Can you play *kendama*?
B: No, I can't.
A: Can you play baseball?
B: No, I can't.
A: Can you play the piano?
B: No, I can't.
A: Can you swim?
B: No, I can't.
A: Can you ride a unicycle?
B: No, I can't.
A: Can you cook?
B: No, I can't.
A: Can you jump a rope?
B: No, I can't. I can't …. I can't ….

<u>A: Yes, you can. You can!</u>
B: I can …. I can ….

A: You can help me.
B: Yes, I can help my friends.
　　I can help people.
　　And … I can save the Earth.

当時の小学校外国語活動では児童に英語の音声に慣れ親しませるという目標があるので、書記言語より音声言語の方がより重視されている。この頁では上の対話文のうち、最初から B: I can ….. I can …. までが音声言語のみである。続く A: You can help me. / B: Yes, I can help my friends. / I can help people. / And … I can save the Earth. という文だけが文字として掲載されている。

　さて、女子児童 A の Can you …？という問いに男子児童 B は当初 I can't ….. と答えるのみである。B はケン玉ができない、野球ができない、ピアノが弾けない、泳げない、一輪車に乗れない、料理ができない、縄跳びができない・・・できないづくしである。自然と B の音調は暗くなり、I can't ….. I can't …. という無力感がただよう。そこへ A の Yes, you can. You can!（ううん、できるわよ。できることがあるはずよ。）B は自分にできることを探す。I can ….. I can …. A は You can help me.（私を助けることができるじゃない。）と助けを出す。ようやく B は自分ができることに気づき、それらを自分自身の言葉で紡いでいくのである。

　この教材をどのように解釈すればよいのか。頁の表題は This is ME!（これが私だ！）である。児童が can を用いて、自分にできることを発表する課である。個人的な発表活動ではなく、コミュニケーションという視点が加わるのであり、図 1 のようにやりとりを図示できるであろう。

　表題でもある This is ME!（これが私だ！）の ME に注目したい。英語という自然言語では *This is I. は非文となる。*This is I. という文は存在しない。なぜか。動詞（is）の補語として主格（I）ではなく目的格（me）を伴うから、という説明はあまりにも言語学的であろう。図 1 の即自→対他→対自という流れが示すように、「これが私だ！」という声明の「私」とは、他者が指摘する自己を含んでおり、他者を媒介した自分、即目的な I ではなく対自的な me なのである。自己の存在は本来、他者を必要とするからである。

　小学校英語教育においては、文法は教授されない。言語学的な文法指導に頼るのではなく、他者とのコミュニケーション・やりとりを通して自分にできる

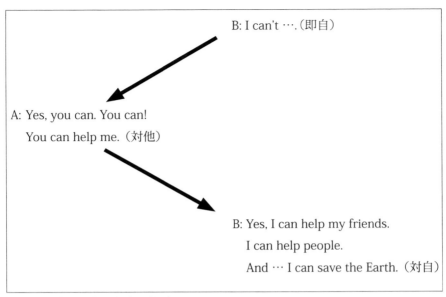

図1　即自→対他→対自の対話

こと（I can ….）に気づくという対自的な自己の発見こそが本課の要諦なのである。次に自己意識について考察する。

B: No, I can't. I can't …. I can't ….
A: Yes, you can. You can!
B: I can …. I can ….
A: You can help me.
B: Yes, I can help my friends.
　 I can help people.
　　And … I can save the Earth.
　　注：ゴミの分別、節電、節水をしている挿絵が掲載されている。

　Bの自己意識は以下のように考えられる。

B: ＜僕は何もできない。＞という自己意識
A: ＜ううん、できることがあるわよ。＞というAの「心に染み入る言葉」（バフチンの用語）
B: ＜ええと、ええと。＞という集中的な自己観察・内省・省察の始まり
A: ＜私を助けることができるじゃない。＞というAの「心に染み入る言葉」
B: ＜ああ、そうか！友達を助けたこともあるし、お年寄りを手助けしたこともある。＞＜節電・節水をして、環境にやさしく、地球にやさしくできるんだ。＞という新しい自己意識の誕生

　Bがcanを機能的に使用し、他者の力（心に染み入る言葉）を媒介として、自分にできることを新たに想像して、世界に宣言できるということは、新しい人格の創造である。まさに、「ことばの力」が人格を創るのである。
　一方のAについてはどうであろうか。Yes, you can. You can! / You can help me. という「心に染み入る言葉」（バフチン）を他者に向けて発することができる、という行為自体が人格なのである。言語教育が育てなければならないのは、このような人格である。まさに、ことばにおいて誠実な人格なのである。英語教育学が標榜するコミュニケーション能力（言語能力・談話能力・社会言語的能力・方略的能力を総合した能力）の育成という視点だけでは無力に等しいであろう。

第5節　行為論からとらえる

　「存在論からとらえる」で紹介した、図1　即自→対他→対自の対話のうち児童のYes, you can. You can!（ううん、できるわよ。できることがあるはずよ。）/ You can help me.（私を助けることができるじゃない。）という発話は人格としての（言語）行為である。この文脈では、児童Aは児童Bに対して「有能な他者」として在る。発達の最近接領域はBのものであるが、視点を変えて、教授者あるいは有能な他者の行為を行為論から考察したい。

佐藤公治氏は「表現行為としての精神と身体，その社会・歴史的意味：行為から表現行為へ」という論文のなかで、「心理学では行為論の考え方はいまだに十分な市民権を得てはいない。その背景には、人間精神や認識を人間の認識過程の内部で起きている出来事として考える主知主義的な発想が強くある。しかし、このような主知主義的な立場から人間精神をみてしまうことに対する問い直しは心理学の外では盛んに行われている。」と述べている（佐藤, 2011, p.109）。認知心理学者でありながら、「心理学の外」をも射程に入れて活発に研究を展開しているトマセロはヴィゴツキーを非常に高く評価しながら、ヒト独自の行為について研究している。長い引用になるが、その例を紹介する。

　ある研究では、「紙をホチキスで留める」といった、子どもとは無縁そうな課題をおとながこなしているのを生後12ヶ月の前言語期の子どもが見ている、という状況を設けてみました。このおとなは同時に、別の道具も手にしています。その後彼女が部屋を出て行くと別のおとなが入ってきて、ふたつの道具をそれぞれ棚にしまってしまう。そこへ最初のおとなが、紙の束を抱えて、ホチキス留めを続けるつもりで戻ってくる。しかしテーブルにはホチキスが見当たらないので、まごついたそぶりを見せながら無言のままでそれを探す。…子どもたちはおとなが抱えている問題を理解し、…ほとんどの子どもが、探しているホチキスの場所を指さしたのです。…おとながホチキスを手にすると指さしをやめ、満足げにしていたのです。
（トマセロ, 2013, pp.20-21）

　この母語習得以前の幼児の指さし行為は思考の芽生えであろうか。否、もっと原初的な助けるという行為であろう。チンパンジーやその他の類人猿がお互いに指さしをすることはない。トマセロはこの指さしを「ヒトの子どもしかおこなわない特殊な形態の援助行動」のひとつとして「必要とされる情報を提供すること」としている（トマセロ, 2013, pp.20）。トマセロはヒトは「助けるように生まれてくる（そして育てられる）」と言い、ヒトの利他性から生じる利他

的行為として援助すること・知らせること・分けあうことをあげている。これらは、まさに教育の営みのなかで教師の利他性に合致していると考えられる。

　発達の最近接領域における教える側の利他的行為や利他性の始源・源泉はどこに求められるのであろうか。ここで、生物進化と人類史の内容としての系統発生にも造詣が深いトマセロに耳を傾けたい。

　人類は、他者と協働することで狩猟採集を行なわねばならない社会規範的行為主体として、他者と共同的行為主体、もしくは集合的行為主体を形成するために必要なスキルや動機を進化させた。それによって人類は、個人が単独で達成できない新たな目標を追求できるようになり、認知や動機に関するさまざまなプロセスが新たに生じた。…他者と心的状態を柔軟に連携させ、協力的もしくは集合的な行動を取るべく自己調節することができるようになったのだ。(トマセロ, 2023, p.209)

　筆者は個体発生は系統発生をうちに含んでいるというヴィゴツキーの歴史主義に導かれながら、発達の最近接領域における教える側の利他的行為や利他性は上述のトマセロの行為主体性の進化に遡るのではないかと考えている。

第6節　おわりに

　かつて、ニュウマン & ホルツマンは「ZPDとは決して場所なんかを指すのではなく、なによりも活動であり、歴史的な統一性・統体性であり、マルクスが大変革をもたらす活動と表現したように人間存在の本質的な社会性そのものである」と喝破した(ニュウマン & ホルツマン, 1993, p.79)。筆者はこの至言に刺激されて、発達の最近接領域をこれまでにはなかったアプローチでとらえようと試みた次第である。認識論・存在論・行為論からのまなざしが日々の教育実践に資するとすれば、望外の喜びである。

（西本有逸）

参考・引用文献

- ヴィゴツキー,L.S.（2003）『「発達の最近接領域」の理論―教授・学習過程における子どもの発達』土井捷三・神谷栄司（訳）三学出版
- ヴィゴツキー,L.S.（2012）『「人格発達」の理論―子どもの具体心理学』 土井捷三・神谷栄司・伊藤美和子・西本有逸・竹岡志朗・堀村志をり（訳）三学出版
- 佐藤公治（2011）「表現行為としての精神と身体、その社会・歴史的意味―行為から表現行為へ」『北海道大学大学院教育学研究院紀要』第113号 pp.109-147, 北海道大学
- 土井捷三（2017）「ヴィゴツキーのЗБР（ZPD）の成立過程を探る―テキスト・クリティークをとおして・『入門』で残された問題」ヴィゴツキー学夏の発表会資料
- トマセロ,M.（2006）『心とことばの起源を探る―文化と認知』大堀壽夫ほか（訳）勁草書房
- トマセロ,M.（2013）『ヒトはなぜ協力するのか』橋彌和秀（訳）勁草書房
- トマセロ,M.（2023）『行為主体性の進化』高橋洋（訳）白揚社
- 中村和夫（1998）『ヴィゴツキーの発達論―文化-歴史的理論の形成と展開』東京大学出版会
- 中村和夫（2004a）「解説　ヴィゴツキーの文化-歴史的理論における思春期の位置」『思春期の心理学』ヴィゴツキー（著）柴田義松・森岡修一・中村和夫（訳）　pp. 326-330, 新読書社
- 中村和夫（2004b）『ヴィゴーツキー心理学　完全読本―「最近接発達の領域」と「内言」の概念を読み解く』新読書社
- 中村和夫（2010）『ヴィゴーツキーに学ぶ子どもの想像と人格の発達』福村出版
- 中村和夫（2014）『ヴィゴーツキー理論の神髄―なぜ文化-歴史的理論なのか』福村出版
- 西本有逸（2004）「ヴィゴツキーと第二言語習得（3）―ZPDとダイナミッ

クアセスメント」『ヴィゴツキー学』第 5 巻 , pp.1-7, ヴィゴツキー学協会
- 西本有逸（2019）「英語教育実践としてのヴィゴツキー（1）：思考の問題」『教職キャリア高度化センター教育実践研究紀要』第 1 号 , pp.37-44, 京都教育大学
- 廣松渉ほか（編）（1998）『岩波　哲学・思想事典』岩波書店
- Newman, F. & Holzman, L. (1993). *Lev Vygotsky: Revolutionary scientist*. Routledge.
- Stetsenko, A. (2017). *The transformative mind: Expanding Vygotsky's approach to development and education*. Cambridge University Press.
- Tomasello, M. (2019). *Becoming human: A theory of ontogeny*. The Belknap Press of Harvard University Press.
- van der Veer, R. & Valsiner, J. (1991). *Understanding Vygotsky: A quest for synthesis*. Blackwell.
- Zavershneva, E. & van der Veer, R. (Eds.). (2018). *Vygotsky's notebooks: A selection*. Springer Nature Singapore.

あとがき

　ヴィゴツキー学協会の有志で、ヴィゴツキーの著書の輪読会を開催していた。本著は、その中のメンバーにたまたま幼稚園から小学校・中学校・高校・大学まで、実践者が参加していて、「このメンバーで、ヴィゴツキー理論と実践に関する本がかけるのではないか」という声が上がったことに始まる。各校種の実践者を集めたわけでもないが、それぞれの校種の実践者は、現場での実践を持っており、ヴィゴツキー学協会で、理論も深めてきていた。

　こうしたメンバーが、それぞれの実践をヴィゴツキー理論と結びつけた本を書くことは大きな意義があると確認し合った。また、理論に関しては、監修も担当して頂いた、西本先生と吉國先生のサポートを得ることができたことも大きかった。

　しかし、実践と理論をいかに結び付けるかについては、苦労はあった。現場の実践家と大学での理論との間では、立場の違いから認識のすり合わせも必要だった。そこは、月一回のZOOM会議で実践とヴィゴツキー理論との関係を話し合いながら進めていった。それぞれの会議がヴィゴツキー理論を深く学ぶ場ともなっていた。

　気が付いたら、最初に本の企画を始めてから、2年が経っていた。

　それだけ議論して完成した本書は、著者全員の発達の最近接領域の「協同学習」の成果とも言えるかもしれない。

　その成果をお読みになって、新たな実践を創造頂ければ幸甚である。

　なお、本書の執筆・出版にあたっては、三学出版の中桐和弥氏に大変お世話になった。厚く感謝の意を表したい。

編著代表　村田　純一

　本書はヴィゴツキーの理論と現場の教育実践を繋ぐことを企図したものである。

　私自身はこれまで経験がないにもかかわらず、監修者という大役を担わせていただいた。信頼し、任せていただいた村田先生をはじめとする本書執筆者の

先生方には深く感謝申し上げたい。また、その役割を果たすにあたり、力及ばなかった点についてお詫び申し上げる次第である。

また、この場を借りて三学出版の中桐和弥さんに感謝申し上げたい。中桐さんは教育実践とヴィゴツキー理論に関心を寄せ、本書のテーマに可能性を見出してくださった。そして、全て休日に行われたにもかかわらず長時間に渡る原稿の検討会議にほぼ全てご参加下さり、読者目線で表現その他についてご指摘をいただいた。中桐さんは各著者の理論と実践には一貫して敬意を示して下さり、その内容が読者に最大限に伝わるようにとの意図がコメントには込められていた。本書の執筆陣は教育現場の実践者が中心で、出版経験が必ずしも豊富とはいえない。中桐さんの心のこもったサポートなくして本書の出版はなしえなかったといってよいだろう。

理論と実践を繋ぐという課題は教員養成に携わる大学教員としてもヴィゴツキー理論を研究する立場においても生涯をかけて取り組んでいかなければならないものである。その中で、監修者として幼児教育、小学校教育、特別支援教育の実践者である本書執筆陣の先生方の原稿と向き合い、その文章の奥にある誠実な実践に触れる機会をいただいたことはかけがえのない経験となった。

ヴィゴツキーは『心理学の危機とその歴史的意義－方法論的探究－』（以下、『心理学の危機』）において、実践は「理論の最高法廷」になると述べている。実践に資することのない理論は真の理論足りえないということだ。しかしながら、この言葉の意味は他方でヴィゴツキーが好んで引用するマルクスの『資本論』の一節、「事物の現象形態と本質が直接に一致していたら、あらゆる科学が余分なものとなるだろう」とともに理解する必要があると私は考えている。物事の本質は表面的な見かけとは異なる。現象に対するありふれた解釈にテクニカルタームを当てはめるだけの理論というのは真の理論たりえない「余分なもの」なのである。理論の理論たる所以、表面には表れない本質に辿り着くことは、同じく『心理学の危機』において述べられている「一つの事物、一つの対象、一つの現象を完全に研究し尽くす」こと、「世界をあらゆる連関の中で認識する」ことによって可能になるのである。

ヴィゴツキーの理論は教員採用試験でも登場するなど、広く知られた側面も

あるが、深く学ぶことにより、子どもの学びと発達について常識とは異なる理解を与えてくれるものである。そうしたヴィゴツキー理論の強みを活かすために研究者としては教育実践者である先生方と協同する上でヴィゴツキー理論がなければ辿り着かなかった理解が生まれるようにすることを意識したつもりである。先生方が知っていたことを追認するだけであればヴィゴツキー理論は「余分なもの」となるだろう。「常々思っていたことをヴィゴツキーが言い当ててくれた」ということでは不十分なのである。教育の専門家である教師でさえ気付かなかったことを教えてくれるからこそ、理論としての価値が生まれる。実践が「理論の最高法廷」になるというヴィゴツキーの言葉をこのように解釈し、監修作業にあたってきたつもりである。その試みが成功したかどうかは執筆陣の先生方の実感に、また本書の読者の評価に委ねることとしたい。

　研究者としてはこのこと以上に意識したことがある。それは私自身もまた執筆陣の先生方の実践から深く学び、先生方との協同がなければ辿り着かなかった理解が生まれるようにするということである。第1編第2章で論じた通り、ヴィゴツキー理論は実践との相互作用の中で発展してきたものである。ヴィゴツキー自身が実践に学びながら理論を発展させたのと同様に、私自身もヴィゴツキー理論を理解し、未完であるこの理論をさらに発展させることを願うなら先生方の教育実践から学び、自分自身が知らなかったことを知ることが不可欠であろう。第2章において紹介したヴィゴツキーの個人アーカイブ内のメモ書きにある「研究と実践は目的と方法において同一ではない。しかし、まさにその理由によってそれらはともに（なければならない）。単一の動的な全体における二つの極」という言葉の重要性を改めて噛みしめるところである。

　先生方の教育実践から学んだことの全てを言語化することは難しいが、重要な点として子どものあらゆる学びと発達の背後には必ず先生方の深いコミットメントや個々の子どもに対する理解と愛情があったということを指摘しておきたい。先生方はヴィゴツキー理論以前に、個々の子どもの性格や背景、他の子どもとの関係性や学びのスタイルを教育の専門家として深く理解しているという前提があった。先生方は個々の子どもの変化や成長について豊富なエピソー

ドを通して語ってくださった。本書はヴィゴツキー理論をテーマとしたものであるから、ヴィゴツキー理論の枠組みの中でそれらのエピソードをある程度取捨選択し、編集せざるをえなかった。それは私自身の力量不足に起因するものでもあるが、同時に多くの理論の中の一つであるヴィゴツキー理論がもつ視点の（強みと表裏一体のものとしての）一面性、限界であったともいえる。先生方の子ども理解と実践にはある面でヴィゴツキー理論の枠組みには収まらない豊かさがあったということは強調しておきたい。

　先生方の子ども理解と実践の豊かさには多くのことを学ばせていただいたわけであるが、何よりも私が深く敬意を抱いたのは個々の子どもに対する先生方の深い愛情である。教育の現場で働くということは生やさしいことではない。今では広く知られるようになった教職の多忙さもさることながら、美談では括れないような人間関係の苦労など、ストレスも並大抵のものではない。そうした中で一貫して変わらず、先生方を支えていたのは子どもの成長を心から望み、喜ぶ心であったと感じた。教師を志す者なら誰もが抱いていたであろう、子どもへの純粋な愛情が専門職としての倫理や知識の根底にあるということを改めて確認することができた。

　教員養成の現場で働いていると「子どもが好きなだけでは務まらない仕事である」という、時に学生自身も口にする教職志望者への戒めの言葉を頻繁に耳にする。その言葉に間違いはないと思う。しかし、本書執筆の過程で先生方から学んだことをきっかけに、それでも「子どもが好き」という気持ちがあることの重要性を改めて学生たちには伝えている。確かに教職は子どもが好きなだけでは務まらない仕事だろう。しかし、子どもに対する深い愛がない限り、教師としての専門性は育たないのだから。

　本書はヴィゴツキー理論をテーマとしているが、同時に教育の研究者と実践者が学び合い、それぞれの専門性を高め合ってきた軌跡にもなっている。本書をお読みいただいた方がどのような立場の方であれ、ヴィゴツキー理論を通して教育における理論と実践の対話に参加するきっかけとなっていれば監修者として望外の喜びとするところである。

　　　　　　　　　　　　　　　　　　　　　　　　　　　吉國　陽一

著者紹介

村田　純一（むらた　じゅんいち）

執筆担当：第1編第1章、第2編第4部第2章、第5部第1章、第3編第1章、あとがき
元大阪大学・近畿大学・龍谷大学非常勤講師、元大阪府立高校英語科教諭。
大阪外国語大学ロシア語科卒、放送大学大学院修了。日本教育方法学会・新英語教育研究会・全国高校生活指導研究協議会等会員。「夢と感動の文化祭巨大企画」「クラスを盛り上げる担任のアイディア100連発」（学事出版）等共著多数。文化祭好きの英語教師が、両方の実践と探究からヴィゴツキーに魅かれるようになった。1955年生まれ。

西本　有逸（にしもと　ゆういち）

執筆担当：監修のことば、第3編第2章
京都教育大学大学院連合教職実践研究科教授／京都教育大学附属高等学校長（併任）
ヴィゴツキー学協会副代表・事務局長
1962年　大阪府生まれ
1985年　神戸大学教育学部卒業（土井捷三氏に師事）
1997年　兵庫教育大学大学院学校教育研究科修士課程修了（田中正道氏に師事）
14年間の国公立高等学校英語科教諭としての勤務ののち、2001年京都教育大学英文学科助教授、2008年教授。
退職後の山歩きを楽しみにしている。

吉國　陽一（よしくに　よういち）

執筆担当：第1編第2章、第2編第1部第1章、第2部第1章、2章、あとがき
東京大学教育学研究科博士課程単位取得満期退学。
大学院在学中に愛育養護学校（現愛育学園）において非常勤講師として障害のある子どもの教育に携わる。2014年に田園調布学園大学子ども未来学部に専任講師として着任。現在、准教授。共著書に Education: Questions and Dialogues at Work (2023, EDIZIONI ETS)、単著論文に「ヴィゴツキーの心理学研究における実験 - 発生的方法の方法論的意義」(2012、ヴィゴツキー学別巻第2号) など多数。

上野山　小百合（うえのやま　さゆり）

執筆担当：第2編第2部第1章、第2章
元公立小学校の教員。学校体育研究同志会会員として健康教育（保健）の実践に力を注ぎ、授業書づくりを行った。ヴィゴツキー理論を学びながら、「バナナからアジアが見える」「水俣病」「すいみん」「新型コロナ」などをテーマに「対話の授業」に取り組んできた。定年退職後は関西大学・相愛大学で、保健体育科教員・小学校教員免許取得科目で保健科や総合的な学習の指導法を担当し、健康教育の授業研究をしている。1960年生まれ。

鈴木　寛子（すずき　ひろこ）

執筆担当：第2編第1部第1章
2000年3月に養成校卒業後、幼稚園教諭として川崎市の私立幼稚園に就職し、2023年3月まで23年間勤務。在職中に2種免許状の上申をして1種を取得後大学院へ進学。2023年3月に田園調布学園大学大学院子ども人間学科修了、専修免許状取得。退職後は1年間、国内や海外の子ども施設の見学をし、2024年4月より文京区立お茶の水女子大学こども園所属。

笹田　哲平（ささだ　てっぺい）

執筆担当：第2編第2部第3章
2017年にヴィゴツキーの輪読会に参加し、「発達の最近接領域」について深く学ぶ機会を得た。その当時、担任していた双子の自閉スペクトラム症の子どもと照らし合わせながら読み、実践に取り入れることで子どもの見方が変わり、ヴィゴツキーへの関心がさらに深まった。障害児教育や障害理解教育への関心も高まり、様々な学習会に参加している。
現在は、府内の公立小学校に勤務。1歳と0歳の子育てに奮闘中。

高瀬　翔太（たかせ　しょうた）

執筆担当：第2編第3部第1章
大阪府公立中学校教諭。京都教育大学英語領域専攻卒業。
『教育が人生を幸せにする』をモットーに、教諭10年目を迎える。大学時代にヴィゴツキーの理論に出会い、様々な実践に取り組んできた。教育とは繋がりの連続性である。出来なかったことが出来るように繋がっていく喜びや、人と人とが繋がっていくことへの重要性を「発達の最近接領域」が教えてくれた。

長尾　拓実（ながお　たくみ）

執筆担当：第2編第4部第1章
大阪府立高校教諭。京都教育大学大学院教育学研究科修士課程修了。
現在は、教諭になり4年目で3年生の担任。ヴィゴツキー理論を英語教育で実践するため、日々勉強中。特に、「意味生成(sense-making)」に焦点を当てて研究をしている。単著論文に「英語科教育における『発達の最近接領域』に関する一考察 ―科学的概念の発達に向けて―」(2021, ヴィゴツキー学増刊　第1号）がある。

ヴィゴツキーの「発達の最近接領域」と教育実践
－幼児から大学生までの発達－

2024年10月20日初版印刷
2024年10月30日初版発行

監修・編著者　西本有逸、吉國陽一
編　著　者　村田純一（代表）、上野山小百合
著　　　者　鈴木寛子、笹田哲平、高瀬翔太、長尾拓実
発　行　者　岡田金太郎
発　行　所　三学出版有限会社

〒520-0835　滋賀県大津市別保3丁目3-57 別保ビル3階
TEL 077-536-5403/FAX 077-536-5404
https://sangakusyuppan.com/

モリモト印刷（株）印刷・製本